HERMANN-JOSEF WEIDINGER

Hollerbusch, Kranewitt und Haselnuß

Das Heckenbuch des Kräuterpfarrers

FREUNDE DER HEILKRÄUTER
Karlstein/Thaya

1. Auflage, November 1994
Alle Rechte vorbehalten
© 1994 Herausgeber, Verleger und Eigentümer:
Freunde der Heilkräuter, A-3822 Karlstein/Thaya, Hauptstraße 17

Gesamtherstellung: Ferdinand Berger & Söhne Gesellschaft m.b.H.,
A-3580 Horn

ISBN 3 900504 35 0

Gedruckt auf chlorfrei gebleichtem Papier

INHALT

Die beiden Brüder 7
Die Feldraine brannten 9
Kampf der guten Geister 13
Der Schlehenbusch, ein Ernteprophet 19
Laß Auge und Herz sprechen 23
Einödbauer und Hollerbusch 27
Schwarzer Holler – mächt'ger Heiler 31
Wacholder, urwüchsig und trotzig 37
Tiefe Ehrfurcht vor dem Brot 41
Die wertvollen Wacholderbeeren 45
Weißer Zauber beschwingt das Herz 49
Johannisfeuer künden die Wende 55
Der Hagedorn in deiner Hausapotheke 59
Erfahrungen mit Heublumen 63
Wenn die Heckenrosen blühen 67
In goldgelbem Glanze 73
Blütenfülle prahlt am Hang 77
Kräuterweihe am Liebfrauentag 81
Schlagfluren-Pflanze Himbeere 85
Hauhechel, dornig und schön 91
Brombeersträucher am Waldesrand 95
Bienenflug und Haselblüte 99
Haselnuß, wildwachsende Nahrung 103
Eberesche, die „falsche Esche" 109
Wenn im Herbst die Blätter fallen 113
Vogelbeeren sind auch für Menschen da 117
Landschaft pflegen, Hecken pflanzen 121
Der Holzapfelbaum in tieferer Schau 127
Waldrand und Waldsaum 131
Weinscharln, walzig und leuchtendrot 135
Hagebutten im Haushalt 139
Mein vielgeliebter Holzbirnbaum 145
Seidelbast, der giftige Geselle 149
Die Kornelkirsche, der „Dirndlstrauch" 153
Mein Weg zum Kreuzdornbusch 157

Heilschnäpse und Liköre 163
„Schnaps-Ideen" im Alltag 167
Der Mehlbeerbaum, ein Sonnenkind 171
„Kren reissen" und „Haare lassen" 175
Der Kräuterwurzeln tragende Kräfte 181
Auf Holz klopfen ist gesund 185
Holz praktisch gesehen 189
Der Faulbaum liebt den Waldrand 193
Frühlings-Erwachen um dich herum 199
Die sieben Lebendigmacher des Frühlings 203
Osterkräuter, Tips für die Küche 207
Ein Blick auf Ruderalpflanzen 211
Weiße Trauben auf tiefgrünem Grund 217
Mädesüß, ein adrettes Ufergewächs 221
Nimm dir Zeit und lerne schauen 225
Elektrozaun vedrängt die Hecken 229
Der Felsenbirne auf der Spur 235
Stachelbeeren, besser als ihr Ruf 239
Sanddornstrauch, der große Helfer 243
Pflaumen und Kriecherl 247
Mühsamer Weg bis zum Slibowitz 253
Der Walnußbaum, ein wahrer Schatz 257
Geister aus der Flasche 261
Der „Aufkehrer" und der „Abkehrer" 265
Der großkronige Obstbaum soll leben 271
Beifuß fürs Ganserl und... 275
Würzen mit Wildbeeren 279
Tollkirsche et cetera 283
Die verführerischen Schönen 289
Hecken werden zum Mahner 293
Geborgen hinter dichten Hecken 297
Bevor man Abschied nimmt 301
REGISTER
  I. Leiden, Krankheiten, Hilfen 305
  II. Früchte, Pflanzen, Kräuter 311
  III. Für die Küche 313
  IV. Natur, Umwelt, Brauchtum 316
Bild-Übersicht, Bild-Nachweis 320

DIE BEIDEN BRÜDER

Der Schafhirt und der Ackerbauer, das waren zwei Brüder. Sie wollten eine Angelegenheit ins reine bringen. So sagte der eine zum andern: „Gehen wir aufs Feld."

„Als sie auf dem Felde waren, griff Kain seinen Bruder Abel an und erschlug ihn."

War denn damit die Angelegenheit aus der Welt geschafft?

Nein, durchaus nicht.

Da nahm sich sogar der Schöpfer des Himmels und der Erde dieses Falles an und fragte Kain: „Wo ist dein Bruder Abel?"

Der aber tat, als wüßte er von alledem gar nichts. Er meinte, seinen Kopf aus der Schlinge ziehen zu können, indem er mit frechem Mund entgegnete: „Bin ich der Hüter meines Bruders?"

Der HERR jedoch ließ sich nicht abwimmeln.

ER, der ohne Anfang und Ende ist. Dem Zeit und Ewigkeit, Jetzt und Dann, Ist und War gleichbedeutend sind.

ER, der den Menschen nach SEINEM Ebenbild erschuf. Ihm die ganze Schöpfung anvertraute. Ihm auch einen freien Willen gab.

Klar, konkret und ohne Umschweife hat Gott schon in den Schöpfungstagen SEINE Absicht kundgetan: „Allen Tieren des Feldes, allen Vögeln des Himmels und allem, was sich auf der Erde regt, was Lebensatem in sich hat, gebe ich alle grünen Pflanzen zur Nahrung." . . . So geschah es.

Und Gott sah, daß alles, was ER gemacht hatte, sehr gut war.

Die beiden Brüder, sie sind noch nicht gestorben. Sie leben in jedem von uns weiter.

Abel aufersteht immer wieder dort, wo wir böse Neigungen in den Griff bekommen und für unsere Herzensbildung etwas tun.

Er drängt uns, flüstert uns zu. Wir sollten doch die Zweifel nicht totschweigen, sondern sie offen auf den Tisch legen. Uns beraten, uns bemühen Lösungen zu finden.

Aber auch Kain ist nicht tot.

Er will uns verführen, andere zu beherrschen und uns dem Laster hinzugeben. – Spielen wir nicht oft genug den Blinden und kehren brennende Probleme einfach unter den Tisch?
Gleichzeitig stachelt Kain uns an, das Ellenbogen-System anzuwenden. Uns rücksichtslos nach vorne zu drängen, um unsere Absichten beinhart durchzusetzen, zum Schaden der Gesamtheit.
Eine „Affäre" ist mir noch gut in Erinnerung. In einem Spätsommer wurde sie von einem krähenden Hahn herbeigeführt.
Naturnahe Hühnerhaltung bewegt heute wieder die Gemüter vieler Menschen, der Produzenten ebenso wie der Konsumenten. So geschah es, daß frühmorgens schon ein Hahn seine Hühnerschar begrüßte, um dadurch sein Revier abzugrenzen.
Da aber nicht nur Hühner unseren Erdball bevölkern, sondern auch Menschen, fühlte sich ein Angehöriger letztgenannter Rasse – er war aus der Großstadt zum Wochenende ausgewandert, um das Landleben zu genießen – in seinem Schlaf gestört.
Aus einem einfachen Naturlaut „Kikeriki" wurde ein Thema für die Presse. Der Österreichische Rundfunk – ich selbst habe die Sendung per Autoradio mitangehört – befaßte sich damit. Die Hahnenschrei-Angelegenheit kam vor Gericht. Der Hahn wurde zum Tode verurteilt. Die Strafe vollzogen.
Die Stimmen der Tiere hören, die Vogelgesänge erlauschen, das Knistern der Zweige erahnen, . . . all das kann unser Leben überaus bereichern.
Hecken haben nicht nur Dornen. Sie umfassen vieles, schließen es ein. Erwecken auch die beiden Brüder in unserer Seele.
Einer wird sich wohl behaupten.
Aber welcher?
Kain oder Abel?
Der Entscheid liegt ganz bei dir.

DIE FELDRAINE BRANNTEN

Das erste Drittel Februar war warm. Zu warm, sagten alle. Und als dann die Semesterferien begannen, ein sichtbarspürbares Grenzzeichen des Schulhalbjahres, da schien sich das Wetter zu ändern. Im Westen waren 15 Zentimeter Neuschnee gefallen. Wir im Waldviertel hatten noch trostloses Schön- und Dürrewetter, das zu dieser Zeit auch keiner mochte.

Himmelschreiendes Schandgelächter in Flammensprache

Damals machte ich eine Feststellung . . .
Eine fadenförmige Helle breitet sich aus. Reicht hinein in die Tagesflucht und in das Nacht-Hereinbrechen. Schwillt zu einer bedrohlichen Röte an.
Vorerst noch scheinheilig niedergeduckt am Boden wie ein wildes Raubtier. – Das aber nur für kurze Augenblicke. Um sodann unerwartet und unberechenbar gierig alles zu verschlingen, was gewillt ist, sich in Rauch und Asche zerlegen zu lassen.
Und dabei bäumt es sich auf, das gereizte Tier. Einem gottlosen Ansinnen höllischer Qualgluten gleich, die des Himmels und seiner Bewohner Herr werden möchten.
Die Feldraine brannten. Zwei, drei, . . . sieben zählte ich.
Der ganze Hang einer Feldried schien ein einziges Spottfeuer zu sein. Ein Schandgelächter in Flammensprache, rot-feurig eingefärbt. Eine Herausforderung an alle jene, die die Natur schützen wollen. Die Hecken, Sträucher und Büsche lieben.
Und so brannten andere die kleinen Schwestern des Waldes nieder. Nicht nur dort, auch anderswo.

Rettet sie: Hecken, Gebüsch und Sträucher

Ob sie wie ein Wächter am Waldrand stehen, eifersüchtig der Geheimnisse Vielzahl hüten, oder ob sie freundlich Flursäume umgrenzen, in ihrem Rankwert gehoben zur Grenze werden . . . überall nehmen sie Schmelzwasser und Regengüsse auf. Geben diese langsam und stetig wieder ab.

Sie verhindern auch das Abwehen und Abschwemmen des so wertvollen Humusbodens, der Ackerkrume. Festigen Hänge, Böschungen, Wege und Dämme.

Verhüllen gefällig – aber nicht aus falschem Mitleid – Steinhaufen und Felsgeröll. Werden zum Symbol. Vermitteln Geborgenheit, Schutz und Unterschlupf.

Ein schwaches kleines Zündholz genügt schon, um alles in Brand zu stecken. Und hohe Werte verschwinden.

Rettet die Hecken, das Gebüsch und die Sträucher. Tut etwas!

Warum sollte ich denn etwas für sie tun? Ich will doch nur die Flur bereinigen.

Kennen und Schützen sind zwei Begriffe, von denen einer den anderen braucht, um sinnvolle Taten zu zeitigen.

Kennen muß ich, was ich schützen soll. Dann erst kommt Leben in mein Leben. Vieles um mich herum nimmt nun Gestalt und Form an. Verrät Rhythmus und Harmonie. Wird zu einer neuen Welt, die in die meine einfließt und sie unsagbar bereichert.

Geh nicht blind vorüber, dein Inneres ist kein Leerraum

Im Leben kommt es immer auf unsere Einstellung an. Aus dieser Überzeugung heraus und in diesem Sinne habe ich ein Buch unter dem Titel „Stumme Kräuter plaudern – Der Kräuterpfarrer führt zum Beschaulich-Sein" geschrieben. Es hat in der Begutachtung und Rezension sehr gut abgeschnitten.

Meine Grundhaltung spielt im Leben größte Rolle. Diese Erkenntnis ist für jeden Menschen von entscheidender Bedeutung. Sie muß aber in meinem Innern ihren Anfang nehmen, will ich nicht bloß „dahinwursteln", sondern aus meinem Leben etwas Vernünftiges machen.

In der Praxis hat alles seine Zusammenhänge. Mein Inneres ist kein Leerraum, auch nicht ein Punkt der Phantasie, sondern eine Dreier-Einheit, die Verstand, Wille und Gemüt umschließt.

Erst wenn alle drei aktiviert werden, dann kommt es zur bewußt sinnvollen Handlung.

In Aktion kurz zusammengefaßt: Hirn, Herz und Hand.
Gesellt sich ein Viertes hinzu, so geht es noch beschwingter voran.
Man überwindet Hindernisse, die sich uns Menschen immer wieder in den Weg stellen, wenn wir etwas als wertvoll Erkanntes in die Tat umsetzen wollen. – Der Vierte im Bunde, das ist der Humor.

Wenn Hecken sterben, dann stirbt so vieles
Säge und Axt sind zwei Geräte, die irgendwo in deinem Hause an der Wand hängen. Dort können sie auch keinen Schaden anrichten. Überlege aber gut, wenn du sie in die Hand nimmst, in deinen Garten, zum Waldrand oder zum Feldrain hinausgehst.
Hecken sind nichts Totes. Deswegen ist die Gefahr sehr groß, daß sie sterben, und zwar durch deine Hand.
Hecken zeigen Form und Gestalt. Sie untergliedern sich in Arten. Ein bestimmtes Vorkommen in der Landschaft ist ihnen eigen.
Hecken haben ihre Pflanzen-Gemeinschaft. Sie bilden ihren Biotop, ihre Lebe-Welt. Lieben trockenen oder feuchten Boden.
Weißt du, was Vogelnährgehölze sind? Es sind dies Hecken, Gebüsch und Sträucher, die vielen Vögeln Nahrung schenken, die sie brauchen, um überleben zu können. Dann werden sie im nächsten Frühling weiterzwitschern und jubilieren. Und sie kontrollieren obendrein das Gleichgewicht in der Insektenwelt. Ersparen so viel tötendes Gift, was letztlich deinem Geldbeutel zugute kommt.

So manches brennt mir an der Seele
Ich möchte es loswerden, weitergeben und damit anderen helfen, zu sich selber zu finden, sich nicht davonzulaufen. Damit sie ein wenig stille stehen, nachdenken und dann zum Handeln kommen. Der ländliche Raum darf nicht zur Einöde werden, wo alles auf reines Nutz-Denken ausgerichtet ist. Im Gegenteil, es muß noch Platz für die Einheit in der Natur bleiben.

Wer weit blickt, sieht um vieles mehr
Seit etwa 70 Jahren denke ich. Und dieses Denken ist kein sinnloses Phantasieren gewesen. Ich bin nämlich alles andere als ein Phantast, einer, der auf den Wolken lebt.

Meiner Mutter verdanke ich es, und ihr Andenken ist mir heilig. Sie gab mir viel mehr als bloß materielles Leben. Güte des Herzens, ein klares Einschätzen und Verstehen der wahren Tatsachen, das gab sie mir mit auf den Lebensweg. So hat sie mich gelehrt, drei Punkte stets im Auge zu behalten:

Fest am Boden stehen. Verwurzelt wie ein Baum sein. Die Wirklichkeit erkennen und danach sein Tun und Lassen ausrichten. Dabei nicht vergessen, daß man immer wieder dazulernen muß, bis zu seinem Lebensende.

Die Mitte unbeirrt beachten. Nicht rücksichtslos seine eigenen Interessen verfolgen und sie um jeden Preis durchsetzen wollen, sondern auch auf das Wohl der andern, des Ganzheitlichen bedacht sein. Kein Erfolgsjäger werden. Ausgleichend wirken.

Den Kopf oben behalten. Die Lage gut überblicken. Mit Gottvertrauen ans Werk gehen. ER, der HERR, ist es, der Kraft gibt zum Vollbringen. ER ist es aber auch, der mich dereinst zur Rechenschaft ziehen wird.

So lautet das Drei-Punkte-Programm einer schlichten Bäuerin.

Bauern müssen leben. Sie sollen auch gerecht verdienen. Dürfen aber im Kampf ums Dasein ihre hohe Aufgabe, die sie haben, nicht vergessen.

Dillkraut, heilsam und würzhaft

Das Kraut braucht kein Extrabeet, denn es behauptet sich in jedem guten, etwas feuchten Gartenboden, vor allem zwischen Gurken und Zwiebel. Dort einfach Mai/Juni einige Samenkörner ausstreuen. – Frische Dillblätter kann man während des ganzen Sommers für die Küche ernten. – In eine Flasche Apfelessig gegeben, wird daraus ein wertvoller Kräuteressig. Mit Wasser verdünnt, stillt er den Durst. Für Körperwaschungen verwendet, schafft er eine reine, gesunde Haut. – Im Heißaufguß ergibt Dillkraut, frisch oder getrocknet, einen guten Schlaftee.

KAMPF DER GUTEN GEISTER

Zwei Männer hatten sich vor kurzem erst getroffen, als sie im Vorbeifahren in einer Gaststätte zukehrten. Und so sitzen sie nun an einem Tisch beisammen, ohne sich vorher gesehen zu haben und sich näher zu kennen.

Der erste fragt den zweiten: „Wer sind Sie?"

Dieser gibt ihm die eigenartige Antwort: „Das kann ich Ihnen nicht sagen, das weiß ich selber nicht."

„Aber vielleicht können Sie sagen, wer Sie gern sein möchten?"

Da sprudelt es nur so aus dessen Seele heraus, und der Fremde zählt alle wünschenswerten Eigenschaften auf, die ihm fehlen.

Rückkehr zum Ursprünglichen

Wenn die Menschen anders wären, lebte es sich leichter. Das Leben wäre lebenswerter. Und die Erde würde für uns Menschen auch weiterhin ein bewohnbarer Planet bleiben.

Die Bibel sagt uns ganz deutlich, daß wir Menschen aus der ursprünglich guten Schöpfung herausgefallen sind. Deshalb geriet alles in Unordnung. Daraufhin sandte uns Gott einen „Neuen Menschen". Das war SEIN Sohn Jesus Christus. In IHM wurde der Same gelegt für uns alle.

Damit besteht Hoffnung auf Neues. Auf eine Rückkehr zum Ursprünglichen. Auf „einen neuen Himmel und eine neue Erde".

Ein Leben in enger Verbindung mit Christus, in SEINER Nachfolge, fördert das Wachstum des Neuen in der alten Hülle.

Tränen sind nicht umsonst geweint

Tief verwurzelt ist im Menschen die Sorge um die Umwelt, um den Naturschutz. Schon Platon – 347 vor Christus gestorben – wurde als Querulant abgestempelt, weil er sich über die Verkarstung Griechenlands beklagte.

Spricht man heute noch vom grünen Wienerwald, dann lebt die Tat eines mutigen Journalisten von einst wieder auf: es ist dies

Joseph Schöffel. Er sprengte das Finanzministerium, weil korrupte Beamte den Wienerwald „verscherbeln" wollten. In der Folge wurde ein neues Ministerium gegründet: nämlich das Bundesministerium für Land- und Forstwirtschaft, welches zuvor nur Ackerbauministerium war.

Als denkwürdiges Jahr im Kampf um den Naturschutz gilt das sogenannte „grüne" Jahr 1905. Damals wurde die Errichtung eines Wald- und Wiesengürtels für Wien beschlossen. Die Umweltbewegung hat seit dieser Zeit in Österreich Tradition.

Die Tränen versiegen aber nicht. Denn viel wurde in den letzten 90 Jahren gegen des Herren Schöpfung gesündigt. Doch wir dürfen auf keinen Fall zulassen, daß Hecken sterben. Sie sollen weiterleben, blühen und ihre Früchte tragen.

Gemeinsam mit dem Psalmisten wollen wir alle „grüne Kämpfer" sein: „Mein Elend ist aufgezeichnet bei dir. Sammle meine Tränen in einem Krug. Zeichne sie auf in deinem Buch. Dann weichen die Feinde zurück an dem Tag, da ich rufe. Ich habe erkannt: mir steht Gott zur Seite." (Ps 56, 9–10)

Jammergeschrei erfüllt die Umwelt

Die Verwüstungen in der Natur haben ein Schreckensausmaß erreicht. – Ein rasches Umdenken ist absolut notwendig. Wir stehen zeitmäßig nur mehr Sekunden vor zwölf.

Erinnerungen tauchen auf und jagen einem Schrecken ein, denkt man an das Bild einer Agrarlandschaft vor der Kommassierung und sieht man sich dieselbe Gegend nachher an. Die kleinen Gehölze und Obstgärten wurden entfernt, Geländestufen eingeebnet. Die Feldraine meist zur Gänze weggerissen. – Grundstücks-Zusammenlegung erfordert deshalb in Zukunft ein Umdenken.

Sündenregister unserer Tage

Besonders schwerwiegend sind die Biotop-Zerstörungen durch Industrie-Areale, Siedlungswesen und Straßenbau, durch Ausdehnung der Monokulturen in Land- und Forstwirtschaft und durch Gewässerverbau.

Das Ende der Trockenlegung von Feuchtgebieten ist absehbar, da nahezu alle Feuchtflächen bereits zerstört sind. – Flurbereinigung und geänderte Bewirtschaftungs-Methoden beseitigen die letzten Kleinstandorte wie Hecken, Tümpel und Einzelbäume.

Ein Hoffnungsstern leuchtet auf

Die Schottergruben regenerieren sich auf natürliche Weise. Bleibt eine Grube sich selbst überlassen und dient sie weder der Müllablagerung noch dem Badebetrieb, dann entwickelt sie sich sehr rasch zu einem wertvollen Biotop. Es bietet den aus der Kulturlandschaft gedrängten Tier- und Pflanzenarten Lebensraum. Hier trifft man selten gewordene Libellen, Amphibien und Blumen an. Ja sogar Uferschwalben finden wieder einen geeigneten Platz für ihre Nisthöhlen.

Aktuelle Forderungen der Naturschützer

Alle noch verbliebenen Flächen schutzwürdiger Lebensraum-Typen sind sofort und unbedingt zu schützen.

Gewässer: Naturbelassene Tümpel, Weiher, Teiche, Seen, Wasserfälle, mäandrierende Bachläufe, Flußaltarme.

Feuchtgebiete: Moore, Quellbereiche und Feuchtwiesen.

Naturgemäße Wälder: Auwälder, Laub-Mischwälder, Urwaldreste, Altholzstandorte.

Heckenlandschaften: Bachbegleitstreifen, Bachufersäume, Wegsäume, Hohlwege, Feldraine und Böschungen.

Ungedüngte Mähwiesen: Almen, sowie artenreiche, nur einmal im Jahr gemähte „Blumenwiesen".

Trockenstandorte: Trocken- und Halbtrockenrasen, Felsfluren.

Artenverluste und Gleichgültigkeit

Je mehr Arten der Tierwelt und der Pflanzenwelt verschwinden, umso schmerzhafter sind die Funktionsverluste, denn sie können nicht mehr gutgemacht werden. Wie die Blütenbestäubung, die Schädlingsdezimierung, der Abbau von organischen Abfallprodukten oder die natürliche Gewässerreinigung.

Es handelt sich hier nicht nur um theoretische Utopie: Seit zumindest mehreren Jahrzehnten schaut die Wirklichkeit nämlich absolut traurig aus. Der Verbrauch der chemischen Schädlingsbekämpfungsmittel schwächt die Kraft der biologischen Selbsthilfe.
Die Folgen der chemischen Schädlingsbekämpfung: Diese liegen greifbar nahe. Bis zu vierzigmal im Jahr müssen unsere hochgezüchteten Wein- und Obstsorten gespritzt werden. Zum Schutz gegen den Giftnebel trägt die Bäuerin Atem- und Augenschutz. Ohne Atemschutz müssen das Rebhuhn, der Fasan, das Rotkehlchen – aber auch die Junghasen und Kröten, die nicht flüchten können – auskommen.

Kleine Hecke und großer Baum

Du schaust sie dir an. Dann stellst du dir die Frage, ob der Unterschied wirklich so groß ist. Beide grünen, fruchten und leben. Dein Blick wirft immer dein Ich zurück. – Wo du auch hinschaust, was du auch betrachtest, wie du auch urteilst, es sind stets deine Überlegungen, die Frucht deiner Gedanken.
Die wunderbarste Maschine ist dein eigener Körper. Er kann dir fabelhafter Lehrmeister sein. Dir aber auch manches zuflüstern.
So fragt sich Bernd Brunner in seinen Zen-Betrachtungen: „Warum das Gehirn Windungen hat? – Damit nicht gleich alles herausfließt. Mit dem Darm ist es dasselbe." Er kommt dann zur richtigen Folgerung, wenn er fortfährt: „Alles muß erst verdaut werden, aber meistens wird es als Dreck sichtbar . . . weil es zu lange zurückgehalten wird."
Unser Körper ist mit seinen Funktionen auch ein Vorbild, wenn es um die Umwelt geht. Hier greift das eine ebenfalls in das andere hinein. Genauso, wie unsere Verdauung, unser Kreislauf und unser Wohlbefinden voneinander nicht zu trennen sind.

DER SCHLEHENBUSCH, EIN ERNTEPROPHET

*D*as Leben erwacht um uns. Ringsherum. Die Birken zeigen wie zu jeder Jahreszeit auch jetzt ihr blendendes Weiß des Stammes. Noch wagen es die Knospen nicht, aufzubrechen und ihr Gelb-Grün zur Schau zu stellen.

Die Haselnuß überwindet jede Angst, und ihre gelben, acht bis zehn Zentimeter langen männlichen Kätzchen dürfen im Winde fächeln, den Immen zuwinken.

Die Weide hat ihre Palmzweige im Frühschnitt zur Kirche tragen und segnen lassen. Einen Teil nur, alles andere blieb zurück. Die Kätzchen bedecken sich jetzt langsam mit gelbem Blütenstaub, der Bienen und Hummeln zum Naschen anlockt.

Der Winter, der alte Griesgram, geht heim. Sein Ende ist da. Der Frühling zieht ein. Man erwartet froh das liebliche Sonnenkind.

In der Verborgenheit der innersten Fuge borkiger Kirschbaumrinde wird es lebendig.

Ein Falter löst sich aus eigener Kraft aus der Umklammerung seines Puppensarges. Nur so hat er sein Recht auf freien Flug in die Weite erworben.

Verderbnis oder Sonnensieg? . . . Das ist Frage Nummer eins in unserem Leben.

Keiner wird uns die Entscheidung abnehmen. Die Antwort kann nur persönliche Tat sein. Und du hast sie zu setzen.

Ein dorniger Gesell, ruppig und grauschwarz

Seine knorrige, dornige und stark verästelte Form erkennt man von weitem. Der Strauch bevorzugt Wälder, Gebüsch und Hecken.

Keiner würde es dem finsteren, schwarzen Gesell' zumuten, so draufgängerisch zu sein. Denn einige tüchtige Tage Sonnenkuß genügen bereits, und er zieht sein neues weißes Kleid an.

„Der Schlehdorn blüht schon", sagen dann die Leute.

Ein alter Bauer geht vorüber und murmelt in seinen Bart: „Das gibt heuer eine frühe Ernte." – Ob er so unrecht hat?

Die Blüte des Schlehdornstrauches gilt nämlich seit eh und je als Ernteprophet. Ein schwäbischer Bauernspruch wußte: „So viele Tag' die Schlehe vor Walpurgi blüht, so viele Tag' vor Jakobi der Schnitter zur Ernte zieht."

Die heilige Walburg war eine angelsächsische Missionarin und Äbtissin in Heidenheim. Ihr Festtag fällt auf den 1. Mai und den 25. Februar. Am 1. Mai 871 wurden ihre Reliquien nach Eichstätt übertragen. Daher heißt die Nacht zuvor Walpurgisnacht. Nach altem Volksglauben sind da Hexen und Geister unterwegs.

Jakobi feiert man am 25. Juli. Festtag des Apostels Jakobus des Älteren. Er war der Bruder von Johannes dem Evangelisten und Lieblingsjünger Jesu.

Im gesamten bäuerlichen Leben spielt der Heiligenkalender eine richtungsweisende Rolle.

Die Wolken kündeten einst das Wetter an. Sonnenaufgang und Sonnenuntergang gaben Zeichen.

Die Gedenktage der Heiligen waren in der Wankelmütigkeit der Witterung feste, markante Punkte, die der Bauer stets im Auge behielt. Nach ihnen teilte er seine Arbeit ein, regelte sein Verhalten und stimmte seine Erwartungen danach ab.

So gab ein frühes Blühen des Schlehdornbusches eine Voraussage für den Erntebeginn.

„Erst wenn der Schwarzdorn blüht, ist überwunden der Winter. Und er lasset dem Lenz ohne Murren das Reich."

Ein Wohlgeruch, der die ganze Umgebung erfüllt

Die Blütezeit des Schlehdorns reicht von April bis Mai, ja sie beginnt manchmal bereits Ende März.

Es ist dies jener Busch, der uns den weißen Blütenzauber des Frühlings entgegenleuchten läßt, wenn wir an Waldrändern, Feldrainen und Wäldern vorbeikommen.

Der reiche Blütenbestand erscheint vor den Blättern. So ist der Strauch in einen einzigen Blütenschleier gehüllt.

Die Zweige laufen in einen spitzen Dorn aus.

Am Schwarzdorn ist überhaupt alles gut bewehrt. Wer von ihm etwas will, der darf sich über blutige Finger nicht wundern.

Des Schatzmeisters Schlehenbusch Sammelkalender
Die Blüten von April bis Mai ernten. Die Rinde und die Wurzel im Herbst. Schlehenfrüchte Ende November oder noch später, nach dem Rauhreif. Sie schmecken herb, sauer und zusammenziehend. – Heimgebracht, wird das Erntegut an zugiger Stelle vorgetrocknet, um dann bei künstlicher Wärme nachzutrocknen.

Die Alten wußten, was die Schlehe kann
Unsere Ahnen waren Menschen voll Erfahrung. Von ihnen zu lernen, das kann nur zu unserem Vorteil sein.
Schlehenblüten-Honig-Tee: Ein unschädliches, zuverlässiges, zugleich auch magenstärkendes Abführmittel. – 2 Teelöffel voll Blüten mit 1/4 l kochendem Wasser übergießen. 15 Minuten zugedeckt ziehen lassen, abseihen und etwas Honig einrühren. 3 Wochen lang täglich früh und abends je 1 Tasse einnehmen. – Dieser Trunk beseitigt Hautausschläge und Hautunreinheiten. Löst Magenkrämpfe ebenso wie den Schleim bei Katarrhen. Der Tee wird weiters bei Wassersucht und Steinbildung empfohlen.
Schlehenblüten-Tee: Ohne Honig getrunken, gilt er als ausgezeichnetes Mittel gegen Prostataleiden und Blasenbeschwerden.
Kindertee: 2 Teile Schlehenblüten und 1 Teil getrocknete und zerkleinerte blühende Acker-Stiefmütterchen ergeben eine wertvolle Teemischung, die man Kindern in kleinen Portionen verabreicht, wenn sie an Milchschorf leiden.
Schlehen-Schnaps: Die Früchte nach dem Frost sammeln. Gut aufgetaute Schlehen einzeln mit einem Baumwolltuch abwischen. In ein weithalsiges Glasgefäß füllen, mit Obstbrand übergießen, verschließen. 5 Wochen lang an einen warmen Ort stellen und dann 2 Wochen kühl, danach filtrieren. 6 Monate bis 1 Jahr im Keller lagern. – In kleinen Gläschen genossen, hilft dieser Schnaps bei Blähungen, Verstopfung, Erkrankungen der Atemwege und zum Mundausspülen bei Mund- und Zahngeschwüren.

Schlehen-Saft: Die Schlehen nicht waschen, sondern mit einem Baumwolltüchlein einzeln abwischen. Abwägen und in einen Steinguttopf geben. Kochendes Wasser im gleichen Gewicht der Früchte darübergießen. 24 Stunden stehenlassen, das Wasser abseihen, bis zum Kochpunkt erhitzen und wieder über die Früchte gießen. Nach 24stündigem Ruhen durch ein Tuch filtrieren. Nun kommt zum Saft Rohzucker im halben Gewichtsverhältnis der Früchte. Mit einem Holzkochlöffel gut einrühren. Aufkochen, bis der Saft klar ist. Flaschen heiß auswaschen, abtropfen lassen, 1 Eßlöffel guten Kognak hineingeben und durchschütteln. Erst dann füllt man den Saft ein. Nach dem Verschließen die Flaschen bei einer Temperatur von 80 °C 20 Minuten lang erhitzen. Erkalten lassen, kühl und dunkel lagern.

Der Schlehen-Saft ist dunkelrot, schmeckt leicht herb, wirkt magenstärkend und durchfallhemmend. Man nimmt je nach Bedarf oder vorbeugend zur Magenstärkung täglich vor dem Schlafengehen 1 Likörglas voll ein.

Die Schlehe leistet Beachtliches für die Natur

Sie besitzt nicht nur heilende Wirkung, sondern auch sieben Schmetterlings-Arten benötigen als Nahrung für ihre Raupen die Schlehenblätter. Viele von den 40 in Hecken lebenden Vogelarten fressen die Schlehenfrüchte. Ihre Verdauungssäfte bereiten die Samenhülle zur Keimung vor, dadurch bleibt am Waldrand die schützende Schlehe erhalten.

Der Schlehenstrauch und seine Pionierarbeit

Der über zwei Meter hohe Strauch wächst auf steinigen, flachgründigen Böden in warmen Lagen. Selbst dort, wo nur Steine liegen, etwa in Steinrieden, ist die anspruchslose Schlehe die erste, die bei solchen Extremverhältnissen gedeihen kann. Unter ihrem Schutz siedeln sich dann wärmeliebende Tiere und Pflanzen an. Zu letzteren gehören vor allem würzige Heilkräuter wie Feld-Thymian oder Quendel, Wilder Majoran oder Dost.

LASS AUGE UND HERZ SPRECHEN

Durchforsche die Natur und alles, was sich in ihr regt und dort lebt! Dann wirst du leicht den geraden Weg zu ihrem Schöpfer finden.

Die Rehgeiß hatte oben am Hausberg ihren Einstand.

Gerne wechselte sie hinüber zum anderen Waldstück, das fast einen Kilometer weit entfernt war.

Ihr Weg führte über eine kleine Böschung, an einem Schotterhaufen vorbei.

Klaubgestein war es, das die Bauern im Frühjahr auf ihren Feldern sammelten. Kieselstein-Brocken, die durch die Bodenbearbeitung ans Tageslicht kamen oder auf der Ackerkrume lagen. Händisch sammelte man sie Jahr für Jahr ein und häufte sie an einem unfruchtbaren abhängigen Feldrainstück auf.

Der Wechsel der Rehgeiß führte an diesem Schotterhaufen vorbei, aus dessen Mitte justament eine Weide wuchs. Dort hielt das Tier gerne inne. Naschte von den Blättern. Biß den einen oder anderen Grashalm ab, der am Rande des Schotterhaufens wuchs. Verschmähte Beifuß und Kratzdistel nicht, die sich dort vermehren durften. Auch Brennessel und Gamander-Ehrenpreis fehlten keineswegs und noch so manch anderes heilende Kraut.

Dann blieb die Rehgeiß aus. Mir ging sie ab. Der Wirt des Dorfes, ein Jäger, hatte sie geschossen, die „alte" Geiß.

In leiser Stille geschieht vor unseren Augen so manches

Die Weide trieb jedes Jahr aus. Salix caprea, sagt der Botaniker und meint damit die „Ziegen-Weide", Salweide oder Palmweide. Jedes Jahr tut sie aufs neue das Tor der Hoffnung auf.

Sparrig verästelt stand der Strauch da. Die Bauern sahen ihn im Sommer an und wußten, woher der Wind wehte.

Kam der erste Rauhreif, dann schien es, als sei ein Zuckerbäcker am Werk gewesen. Und im Winter, wenn der Schnee fiel, konnte man sich im Spurenlesen üben.

Man folgerte, daß die Wiesel auf Mäusefang aus waren. Der Fuchs um den Schotterhaufen geschnürt und ohne Beute dem Waldrand zugestrebt war. Daß Rebhühner dort nach Futter suchten, hartnäckig scharrten.

Im Frühjahr? Da war es das geschäftige Gesumme der Bienen, das als liebliche Musik an das Ohr des Naturfreundes drang. Weil die Weidenkätzchen die allererste Bienenweide sind. Deshalb ... geschützt und nicht sinnlos abgerissen werden sollen.

Das war es ja, was mir so weh tat. – Ich gehe an einem Sonntag Nachmittag vorbei. Es steht ein Pkw mit Großstadt-Nummer am Straßenrand und oben am höchsten Punkt des Schotterhaufens ein Mann. Mit seinen festen Armen biegt er einen Ast herunter. Seine Frau reißt die Zweige ab. Dann kommt der nächste Ast an die Reihe. Siegesstolz tragen sie ihre „Palmzweige" zum Wagen und fahren weg.

Fetzen der Rinde hängen herab.

Verstümmelt bleibt der Weidenstrauch zurück. Beraubt, verwundet, gedemütigt.

Die Natur hat diese Wunden mit der Zeit wieder geheilt. Aber ... war es denn nötig sie zu schlagen?

Heute ist die Flur bereinigt und der Schotterhaufen weg.

Auch die Weide steht nicht mehr.

Der Traktor hat alles geebnet, zu Ackerland gemacht.

Ohne Pflanzen keine Wandlung zum Schmetterling

Der bunte Schmetterling braucht die Welt der Pflanzen zur Eiablage und als Nahrung für seine Raupen.

Liebe ich den Schmetterling, so muß ich auch all das mögen, was seine Entwicklung fördert und seinen Weiterbestand sichert.

Hecken, Büsche und Stauden bieten den verschiedenen Falterarten all das, was sie benötigen.

Der *Schwalbenschwanz* ist einer der bekanntesten Schmetterlinge für viele Naturfreunde. Seine Raupen finden sich mit Vorliebe auf dem *Schlehdornbusch* ein.

Der *Eisvogel* fliegt gerne auf schattigen Waldwegen und Lichtungen. Sonnt sich mit weitausgebreiteten Flügeln auf Büschen. Begibt sich zur Eiablage ins Dickicht. Liebt die *Heckenkirsche.*

Das *Tagpfauenauge,* der große rotbraungefärbte Falter mit vier großen Augenflecken auf den Flügeln, die am Außenrand gezackt sind, sein Lieblingsstrauch ist der *Rotrüster* oder die *Ulme.*

Der *Schillerfalter* mit zugespitzten Vorderflügeln, brauner Grundfarbe, weißen Binden und Flecken und einem prachtvollen blauen Schimmer, dessen Raupe lebt am *Weidenstrauch.*

Der *Zitronenfalter* legt seine Eier auf Blättern des *Faulbaumes* ab. Dort finden die schlüpfenden Raupen ihre Nahrung. Wird der Gastbaum abgeholzt, so stirbt auch der Falter.

Gstättnschutz, ein Gebot der Stunde

Raine, Heckensäume und Gstättn sind wichtige Biotope für Vögel, Kleinsäuger und Insekten, die geschont werden müssen. Eine große Palette der im Feld tätigen Nützlinge suchen in diesem Trockenbiotop Deckung, Übernachtungs-Quartier oder Nahrung.

Im Kleingehölz findet so vieles seine Heimat

Hecken und Gebüsch werden zum Schutzgehölz, besonders der Kleintiere, die ohne sie kaum leben könnten. Arm wäre der Mensch, wenn er keinen Platz mehr für andere Lebewesen hätte.

Die *Spitzmaus* ist ein eifriger Schneckenvertilger. Sie lebt in buschbestandenen Lichtungen. Strömt einen starken Moschusgeruch aus. Ungemein lebhaft und gefräßig ist sie.

Die *Haselmaus* mag niederes Gebüsch und Hecken, am allerliebsten Haselnuß-Dickichte. Das Tier gilt als wunderbarer Kletterer. Es schläft untertags, wird nachts tätig.

Der *Maulwurf* hat eine besondere Vorliebe für Auwälder und Gebüschränder. Hier kann er durch seine Wühlarbeit kaum unangenehm auffallen, im Gegenteil, er erweist sich als sehr nützlich. Ernährt sich von Regenwürmern, Schnecken und Engerlingen. Frißt keine Pflanzen, schadet daher den Wurzeln nicht.

Der *Igel* ist ein richtiger Gebüschbewohner, weil er ohne Versteck nicht existieren kann. Erst in der Dämmerung kommt er zum Vorschein, jagt Mäuse, Kerbtiere und Würmer. Sein Kampf mit der Kreuzotter, die ihm nichts anhaben kann, ist bekannt. Er sucht auch Fallobst auf und nascht daran. – Drollig ist das Bild, wenn die Igelmutter ihre Jungen ausführt, die im Gänsemarsch hinter ihr herlaufen. Die Winterwohnung des Igels bildet ein wirrer Haufen aus Heu, Laub und Moos, der im Innern sorgfältig ausgepolstert wird. Darin schläft er den Winter über.
Das *Mauswiesel* mit seinem kurzen Schwänzchen macht gerne einen Steinhaufen am Rande eines schützenden Gebüsches zu seinem Heim. Von hier aus hält es eifrige Jagd auf Mäuse.
Wer zählt all das Getier, das für den heiligen Franz von Assisi Bruder und Schwester war? Das im Kleingehölz seine Heimat hat. Mag es auch für uns Bruder und Schwester werden und erhalten bleiben für die künftigen Generationen.
Die Frösche, die Kröten, die Schnecken, die Schlangen, die Blindschleichen, die Eidechsen, die Salamander und die Würmer aller Art, neben den wertvollen Bodenkleinlebewesen, die dort existieren und wirken können.

Der Quendel liebt felsigen Boden

Man findet ihn auch auf alten aufgelassenen Ameisenhaufen. Sein strenges Thymian-Aroma – deswegen auch sparsam dosieren – läßt ihn vielseitig in der Küche verwenden. Im Heißaufguß als Tee zubereitet, wirkt er schleimlösend bei Husten und Bronchitis. Längere Zeit hindurch täglich 2 Tassen getrunken, vertreibt Quendel-Tee Schüchternheit und Traurigkeit.

EINÖDBAUER UND HOLLERBUSCH

Volksglaube ist Tradition, aber kein eitel Sinnen. Bäume, Sträucher und Hecken bildeten für unsere Vorfahren klar gekennzeichnete Stätten, die ihre Bedeutung hatten. Mit denen sie im Glauben fest verbunden waren, sich ihnen mit Ehrfurcht näherten.
Daraus ergibt sich die Tatsache, daß man sie nicht „schändete", verunehrte. Ihnen „keine Schande zufügte". Sie nicht verunstaltete, verstümmelte, indem man Zweige mutwillig abbrach.
Mußte man schlägern, roden oder ausgraben, dann entschuldigte man sich, bat sozusagen um Nachsicht und Verzeihung.
Es ist verständlich, daß solche Stätten nicht leichtfertig verändert wurden. Bäume, Sträucher und Hecken erreichten ein hohes Alter. Ohne diesen Glauben der Ahnen, der ein reines Nutzdenken ausschloß, würde es kaum mehr jahrhundertealte Bäume geben.
An diesen Plätzen erblickte, erkannte und verspürte man eben die besondere Gegenwart Gottes. In der vorchristlichen Zeit wurden dort Opfer- und Weihegaben niedergelegt oder aufgehängt. Man hielt Gemeindeversammlungen, „Volksthing", ab. Auch die Dorfältesten saßen hier zu Gerichte.
Im christlichen Mittelalter stellten die Gläubigen nicht selten Kreuze auf und errichteten Bildstöckel zu Ehren der Gottesmutter, eines Heiligen oder zur größeren Verherrlichung Gottes.

Baum des Segens und der Wunderkräfte

Als besonders „heilig" unter den Sträuchern galt von jeher der Holunder. Er war „der schützende Lebensbaum der germanischen und keltischen Sippe". Noch heute nennt man ihn im deutschen Raum den „heiligen Baum des Hauses", dem er wohltuenden Schatten spendet.
Der Holler wird als Baum des Segens und der Wunderkräfte betrachtet. Nach alter Überlieferung gibt es in der Pflanzenwelt kein zweites Gewächs mit so vielen geheimnisvollen Kräften.
Hinter diesem Volksglauben steht durchaus die Wirklichkeit.

Was nicht alles am Hollerbusch fasziniert. – Der starke Duft seiner Blätter und Blüten, der Reichtum an Früchten, das leichte Mark und seine im Vertrocknen hohl werdenden Zweige. Nicht zuletzt die heilende Kraft, die von ihm ausging und bis zum heutigen Tag immer noch ausgeht.
Ein Baum des Heil-Segens, der Fülle und des Gedeihens.

Dem Bauern gilt er als prophetisches Zeichen

Wenn um die Zeit der Sommer-Sonnenwende der Hollerbusch seine rahmweißen, stark duftenden Doldenschirme entfaltet, dann macht sich heute noch der Bauer so seine Gedanken. Er sieht es als prophetisches Zeichen, daß vier Wochen nach der Blüte die Halmfrucht reif zur Ernte wird. Und daß die Wetterlage zur Zeit der Blüte wie ein Lostag das kommende Wetter kündet.
Bei langer Blüte steht nach Bauernglaube eine lange Ernte bevor. Verblüht er schnell, wird auch die Ernte bald vorüber sein. – In jene Richtung weisen alte Bauernregeln: „Jetzt muß der Holunder sprossen, sonst wird des Bauern Mien' verdrossen."
Tief geht der Blick ländlichen Schauens, Erahnens, Fabulierens und Reimens: „Wie der Holder blüht, Rebe auch und Lieb' erglüht. Blühen beid' im Vollmondschein, gibt's viel Glück und guten Wein."
Solche Weisheiten machen es verständlich, daß der Holunderbaum zum Schutzbaum wurde, vor dem man den Hut abnehmen soll, um ihm Achtung und Ehre zu erweisen und Dank zu zollen. Weil er wahrhaftig ein holun„tar", ein „Baum", ist.

Spender von Heilmitteln gegen alle Art von Krankheit

Ursprünglich galt der Holunder als reine Wildpflanze, um die man sich nicht zu kümmern brauchte. Die von alleine wuchs, dem Menschen zu seinen Siedlungen hin folgte.
Später wurde es zur Ehrensache, bei jedem bäuerlichen Gehöft und in jedem Garten den Hollerbaum oder Hollerbusch zu haben. Dahinter stand aber auch der praktische Sinn des Bauern, die vielseitige Verwendbarkeit des Holunders zu nutzen: und zwar seine

Frucht, sein Holz, seine Blüte, Saft, Rinde, Wurzeln und Mark. Man schätzte den Strauch als Spender von Heilmitteln gegen alle Art von Krankheit und Gebrechen, sodaß man den Holler ehrenvoll „die Hausapotheke des Einödbauern" genannt hat.

Hier gilt es eine klare Feststellung zu machen: „Einödbauer" bedeutet nicht etwa der Bauer in der Einöde, „der Einschichtige", sondern der „Odalbeuer", der „adelige", der „edle", ansässige und heimattreue Bauer. Also der schollenverbundene Ur-Bauer, der stolz auf „seine Sippe" ist.

Die Liebe zum Holler hintergründig beleuchtet

Der Tee aus der Holunderblüte wird heute noch vielerorts als „Fliedertee" bezeichnet. Was nichts mit dem „Flieder" zu tun hat, den man nicht selten fälschlicherweise auch „Holler" nennt.

Der Tee aus der Holunderblüte dürfte nicht „Fliedertee", sondern müßte richtig „Flieren-Tee" heißen. Er ist reich an Gerbstoff, ätherischen Ölen, Schleimsubstanzen und Harzen.

Die Bäuerin sammelt die Holunder-Blütendolden um die Sonnenwende und trocknet sie an einem luftigen, schattigen Ort. Der Tee aus diesen Blüten hilft gegen Fieber, Gicht, Eiterungen, Zahnweh, Husten und Heiserkeit.

Die Volksheilkunde nützt den Tee aus den Holunderwurzeln als Mittel gegen Wassersucht und Fettsucht. – Tee aus der getrockneten Hollerrinde hingegen nimmt man regelmäßig bei Herzbeschwerden, Magenverstimmungen, Nieren- und Asthmaleiden ein.

Frischgeschabte, kleingeschnittene Rinde verabreicht man als wirksames Brechmittel und trinkt etwas lauwarmes Wasser nach.

„Frau Ellhorn" zu Ehren für Gesundheit und Fruchtbarkeit

Seit Jahrhunderten ranken sich uralte Bräuche um den Holder. Sie lassen mit Recht auf seine Verehrung schließen. Ursprünglich waren sie mit dem Kult der Frau Holle verknüpft.

Man vermutete im dichten Laub des Holunderbusches ein geistiges Wesen, Frau Holle oder Holda. Sie beschirmte als freundlich gesonnene Göttin das Leben von Menschen, Tieren und Pflanzen.

Sie rüstete den Holler mit übernatürlichen Kräften aus, damit er vor Verletzungen schütze.

Als guter Hausgeist wohnt Frau Holle seither im Holunderstrauch. Das im Winter wie ein Greis aussehende Gehölz genießt von alters her die besondere Achtung der Leute. Das erklärt auch, warum der Strauch früher so gerne in die Gärten verpflanzt wurde und warum der Lieblingsstrauch von Frau Holle noch heute in keinem Bauerngarten fehlt.

Ohne Zweifel beinhalten Holundersträucher neben ihren vielfachen Heilwirkungen Stoffe, welche schädigende Reize im Körper aufzuheben imstande sind. So sah man im Holunder geradezu ein Universalmittel gegen alles Unheil.

Bei den Germanen hieß der Holunder „Baum des Heils", denn er schützte vor Feuer und Seuchen. Auch vor Verzauberung und allem Bösen sollte er bewahren.

Vor den Stall gepflanzt, schirmte er das Vieh vor Verhexung ab.

Metallgeschirre mit Holderblättern abgerieben, rosten nicht und nehmen kein Gift an.

Tische und anderes Holzgerät mit Holunderblätter-Tee – im Heißaufguß zubereitet – gewaschen, wird nie wurmstichig.

Jedenfalls sprechen aus diesem alten Bauernbrauchtum Naturfreudigkeit und Naturverbundenheit als Grundstimmung echten Volkslebens und wertvoller Erfahrung.

Durch die ganze Natur weht Gottes Odem. Und nicht zuletzt offenbart ER sich in der Pflanzenwelt mit ihren Geheimnissen und Rätseln.

SCHWARZER HOLLER – MÄCHT'GER HEILER

Viele holde Geister hat der liebe Gott an Wegrändern aufgestellt, damit sie uns durchs Leben begleiten, uns helfen und dienen. – Einer davon ist der Schwarze Holler.

Ein wenig neugierig ist er schon, blickt über Mauern und Zäune. Er siedelt sich gerne auch in Gärten an. Man könnte ihn mit einer guten alten Tante vergleichen, die immer auf unser Wohlsein bedacht ist.

Im Frühsommer zieht der Hollerbusch sein Hochzeitskleid an, das sich bereits von weitem einen Duftweg bahnt. Er schmückt sich mit unzähligen honiglosen, stark duftenden, rahmweißen Blüten in schirmförmigen Trugdolden, aufrecht und stramm.

Kommt der Herbst, dann biegt sich der Schwarze Holunder unter seinen Beerenschirmen, deren Farbe ihm den Artnamen „Schwarzer Holunder" eingebracht hat. – Diese Beeren sind auch Lieblingsnahrung verschiedener Vogelarten, die den Samen unverdaut mit dem Kot an oft schwer zugänglichen Orten aussäen und viel zur Verbreitung des Strauches beitragen.

Unbegründete Angst

Die Schwarze Holunderblattlaus sucht mit Vorliebe junge Triebe heim. Vor allem, wenn der Strauch zu trocken steht. Die Läuse gehen im allgemeinen nicht auf andere Gartenpflanzen über, sondern ziehen sich im Sommer in den Boden zurück und kommen erst im Herbst zur Eiablage wieder heraus. – Aufregung wegen der Läuse oder gar Bekämpfungsmaßnahmen sind überflüssig.

Holunderblüten-Tee behebt Immunschwäche

Zu den ärgsten Übeln unserer Zeit zählt die Immunschwäche. Der Körper hat zuwenig eigene Abwehrkräfte, sich nähernden Gefahren wirksam entgegenzustellen, ihnen die Stirn zu bieten.

Die tüchtige Hausfrau weiß die wohltätige Wirkung des Schwarzen Holunders richtig einzuschätzen und anzuwenden.

Ganz vorne, als wirksamstes Mittel, um dem Organismus zu helfen, rangiert der Holunderblüten-Tee.

Der Schwarze Holunder blüht in den Monaten Mai bis Juni. Bei voller Sonne und trockenem Wetter werden die Blüten geerntet. Man schneidet die ganzen Blütenstände ab und trocknet sie gebündelt oder auf Darren ausgebreitet. Dann werden die kleinen Blüten abgerebelt und noch einmal gut nachgetrocknet. Auf das sorgfältige Trocknen sei besonderer Wert gelegt, damit die Fermente die Wirkstoffe nicht zerstören. Die getrockneten Blüten immer in gut verschlossenen Gefäßen aufbewahren.

Teezubereitung: 2 Teelöffel Blüten mit 1/4 l kochendem Wasser überbrühen und 15 Minuten ziehen lassen. – Wirkt schweißtreibend sowie vorbeugend gegen Infektionskrankheiten. Der Tee schont auch das Herz. Will man ihn als Schwitztee abends vor dem Schlafengehen anwenden, nimmt man 2 Tassen rasch hintereinander. Wichtig ist, daß sie sehr warm getrunken werden. Dies eignet sich gut als Vorbeugungs-Maßnahme gegen Erkältungen und Grippe.

Menschen, die an Immunschwäche leiden, sollen längere Zeit hindurch abends 1 Tasse Holunderblüten-Tee mäßig warm nehmen. – Bei Erkältungen verabreicht man den Tee mit Honig gesüßt und unter Beigabe von Zitronensaft. Dieser Trunk, ein natürliches Antibiotikum, ist gleichzeitig von harntreibender und blutreinigender Wirkung.

Holunderbeeren gelten als lebendige Speisekammer

Diese Früchte kann man als eine Art „innere Polizei" oder „innere Putzfrau" betrachten, die „daheim" alles sauber hält. Sie sind dort wertvoll, wo eine Nervenschwäche, eine Überreizung der Nerven da ist, wo man eventuell Depressionen oder Melancholie verspürt und von Schwermut gelegentlich befallen wird.

Die Holunderbeeren und ihre Wirkung: Die Beeren enthalten in sehr hohem Ausmaße Vitamin C, ferner Vitamine aus der B-Gruppe und reichlich Mineralsalze. – Dies alles erweist sich als sehr vorteilhaft für die natürliche Stärkung des Herzens, der

Nerven, des Kreislaufes und der Gefäße. Nicht vergessen sei die besonders vorbeugende Kraft gegen Lungenentzündung. – Holunderbeeren besitzen antiseptische Eigenschaften, das heißt sie wirken stark keimtötend.

Holunder-Trockenbeeren: Die frisch geernteten Beeren stets auf eine saubere, feste, weiße Papierunterlage legen, also kein Zeitungspapier verwenden. In den Trockenraum soll keine direkte Sonnenbestrahlung fallen und man muß für Zugluft sorgen. Auf diese Weise vortrocknen und im Ofen nachtrocknen. – Holunderbeeren können Sie trocken essen, aber sich damit auch einen Tee im Aufguß bereiten.

Holunderbeeren-Kompott: Kaltes Wasser über einige Eßlöffel voll getrockneter Beeren gießen und ziehen lassen. So entsteht ein pikantes und gesundes Kompott, das Sie mittags servieren können.

Hollerkoch oder Holunder-Mus: In vielen ländlichen Gegenden stellt es eine beliebte Beigabe zur Mahlzeit dar. – Frische Holunderbeeren mit Wasser und zur Geschmacksverbesserung mit einigen Gewürznelken und einem Stückchen Zimtrinde weichdünsten. Honig und etwas Zitronensaft hinzufügen. Mit Stärkemehl oder Agar-Agar eindicken. – Holunder-Mus kann auch außerhalb der Mahlzeiten eingenommen werden, vor allem dann, wenn Entzündungen im Magen- und Darmtrakt vorhanden sind. Bereits für Kleinkinder jeden Alters ist es ein völlig harmloses, wohlschmeckendes und erprobtes Stuhlgangmittel.

Mischmarmelade: Durch Beimengung anderer Fruchtarten läßt sich auch mit frischen Holunderbeeren eine schmackhafte Marmelade herstellen. – Man mischt geriebene Äpfel, Birnen, Quitten, Kürbisse, Stachelbeeren, Hagebutten, Karotten oder Tomaten bei, gibt die Hälfte Gewichtsmenge an Rohzucker dazu und kocht auf. Füllt die heiße Marmelade in gut gereinigte Gläser und gießt 1 bis 2 Eßlöffel Jamaicarum oder Kognak pro Glas darüber.

Holunderbeeren-Dampfentsaftung: Die Beeren von den Stielen streifen, in den Dampfentsafter geben und auf 80 °C erhitzen. Dadurch tritt der Saft aus den Früchten und wird gleichzeitig pasteurisiert. Zum Abfüllen die Flaschen vorher auskochen und den heißen Saft direkt hineinfließen lassen. Sofort mit ebenfalls ausgekochten Gummikappen verschließen. – Eine sichere Methode, den Holundersaft ganz ohne Zucker einzumachen, sodaß der Saft auch für Fasten- oder Saftkuren verwendet werden kann, ohne die Kalorienwerte zu erhöhen.

Holunderbeer-Saftkur: Morgens nüchtern, mittags eine halbe Stunde vor dem Essen und abends eine halbe Stunde vor dem Schlafengehen je 1/8 l zimmerwarmen Saft langsam trinken, 6 Wochen lang. – Das regt die Hormondrüsen an, revitalisiert, stimmt um und reinigt das Blut. Wirkt bei Gesichtsneuralgien, Entzündungen des Trigeminusnerves und bei Phantomschmerzen. Verhindert Herzklopfen sowie nervöse Herzbeschwerden und beseitigt Schlaflosigkeit.

Holunderbeer-Sirup: 3 kg reife Holunderbeeren von den Stielen streifen. Keine eingeschrumpften Beeren verwenden. 0,3 l Wasser mit den Früchten in eine große irdene Schüssel geben. Gut zerstampfen, danach im Wasserbad erhitzen, bis sich Saft bildet, dann nochmals stampfen. Den Brei durch ein Tuch oder durch einen Saftbeutel entsaften und pro 1/2 l Saft 320 g Rohzucker hinzufügen. Die gesüßte Mischung in einen Topf leeren, entweder mit 6 Gewürznelken und 1 Stück Ingwer oder 50 g Zimt und 1 gestrichenen Teelöffel Piment würzen. 10 Minuten schwach kochen. In saubere Flaschen füllen, die man anschließend in einem großen Topf auf Zeitungspapierlagen stellt und weitere Lagen zwischen die Flaschen gibt, damit sie nicht aneinanderstoßen. In kochendem Wasser sterilisieren. Die Flaschen aus dem Topf nehmen, mit einem dicken Tuch festhalten und die Verschlüsse gut befestigen. Die Korkverschlüsse mit Paraffin versiegeln.

WACHOLDER, URWÜCHSIG UND TROTZIG

Der Altadelige im grünen Reich der Gewächse, das ist der „Machandelstrauch". Bescheiden, würdig und edel steht er da. Einst ein heiliger und schützender Lebensbaum unserer Vorfahren. – Nicht allen ist dieser Name geläufig. Man kennt ihn vielmehr unter dem Namen „Wacholder". Wie kam es dazu?

Der Wind bot seine Dienste an

Bekanntlich sind die Staub- und Fruchtblätter des Wacholders winzigklein, und dadurch wird die Bestäubung sehr erschwert. Eine Sage weiß aber diese Schwierigkeit zu lösen.

„Als der liebe Gott die ersten Wacholderstauden schuf, schuf er sie als Brüderlein und Schwesterchen. Dem Brüderchen gab er nur die Staubfäden, dem Schwesterchen nur die Narben mit den Fruchtknoten. Zwischen Brüderchen und Schwesterchen – Staubfäden und Narben – lag ein weiter Weg.

Wer sollte nun den Blütenstaub hinübertragen, damit runde Beeren entstünden? Da bot der Wind sich freundlich als Bote an. Er wehte über die Staubfäden hin, nahm den Blütenstaub von ihnen und führte ihn durch die Luft zur Schwester. Die aber lag noch in tiefem Schlaf und hatte die Augen fest zu. – 'Wach auf, mein Schatz, wach auf! Ich komm' in schnellem Lauf. Ich bring' dir frische Blumenstäubchen. Wach auf und sei kein Schlafhäubchen. Wach auf! Wach, Holde, auf!'

Die anderen Blumen hörten die letzten Worte und meinten, es sei der Name der Langschläferin. Darum nannten sie den Strauch 'Wach-Holde-Strauch'."

Wuchtig ragt ein uralter Recke aus moosigem Grund

Rosenrot breitet die Besenheide im Spätsommer ihren Blütenteppich aus. Sie scheint die Herrin der Einschicht zu sein. Doch auch andere Gewächse ringen um diesen Titel, sie möchten ebenfalls so gern Heide-Blum' oder Heide-Kraut sein.

Wo die seidigen Büschel des Wollgrases, einzelne glutfarbige Lichtnelken, Glockenblumen in himmelblau und das sonnengoldene Labkraut aus dem Blütenmeer emporleuchten, dort erheben sich die dunklen, urwüchsigen Wacholder.

Trotzig und vielgestaltig recken sie sich empor. Bald buschig und urförmig, dann wieder schlanken Säulen gleich himmelwärts strebend. Erhaben über die zwergenhafte Sippe, von der sie rings umgeben sind. Die am Boden bleibt, der jeder Ehrgeiz fehlt nach oben zu streben, der Sonne und den Wolken nahe zu sein.

Silberstämmige Birken zeigen ihr schimmerndes Blattwerk. Stehen mit dem dunkelnadeligen Behang vereinzelter Kiefern in Kontrast.

Über blühendem Kraut schweben Bienen, Hummeln und Schmetterlinge in ihrer Vielzahl und Varietät.

Tauschwere Spinnenwebnetze funkeln im selbstbewußten Sonnenlicht. Ein süßbetäubender Duft wogt über dem durchsonnten Heideboden.

Lose Steinplatten gleichen riesiggroßen vergessenen Pflugscharen, die ein Gigant in zorniger Anwandlung in den Boden getrieben hat. Da und dort fein abgebröckeltes Geröll glänzt wie silbriger Sandweg. Umsäumt von einigen Birken, gesellt sich ein Wacholder hinzu. Wuchtig ragt so ein einzelner uralter Recke aus dem moosgrünen Grund heraus.

Gespenstisch sieht er aus in seiner eigenartigen Wuchsform. Besonders in der Dämmerung, wenn der Tag langsam heimgeht, die Nacht zögernd nachdrängt. Ein wallender Mantel scheint es zu sein oder ein daherschleichender Mann, vermummt, in eine dunkle Kutte gekleidet.

Die Alten wußten den Queckholder zu schätzen

Unsere Ahnen liebten ihn, den altehrwürdigen Strauch. Und wo er in die Nähe von Haus und Hof rückte, da zollte man ihm von jeher besondere Zuneigung und Freundschaft.

Geläufige Namen sind heute noch Wacholder, Machandel, Kranewitt, Karwendel und Queckholder.

Was er, „der Altadelige im grünen Reich der Gewächse", unseren Vorfahren war, besagt die Redensart: „Vor dem Holunder selbst tu den Hut abziehen und vor dem Wacholder das Knie beugen."

Der Wacholder ist wie Tanne, Fichte und Föhre der immergrüne, lebensspendende und lebenserweckende „Lebensbaum", im Mittelhochdeutschen „Queckholder" genannt. Darin steckt das alte Wort „quek" oder „quik", was nichts anderes heißt als lebendig, munter. Es findet sich so auch in erquicken und Quecksilber vor.

Eine Legende der Esten erzählt, daß Christus von einem Wacholderbusch aus in den Himmel fuhr. Als Andenken daran tragen alle Wacholderbeeren ein Kreuzlein. – Ein Zeichen, das auf Abwehr aller bösen Geister, Unglück und Krankheit schließen ließ.

Die vielfache Heiltüchtigkeit des Wacholders hat zu der Auffassung geführt, daß er Verjüngungskraft besäße.

Tatsächlich spielen die Wacholderbeeren ihrer harntreibenden und wurmtilgenden Kraft wegen, und die Nadeln aufgrund ihres ätherischen Ölgehaltes, nicht nur in der Volksheilkunde, sondern auch in der Schulmedizin heute noch eine große Rolle.

Die Beeren liefern den bekannten Wacholder-Branntwein, der den Magen stärkt und erwärmt und das Blut kräftiger fließen läßt.

Alle Kräuterbücher vergangener Jahrhunderte sind voll des Lobes über die Heilkraft des Wacholderbusches. Da heißt es zum Beispiel: „Ein paar Wacholderbeeren morgens nüchtern zu sich genommen, in weißem wein gesotten und darvon getrunken, bekommt wohl dem kalten, schleimigen magen, reinigt die brust, stillet den husten, die blöhung des bauchs, das aufstoßen der mutter und den krampf, eröffnet die leber und den stein, wehret dem gift und der pestilenz."

Im Mittelalter waren Räucherungen mit Wacholderzweigen bei der Pest ein berühmtes vorbeugendes Mittel. Sie wurden bei Sonnenaufgang gebrochen und zur Abwehr der Pest an die Zimmerdecke gehängt. Ein alter Volksspruch diesbezüglich lautet: „Wacholderstrauch, Wacholderstrauch, laß uns den Feyandt nicht ins Haus! Schleuß ihm Tür und Tore zu! Gott, laß uns bei unserer Ruh."

Frau Kaddig weiß vor bösen Geistern zu bewahren

Im Volksglauben heißt der Wacholder auch „Frau Kaddig". Sie gilt als vortreffliches Wesen, das Macht gegen alle bösen Geister, Hexen, Kobolde und selbst gegen den Teufel hat.

Daher schnitzte sich der Kutscher seinen Peitschenstecken aus Kranewittholz, damit ihm niemand die Pferde festbannen konnte.

Die Bäuerin wählte einen Wacholderstab zum Buttern.

Der Binder band aus Wacholderholz ein handsames Fäßlein, damit der Trunk nicht verzaubert wurde.

Der Drechsler drechselte aus einem Wacholderstrunk einen Becher, an welchem man erkannte, ob ein Getränk gesund oder vergiftet war.

Wer auf einer Wanderung müde wird, braucht nur kurze Zeit unter einem Wacholderstrauch zu schlafen, um wieder gestärkt weiterziehen zu können.

In Tirol und Norddeutschland ist es heute noch Brauch, einen Wacholderstrauch beim Hausbau unter den Grundstein zu legen, damit das Haus von bösen Geistern verschont bleibt.

Karwendel ist übrigens auch ein Muttergotteskraut

Die heilige Maria trug einst einen Kranz aus Kranewitt, so heißt es in alten Überlieferungen. Weist doch das fortdauernde Grün des Strauches auf die Ewigkeit hin.

In der Kapelle „Maria Ort an der Naab" steht ein Steinbild der heiligen Maria, das ganz von Wacholder umgeben ist. Eine sehr alte Arbeit. Die Muttergottes hält in der Linken eine morgenländische Lotosblume, und das Christuskind trägt mit beiden Händen ein Wiesel.

Dieses merkwürdige Steinbild schwamm, von den Zweigen eines Wacholderstrauches eingehüllt, die Donau hinauf, wandte sich in den Seitenfluß Naab und landete bei Ort.

TIEFE EHRFURCHT VOR DEM BROT

Frau Kranewitts Nadeln stechen, sie schenkt uns aber „heil'ge Beeren". – Bloß einen Zentimeter lang sind die Nadeln des Wacholderstrauches, die auch Blätter genannt werden. Starr und spitz, zu dreien, seltener auch zu vieren, stehen sie auf anliegenden Zweigen wirtelig beisammen.

Die Blüten sind getrennt geschlechtlich. Es kommen die weiblichen und die männlichen auf verschiedenen Pflanzen vor. Unscheinbar und grünlich gefärbt, fallen die Blüten kaum auf.

Nach der Befruchtung reifen die beerenartigen Früchte heran, der Botaniker nennt sie „Zapfen". Zwei bis drei Jahre brauchen sie zur Reife. Die Wacholderbeeren harren dann von August bis Oktober der Ernte. – Die Früchte sind kugelrund, blauschwarz, fleischig, mit weißem Reif überzogen und im Durchmesser fünf bis acht, ja sogar bis zehn Millimeter groß. Die klar sichtbare dreistrahlige Spalte erinnert daran, daß es eine Zapfenfrucht ist.

Die Früchte enthalten ein starkes ätherisches Öl, Harz, Gummi und viel Zucker, Apfel-, Essig- und Ameisensäure, sowie den gelben Farbstoff „Juniperin", der nach dem Genuß der Beeren dem Urin einen ausgesprochenen Veilchengeruch verleiht.

Wacholderbeeren werden in Westfalen „heil'ge Beeren" und auch „Weiheicheln" genannt.

Brot ist eine heilige Gabe

In den Berghöfen backte früher die arme Älplerin an Festtagen Brot mit etwas Zucker und Machandelbeeren für ihre Kleinen.

Unsere Vorfahren trugen in ihrem Herzen eine tiefe Ehrfurcht vor dem Brot und zeigten es auch in der Tat. Ein alter Spruch bezeugt dies heute noch.

„Es kamen drei Ding' vom Himmel herab: Das eine, das war die Sunnen. Das andere war der Mond. Das dritte war das heilige Brot. Die schlugen alle bösen Süchte und Gichte tot."

Es war etwas Heiliges, das „liebe Brot".

Darum zeichnet auch die gläubige Hausfrau beim Anschneiden des Brotlaibes erst mit dem Messer ein Kreuz darauf, um das Gottesgeheimnis des Brotes in diesem Zeichen zu ehren.

Brot ist ein Heiltum für Geist und Leib

Das erste Brot, das aus der neuen Ernte gebacken wurde, brachte man in früheren Zeiten zum Altar, um durch den uralten Brotsegen die kirchliche Weihe zu erbitten: „Heiliger Herr, allmächtiger Gott, segne dieses Brot mit deinem heiligen geistigen Segen. Auf daß es allen, die davon genießen, ein Heiltum für Geist und Leib und ein Schutz gegen alle Krankheiten und Nachstellungen des Feindes werde!"

Das Brot ist die Summe alles sittlichen und sachlichen Gewinnes aus dem Schaffen eines Volkes.

Die Geschichte des Brotes ist uralt, so alt wie der Mensch selbst. Es kennt seinen langen, bitteren und schweren Weg auf dieser Erde und kündet von Müh und Plag und der Hände Schweiß.

Alle Lebensfreude und Lebensnot umschließt die Bitte um das „tägliche Brot".

Will man einem Menschen das höchste Lob aussprechen, dann sagt man, „er ist gut wie Brot". – Spricht man von einem dringenden Bedarf, ist etwas „notwendig wie ein Bissen Brot". – Und „fehlt das Brot im Haus, zieht der Friede aus". Die Not aber kehrt wendend ein.

Als Christus am Abend seines Leidens mit den Aposteln beisammen war, faßte er in wenigen Worten sein Leben zusammen. Konkretisierte es in Brot und Wein. Er zerbrach das Brot nach alter Volkssitte und reichte es den Jüngern. Gab aber diesem Brotbrechen einen ganz neuen Inhalt mit den Worten: „Nehmt und eßt, das ist mein Leib."

Mit anderen Worten könnte man dies so deuten: „ICH bin für euch das Leben. Und wie ihr zu eurem täglichen Leben Brot braucht, so braucht auch ihr MICH als geistliche Nahrung weiterhin für euren Lebensweg."

Der Christ erlebt es bei jedem heiligen Meßopfer, wie Brot in den Leib Christi verwandelt wird.

Dieses Erlebnis aber geht weiter. Der Christ soll selber verwandelt werden, von DEM, der da sagt: „ICH bin das Brot des Lebens."

Er soll wie Brot für andere Menschen sein, die Hunger haben nach Zuwendung und nach Geborgenheit in der Gemeinschaft.

Wenn das Brot wieder auf unseren Äckern wächst, dann denken wir doch an all das Leben auf unseren Fluren, in den Hecken, in den Gebüschen. Damit nicht nur wir Leben haben.

Brot ist eben ein Mahnzeichen des Lebens. Des ganzen Lebens.

Wo die spirituelle Dimension des Brotes in Vergessenheit gerät, dort schleicht sich die Umweltzerstörung pestähnlich ein.

Gottes Gaben hochhalten und sie nicht verunehren

Am 8. Dezember 1813 wurde in Kerpen bei Köln der spätere Gesellenvater Adolf Kolping geboren. Er stammte aus einer kinderreichen Taglöhnerfamilie.

Nachdem er das Schuhmacherhandwerk erlernt hatte, ging er auf Wanderschaft. Hautnah kam er so mit dem Elend der Handwerksgesellen in Kontakt. Er entschloß sich Priester zu werden und wollte diesem Notstand ein wenig Abhilfe schaffen.

Nach einem mühevollen und entbehrungsreichen Studium wurde er 1845, bereits 32jährig, zum Priester geweiht.

Als Domvikar in Köln gründete er 1849 einen Gesellenverein.

Auf zahlreichen Reisen sowie durch Wort und Schrift trat er für seine Idee der Gesellenvereine ein, die sich bald in Deutschland, Österreich, der Schweiz und Nordamerika verbreiteten. Dabei ging es ihm um die Weckung des Familiengeistes, Erziehung zur Ehre und Berufsfreudigkeit.

Der „Gesellenvater" Adolf Kolping starb am 4. Dezember 1865 in Köln und ruht in der ehemaligen Minoritenkirche. Er ist 1993 seliggesprochen worden.

In einer seiner Schriften beschreibt er sehr schön den Brauch des Anschneidens des Brotlaibes:

„Im elterlichen Haus galt eine recht alte christliche Weisheit im Leben, in Brauch und Sitte." – Nirgends in der großen Welt, selbst auf hohen Schulen und in gelehrten Häusern hätte er Besseres empfangen können. – „Wenn die Mutter, Gott habe sie selig, die Kinderschar um sich herum, wieder nach einem frischen Brot griff, um das ‚Mark der Nahrung' auszuteilen, dann schnitt sie nicht ohne weiteres in die braune Kruste hinein, sondern hob den Brotlaib erst in die Höhe, zog mit dem wuchtigen Brotmesser ein Kreuz über die untere Platte des Brotes. ‚Gott walt's!' sagte sie ferner, und dann fielen die duftenden Schnitten nieder. Sie hätte es wie eine Sünde angesehen, wenn einer im Hause den frommen Brauch nicht in Obacht gehalten und ohne das christliche Segenszeichen, ohne Gott, ins kostbare Brot hineingefahren wäre."

Brotrinde und Wacholderbeeren öffnen den Leib

In einem alten Gesundheitsbuch las ich ein Rezept: Die Kruste von altem Schwarzbrot wird geröstet, dann einige Wacholderbeeren zerdrückt, dazugegeben und kochendes Wasser darübergegossen. Über Nacht ziehen lassen. Morgens nüchtern auslöffeln. – „Leiden Personen an Hartleibigkeit und Neigung zu habitueller Leibesverstopfung, so kommt ihnen dies gelegen, indem es die Leibesöffnung fördert."

Wenn die Verstopfung plagt

Selbst bei akuter Stuhlverstopfung wirkt Rizinusöl zuverlässig. Zuerst ein Stück Brotrinde gut durchkauen und gründlich mit Speichel vermischen, dann 1 Eßlöffel leicht erwärmtes Rizinusöl mit etwas Zitronensaft einnehmen. Nochmals Brotrinde kauen.

DIE WERTVOLLEN WACHOLDERBEEREN

Die Koniferengattung „Wacholder" gehört der Familie der Zypressengewächse an. Die nadelförmigen Blätter sind im Querschnitt dreieckig, sehr stark zugespitzt, weisen eine weißliche Rille auf der Oberseite auf und stehen in dreizähligen Wirteln. Dazu gehört der Großfrüchtige Wacholder, der Zederwacholder und der Heidewacholder. Letzterer wird auch „Gemeiner" Wacholder genannt. Von ihm soll hier die Rede sein.

Der Wacholderstrauch ist in manchen Gegenden schon sehr selten geworden, deshalb wurde er unter Naturschutz gestellt.

Die Vertreter einer zweiten Gruppe weisen schuppenförmige Blätter auf, wie der bei uns sehr häufig vorkommende „Stink-Wacholder" oder Sadebaum.

Ernte und Aufbereitung

Wacholderbüsche finden sich auf Berghängen, Heiden und Mooren, im Unterholz lichter Wälder, auf Triften und Magerwiesen, aber auch auf Feldrainen und Gstätten vor. Von den Beeren gibt es zwei Generationen: die grünen, die das nächste Jahr reif werden, und die blauschwarzen, die man abnimmt.

Die beste Erntezeit für Wacholderbeeren liegt im Sommer. Aufgrund der spitzen Nadeln ist das Pflücken der reifen Beeren eine sehr mühsame Arbeit. Diesbezüglich bietet sich aber eine Ausweichmöglichkeit. Man breitet Tücher auf dem Boden aus und klopft die reifen Beeren ab. Dann werden die mit den Beeren heruntergefallenen trockenen Nadeln sorgfältig entfernt und die Früchte an einem luftigen Ort getrocknet.

Heilwirkung und Anwendung

Der Wacholder gilt als „Verjüngerer von innen her".

Die Beeren regen den Appetit an, fördern die Verdauung, reinigen das Blut. Beleben und entschlacken den Gesamtorganismus. Sie sind stark harntreibend und erweisen sich daher als günstig bei Gelenkserkrankungen. – Wacholderbeeren dürfen aber nicht im

Übermaß genommen werden, weil sie ansonsten die Nieren stark reizen könnten.

Wacholderreisig-Tinktur: Nur wenige wissen, daß man auch Wacholderzweige schneiden kann, und zwar die Spitzen des Reisigs. Das tut man im Februar. Dieses Reisig wird zu einem Ansatz verwendet. Man nimmt 250 g Wacholderreisig und 1 l Alkohol, der wenigstens 75 % haben soll. Das Gemisch 14 Tage lang in die Sonne stellen, dann abseihen, dunkel und kühl lagern. – Die Tinktur eignet sich gut als Einreibemittel zur Kräftigung der Muskel, fördert aber auch eine gesunde, feste Haut. Mit viel Wasser verdünnt eingenommen, stärkt sie den Magen.

Wacholder-Rauch: Leidet man an argem Zahnweh und kann man den Zahnarzt nicht sofort erreichen, verbrenne man Wacholderzweigspitzen und Wacholderbeeren und sauge mittels eines Trichters den Rauch in den Mund ein.

Wacholderbeeren-Bad: So wirksam es auch ist, darf man es bei Nierenleiden keinesfalls nehmen! – Ein solches Bad zeigt sich hingegen als sehr hilfreich bei Hauterkrankungen, vor allem zur Reinigung und Stärkung der Haut. Besonderen Erfolg erzielt man bei Ischias und Rheuma. – 100 Wacholderbeeren, das sind 10 bis 13 g, werden zerdrückt, in 2 l kochendes Wasser gegeben. Ganz kurz aufsprudeln lassen, dann von der Flamme wegnehmen. Nach 20 Minuten Ziehen abseihen und dem Badewasser beifügen.

Wacholderbeeren-Kauen: Die Beeren immer wieder in kleinen und kleinsten Mengen pro Tag gekaut, helfen dem alternden Menschen, erweisen sich als nierenreinigend, harntreibend und appetitfördernd. – Einige Zeit hindurch täglich 3 bis 5 Stück genommen, dann pausiert, wirken sie wie „kleine Wunderbeeren". Sie beleben den Stoffwechsel, steigern die Aktivität und rufen eine bessere Reaktionsfähigkeit des Gesamtorganismus hervor.

Lästiges Sodbrennen vertreiben: 3 Wacholderbeeren in den Mund nehmen, gut mit Speichel vermengen, aufweichen. Bedächtig durchkauen, dann schlucken.

Warzen zum Verschwinden bringen: Junge Wacholderzweige trocknen und pulverisieren. Die Haut leicht anfeuchten, das Pulver dick auftragen, über Nacht verbinden.

Zur Mundhygiene: Einige Tropfen ätherisches Wacholderöl in lauwarmes Wasser träufeln, gut durchschütteln. Nachtsüber Zahnprothesen hineingelegt, verleiht morgens frischen Atem.

Wacholderbeeren-Teekur: Bei Erkrankungen der Atmungsorgane, zur Steigerung der Widerstandskraft und zur Förderung des Stoffwechsels rate ich eine 3wöchige Wacholderbeeren-Teekur, aber nicht länger! – 1 Teelöffel zerquetschte Wacholderbeeren mit 1/4 l kochendem Wasser übergießen, 15 Minuten ziehen lassen, abseihen. Mit echtem Bienenhonig süßen. Täglich früh und abends je 1 Tasse trinken. Dieses Tagesquantum soll nicht überschritten werden. – Regt den Appetit an, reinigt das Blut, lindert Schmerzen bei Rheuma, Gicht und Hautkrankheiten. – Bei Nierenleiden abzulehnen. Verboten für schwangere Frauen!

Wacholderbeeren-Saft: Zur biologischen Verjüngung des Gesamtorganismus. – „Succus Juniperi", Wacholderbeeren-Saft, wird aus den reifen Beeren hergestellt. Man kocht eine Portion zerdrückte Wacholderbeeren mit dem vierfachen Teil Wasser zu Sirupdicke langsam ein. Dabei ergeben 3 kg Beeren gewöhnlich 1 l Saft. – Mit lauwarmem Wasser verdünnt mehrmals täglich 1 bis 2 Eßlöffel einnehmen.

Wacholderbeer-Sirup: 250 g Beeren in 1 1/2 l Wasser weichkochen, zerdrücken, nochmals kochen und auspressen. 1 kg Rohzucker zum Saft geben, bis zur Sirupdicke unter ständigem Umrühren einkochen. In Gläser füllen und dunkel lagern. – Bei Lungenschwäche 3 Wochen lang 1 Teelöffel voll verabreichen.

Ätherisches Wacholderöl aus der Apotheke: 2 bis 5 Tropfen auf etwas Sauermilch oder Joghurt täglich mehrmals eingenommen, übt einen günstigen Einfluß auf alle Verdauungsorgane aus. Es erregt im Magen eine gelinde Wärme, steigert die Eßlust, betätigt die Selbstbewegung des Darms und wirkt blähungswidrig. Gilt als wertvolles verdauungsförderndes Mittel.

Auf Honig geträufelt, erweist sich das ätherische Wacholderöl als vortrefflich gegen Gelbsucht und Gallensteine.

Grüne Wacholderbeeren: Das Nachtjucken durch die lästige Hautkrätze kann mit einem einfachen Hausmittel ausgeheilt werden. 1 Eßlöffel voll gut zerquetschte grüne Wacholderbeeren mit 1 Eßlöffel ungesalzener frischer Butter zu einer Salbe verrühren und damit vor dem Schlafengehen die befallenen Stellen einreiben. – Kühl gelagert, läßt sich die Salbe einige Tage aufbewahren.

Homöopathische Essenz „Juniperus D4 bis D6": Täglich 3mal 20 Tropfen auf einem Eßlöffel voll Wasser einige Wochen hindurch einnehmen. Damit wurden bei Blasenkatarrh schon großartige Erfolge erzielt.

Die Wildfrucht Wacholder in deiner Küche

Die Beeren finden als gesundes Gewürz und als Beigabe in der Küche vielfache Verwendung. – Wildgerichte werden mit Wacholderbeeren gewürzt. Man kann sie zu Braten, Soßen, zum Einbeizen von Wild und Rindfleisch, zum Kochen von Fisch und zum Räuchern von Fleisch gebrauchen. Beim Sauerkraut sind sie natürlich nicht mehr wegzudenken. Selbst zu Zwetschkenröster und Obstkompotten passen Wacholderbeeren vorzüglich.

Die Wirkung der Wacholderbeeren kurz zusammengefaßt

Wer gegen schädliche Ausdünstungen, Miasmen, gefeit sein will, wer an schwachem Magen vergeblich laboriert, an Stein oder Grieß leidet, wer gegen Wassersucht, Rheumatismus, Gicht zu kämpfen hat, wer faule Gase, wässerige und schleimige Stoffe aus seinem Körper entfernen muß, der verwende getrost Wacholder. Für mich ist er „meine Pflanze", die mir zeigt, daß man „aus wenig etwas machen kann", wenn man das, was man ist, ganz ist. Auf diese Weise wird ein Strauch-Baum zu meinem Lehrmeister, zu meinem Lebensbegleiter, zu einem Teil meines Lebens.

WEISSER ZAUBER BESCHWINGT DAS HERZ

*E*s sind Büsche oder Bäume von vier bis fünf Meter Höhe, aus der Familie der Rosengewächse, die Formen des Weißdorns. Er findet sich bei uns in allen Hecken, an Waldrändern, an Böschungen und in lichten Wäldern ein.

Das „Doppelgesicht" der Weißdornhecken

Der Weißdorn präsentiert sich in zwei Arten: der Zweigriffelige und der Eingriffelige Weißdorn. Sie unterscheiden sich – wie der Name bereits sagt – in der Anzahl der weiblichen Geschlechtsorgane, der sogenannten Griffel.

Die beiden Zwillingsarten kann man aber auch an den Blättern auseinanderhalten. Der Zweigriffelige Weißdorn hat nur leicht gelappte Blätter mit stark glänzender Oberseite. Der Eingriffelige hingegen besitzt tief fiederspaltige Blätter, die höchstens schwach glänzen. Beide Arten sind weißblühend und wohlriechend.

Beim Zweigriffeligen gibt es noch eine rotblühende Varietät, den bekannten Rotdorn aus unseren Gärten.

Und die Früchte der beiden Zwillingsschwestern?

Der Eingriffelige Weißdorn bringt rundliche, kugelartige und der Zweigriffelige semmelartige, in der Mitte eingebuchtete Früchte hervor. Eines aber haben beide gemeinsam: in Qualität und Wirksamkeit, darin unterscheiden sie sich nicht.

Weißdornhecken, dornig, dicht und vielverzweigt

Als die Römer England besetzten, pflanzten sie Hecken um ihre Felder. Dazu benutzten sie den Weißdorn, seines dichten Wuchses wegen. Heute noch sind Weißdornhecken ein wesentlicher Bestandteil in den Knicks, den Feldeinfriedungen norddeutscher Güter und Höfe.

Dieser Gedanke ist uralt. Schon zur Zeit der Ritter war das dornige Gestrüpp als Schutz und Deckung willkommen. Man pflanzte den Weißdorn gerne zu Verteidigungszwecken.

So umblüht er im Frühling wie eh und je alte, verwitterte Burgmauern, Wälle und Ruinen.

Auch in die Legende hat der Weißdorn oder Hagedorn reichlich Eingang gefunden.

Wer sich am Karfreitag zu einem Weißdornbusch neigt, ganz nahe an seine helle Rinde heran, der vernimmt ein seltsames Seufzen und Klagen. Wurden doch nach altem Glauben das Kreuz und die Krone des Heilands aus dem Weißdorn gefertigt. Nun trauert der Strauch über sein Unglück, zum Leiden des Herrn beigetragen zu haben. Da aber der freundliche Busch ganz unschuldig war, tröstete ihn der liebe Gott und schenkte ihm den Reichtum an bezaubernden Blüten.

Welch' weiße Pracht ergießt sich hinein in den Juni-Monat. Wenn wir es mit offenen Augen erschauen. Mit einem Klarblick, der ins unsichtbare Werkstatt-Innere des Werdens dringt.

Nie wäre die Menschheit in den Besitz ihrer Heilpflanzen gelangt, hätte sie nicht hellsichtig einen deutenden Zugang zu den Signaturen und Zeichen gefunden. Kraut, Blüte, Beere und Frucht bekamen sie aufgeprägt, als der Schöpfer sie ins Sein entließ.

Weiters berichtet eine Legende, daß der Hagedorn aus dem Wanderstab des heiligen Josef entstand. – Auf diese fromme Überlieferung wird die Tatsache aufgebaut, daß seither die Ableger dieser Pflanze heilende Kräfte haben. Wie wir sie heute in der Anwendung des Blütentees kennen.

Schaurig Unheimliches weiß der Hagedorn fernzuhalten

Wenn die Hexen – und derer gab es sogar in meiner Kindheit im eigenen Orte noch welche, so erzählte man – ein Weißdornbüschel am Eingang des Hauses erblickten, so machten sie kehrt. Sie wagten es nicht, die Schwelle zu überschreiten.

Dagegen, wenn sie in der Walpurgisnacht – vom 30. April auf den 1. Mai – ihren wilden Ritt auf den Blocksberg unternehmen, dann pflegen sie an den Weißdornhecken gern zu rasten und sich mit den Spitzen der Zweige zu erfrischen.

Die schönen, spitzbübisch lustigen roten Beeren scheinen auf die Hexen wenig Eindruck gemacht zu haben.
Wer hätte sich von uns nicht als Kind erfreut, an den kleinen Mehlfäßchen mit ihren Steinchen zu lutschen, die man zum Glück händchenweise in den Mund nehmen konnte, ohne daß einem der Geschmack das Gesichtchen verzogen hätte. – Die kindliche Einfalt ließ noch nicht ahnen, wie wertvoll diese Früchte für das Herz sind.
Seltsames trug sich nach der Schlacht bei Roncesvalles zu. Eine Schlacht, die Kaiser Karl der Große geschlagen hatte.
Man wollte die toten Franken beerdigen ... Doch sie waren von den gefallenen Heiden nicht zu unterscheiden. – Da geschah das Wunder, und die Antwort ward gegeben.
Am anderen Morgen erblühte neben jedem Christen eine weiße Blume. Durch jeden toten Ungläubigen hingegen war ein Hagedorn gewachsen.
In England ist der Weißdornbusch von Glastonbury berühmt geworden. Er stand im Ruf, in der Christnacht auszuschlagen und am Christtag über und über zu blühen.
Dieser Weißdorn war nach der Tradition ein Sprößling des Stabes, den Josef von Arimatäa am Christabend in die Erde gesteckt hatte und der sofort Wurzeln und Blätter trieb, um am nächsten Tag mit hellweißer Blüte bedeckt zu sein.
Eine lange Reihe von Jahren blühte der Weißdorn im Kirchhof der Abtei von Glastonbury in der Christnacht. Zahlreiche Menschen strömten herbei, das Wunder zu schauen.

Im Schutze des Hagedorns sprießen manch' Heilkräuter

Weißdornhecken werden zur Heimstatt nicht weniger Kräuter, die uns als Hausmittel wertvolle Hilfe gewähren können. – Einige der wichtigsten seien hier angeführt.
Die Schlüsselblume: Wirkt schleimlösend und harntreibend. Der Teeaufguß hilft bei Husten, Keuchhusten und Bronchitis, bewährt sich auch bei Asthma, Erkältungskrankheiten und Grippe. Dient des weiteren als Zusatzbehandlung bei Rheuma und Gicht. Dazu

verwende man ein Gemisch zu gleichen Teilen von Blüten und Blättern. – Himmelschlüssel-Wurzeln stehen unter Naturschutz. Sie dürfen nicht ausgegraben und vermarktet werden.

Der Spitzwegerich: Fördert den Auswurf, löst den Schleim und treibt das Wasser ab. Den Teeaufguß zieht man für Blutreinigungskuren und bei Erkrankungen der Atmungsorgane, bei Blasenbeschwerden, Durchfall und Leberleiden heran. – Als Tee-Umschlag dient er für Quetschungen, Verbrennungen und Geschwüre. – Der frische Saft stillt blutende Wunden.

Der Gelbe Steinklee oder Honigklee: Erweist sich als beruhigend, blähungswidrig und krampflösend. Der Teeaufguß ist wirksam bei innerer Unruhe, Schlaflosigkeit, bei Blähungen und Darmkoliken, sowie äußerlich als Umschlag bei eiternden Wunden. – Die Ärzte verwenden einen daraus gewonnenen Naturstoff für Lympherkrankungen und Gefäßschwäche.

Das Tausendguldenkraut: Regt den Appetit an, fördert die Verdauung und stärkt das Gedächtnis. Der Teeaufguß leistet dem Stoffwechsel große Hilfe in den Verdauungsorganen, beseitigt Magen- und Darmstörungen, nimmt außerdem Sodbrennen und saures Aufstoßen. Beeinflußt Herzarbeit und Kreislauf günstig und ist erfolgreich bei Erschöpfungszuständen aller Art.

Das Wohlriechende Veilchen: Mildert den Hustenreiz, stellt ein gutes Hausmittel bei chronischer Bronchitis und Keuchhusten der Kinder dar. – Der Tee aus Blüten und Blättern wird noch heilsamer, wenn man ihn mit Honig süßt.

JOHANNISFEUER KÜNDEN DIE WENDE

Als der HERR „im Anfang" Himmel und Erde erschuf, herrschte noch tiefe Finsternis über dem Urmeer.
„Gott sprach: Es werde Licht. Und es wurde Licht. Gott sah, daß das Licht gut war. Gott schied das Licht von der Finsternis, und Gott nannte das Licht Tag, und die Finsternis nannte er Nacht." (Gen 1, 3–5)
Keiner ist, der das Licht nicht kennt. Keiner ist, der es kennt.
Keiner, der es nicht kennt in seinen wunderbaren Wirkungen.
Keiner, der es kennt in seinem Wesen.

Licht und Sonne – Sehnsucht und Zwang

Das Licht allein ermöglicht es, Schönheit und Farbe zu schauen. „Augenlicht" nennen wir das Sehvermögen, mit dem man es wahr-nehmen und auf-nehmen vermag.
Alles was wächst und lebt, drängt dem Licht entgegen. Sogar die künstliche Leuchte wird von Insekten umschwärmt.
Das Licht ist immateriell, stofflos, ein geeignetes Symbol für das Geistwesen Gottes. „Gott ist Licht, und keine Finsternis ist in ihm." (1 Joh 1, 5) Licht und Leben bezeichnen das Wesen Gottes.
Obwohl man die Sonne nicht mit dem Licht gleichsetzen kann, hängt die Zeichensprache der beiden aufs engste zusammen. Denn Licht bringt Leben hervor.
Somit ist Leben Licht und Licht ist Leben.
Am vierten Schöpfungstag rief Gott diese wunderbare Himmelsleuchte zugleich mit den anderen Gestirnen ins Dasein. Zwar kreisen im undurchforschbaren Weltall unzählige Sonnen, doch für uns ist nur die eine von Bedeutung. Ohne sie gebe es kein Leben auf unserer Erde, und es könnte auch keines bestehen.
Die Sonne ist nach dem heiligen Ambrosius, dem Kirchenlehrer, „das Auge der Welt – die Freude des Tages – des Himmels Schönheit – die Anmut der Natur – das Bedeutendste unter den leblosen Geschöpfen."

Der Sieg des Lichtes vereint Mensch und Natur

Die kürzeste Nacht des Jahres.

Geheimnisvoll und sagenumwoben ist sie.

Die Hoch-Zeit des Jahres wird durch den größten Bogengang der Sonne am Himmel erreicht.

Das Tagesgestirn beginnt danach wieder von seinem Höhepunkt hinabzueilen. – Sonnwendfeuer flammen vielerorts in diese Nacht hinein und deuten die Wende an.

Der Sieg des Lichtes wird im gesamten deutschen Sprachraum durch Wendfeuer gekennzeichnet, mit denen man die ohnehin kurze Nacht in vollen hellen Tag zu verwandeln sucht. Es scheint, als wolle man die segenspendende Sonne herbeiholen und sie nicht mehr weggehen lassen.

Der Volksglaube kennt „Schicksalsnächte", in die höhere Gewalten hineingreifen. – So den „Zwölften" zwischen Weihnachten und Dreikönig. – Die „Walpurgisnacht" zu Aprilende und Maienbeginn. – Und die „Johannisnacht" am 24. Juni, die das Tor in den Sommer auftut.

Nach rückwärts und nach vorne schauend erwartet sich der Mensch Antwort auf seine geheimsten Fragen, in der Hoffnung, einen Blick in die Zukunft werfen zu können, die ja letzten Endes in Gottes Hand liegt.

Nie soll sich das Schicksal so deutlich offenbaren wie in dieser Nacht, die auch wetterkündend für die kommende Zeit ist: „Wie das Wetter zu Johanni war, so bleibt's wohl vierzig Tage gar."

In der Phantasie des Volkes früherer Jahrhunderte war die Johannisnacht voller Geheimnisse.

Ein bunter Brauchtumskranz begleitet das Werden und Vergehen im Wechsel der Jahreszeiten. Dies liefert auch einen Beweis für die innige Geschwisterschaft von Natur und Mensch.

Die stetige Mechanisierung der Arbeit und des Lebens hat vieles weggekehrt. Manches Alte ist noch geblieben. Es soll erhalten werden, damit des Menschen Gemüt nicht gänzlich verarmt. Und er, der Mensch, nicht mehr und mehr zum Roboter wird.

Wegbereiter ist er, der dieser Nacht den Namen gab

Ein halbes Jahr vor Jesus erblickte Johannes der Täufer das Licht der Welt. Hochbetagt waren seine Eltern.

Außergewöhnliche Ereignisse vor und bei seiner Geburt lassen ihn – dessen Name ein Engel angekündigt hatte – als ein besonderes Geschenk Gottes an die Menschheit erkennen.

Ja, der Geist Gottes ruht nicht. Er veraltet auch nicht. Würden wir uns doch mehr SEINER Macht öffnen und uns IHM nicht verschließen.

Um das Jahr 28/29 folgte der damals etwa dreißigjährige Johannes dem Ruf Gottes, um dem Volk Israel unerschrocken eine Taufe der Vergebung der Sünden und des Herannahens des messianischen Reiches zu predigen.

Er trat in der Wüste auf, am Jordan und in Jerusalem. Das Volk lief seiner überzeugenden Wortgewalt und seiner selbstlosen Lebensweise wegen in Scharen herbei.

Johannes weist auf Jesus hin. Auf DEN, der da kommen soll und der würdiger ist als er. Er tauft auch ihn.

Aus dem Johannes-Kreis gewann Jesus seine ersten Jünger.

Als Johannes den Ehebruch des Königs Herodes Antipas anprangerte, ließ dieser ihn enthaupten.

Jesus nennt den Rufer in der Wüste, Johannes, den „Größten der von einer Frau Geborenen".

Die Verehrung dieses Wegbereiters geht bis in die Frühzeit der Kirche zurück. Bald hat sich um seinen Festtag ein Kranz vielfältigen Brauchtums gewoben.

Doppelt heilkräftig sollen „Sonnwendkräuter" sein

Die kundige Hand greift nach ihnen, sammelt die Kräuter als Universalmedizin für Mensch und Tier.

Der Beifuß oder Wilde Wermut: Er wächst gerne an Wegrändern, an Abhängen und im Gebüsch. Gepflückt werden die Zweigspitzen, die man vorsichtig trocknet und gut verschlossen aufbewahrt. – Der Teeaufguß gilt als ein geschätztes Hausmittel bei allgemeiner Schwäche, bei Appetitmangel, zur Förderung der Verdauung, bei Lähmungen, aber auch bei Durchfall, Blähungen, Magen- und Darmkrämpfen und bei Regelstörungen.

Das Eisenkraut oder Isenkraut, auch als Verbene bezeichnet: Man findet es an sonnigen Hängen, auf trockenen Wiesen, an Waldrändern und in lichten Laubwäldern. – Es wird vielfach verwendet, und zwar bei Kopfschmerzen und allgemeinen Schwächezuständen, bei Müdigkeit, Schlaflosigkeit und nervösen Depressionen. Dieses Kraut wirkt belebend, stärkend und entwässernd. Es stellt ein gutes Bittermittel bei Grieß- und Steinbildung dar.

Die Königskerze oder die Johanniskerze: Sie ist an Wegrändern, auf Bahndämmen, auf Kahlschlägen und an sandigen Abhängen anzutreffen. Die Blüten sollen während der warmen Tageszeit gesammelt und sofort im Schatten schnell getrocknet werden. Königskerzenblüten-Tee wirkt schleimlösend, schweiß- und harntreibend. Der Teeaufguß hat lösende und auswurffördernde Eigenschaften und wird gerne bei Husten und Verschleimung der Atemwege angewandt. Er hilft, über Wochen hindurch getrunken, gegen Hämorrhoiden und äußerlich bei eitrigen Wunden.

Das Johanniskraut, Sonnwendkraut oder Hexenkraut genannt: Auf Feldern, an sonnigen Wald- und Wegrändern ist es weit verbreitet. In kleinen Sträußen in einem luftigen und schattigen Raum zum Trocknen aufhängen. Der Kleinschnitt muß lichtgeschützt aufbewahrt werden. – Das Johanniskraut hat nervenberuhigende, entzündungswidrige und verdauungsregulierende Eigenschaften. Der Teeaufguß ist bei Magen-, Darm-, Gallen- und Nierenleiden, bei Bettnässen der Kinder und bei Wassersucht erfolgversprechend. Ein uraltes Hausmittel bei Schlaflosigkeit, Depressionszuständen, Koliken und Blasenleiden. Äußerlich gebraucht man den Tee für Waschungen zur Wundheilung und bei Hämorrhoiden. – Nach Anwendung von Johanniskraut aber die pralle Sonne meiden.

DER HAGEDORN IN DEINER HAUSAPOTHEKE

*M*it vielem im Leben ist es so: man kennt es, achtet es aber nicht besonders. Man stellt es solange abseits, bis dann eines Tages aus heiterem Himmel die Erkenntnis herabtrudelt, daß eigentlich hinter dem unbedeutenden Nichts doch ein merkwürdiges Etwas steckt. Gar nicht anders war es beim Hagedorn.

Im Namen „Hag", Gehege, allein schon verbirgt sich seine Aufgabe als Umzäunung, Begrenzung. Diese Eigenschaft wurde frühzeitig erkannt und auch genützt.

Unser Herz, ein vielstrapaziertes Organ

Seine medizinische Bedeutung als Herzstärker erlangte der Weißdorn erst vor hundert Jahren.

Damals lebte in Irland ein Arzt, der im Rufe eines Wunderheilers stand. Dr. Greens Praxis war das Mekka der Herzkranken aus dem In- und Ausland. Niemand außer ihm jedoch kannte das Rezept der Arznei, mit der er seine weit und breit gerühmten Heilerfolge erzielte. Erst nach seinem Tode wurde das Geheimnis gelüftet: Dr. Green hatte es verstanden, die Heilkraft des Weißdorns zu nutzen, einer Pflanze, die in Irland zur Begrenzung der Felder seit urdenklichen Zeiten verwendet wird. Dann vergingen wieder Jahrzehnte... Erst als Sauerstoffmangelzustände der Herzmuskelzellen mit ihren Folgeerscheinungen die Menschheit immer mehr bedrängten, wurde der Weißdorn abermals entdeckt.

Unser Zeitalter ist „berühmt" geworden. Wegen der sogenannten Koronar-Insuffizienz, der Angina pectoris und des Herzinfarktes wurde die den Stoffwechsel normalisierende Wirkung dieser Heilpflanze wieder geschätzt.

Man kam dahinter, daß ihre Anwendung für Altersbeschwerden des Herzens, aber auch bei Schlaflosigkeit zur allgemeinen Beruhigung und Gelassenheit große Dienste leisten kann. Nicht allein die Früchte, sondern auch die Blüten, die im Mai den Strauch so herrlich schmücken, besitzen Heilkraft.

Hilfreich ist der Hagedorn, wenn wir ihn auch benützen

Schauen lernen, das gilt als Voraussetzung, damit wir fähig werden, Vergleiche anzustellen. – Dann erst erschüttert uns die oberflächliche Betrachtung, Einschätzung und Beurteilung der einzelnen Organe unseres Körpers.

So gesehen besteht zwischen der abgrenzenden Eigenschaft des Hagedorns und seiner Fähigkeit als herzstärkendes Mittel wohl eine Parallele, eine Verbindungsstraße.

Weißdorn-Blüten-Blätter-Tee: Mai bis Juni die Blüten mit den soeben sprossenden Blättern, die in Büscheln stehen, sammeln. Schnell und vorsichtig im Schatten trocknen. Zerkleinern, in gut schließenden Gefäßen aufbewahren. – 2 Teelöffel davon mit 1/4 l kochendem Wasser übergießen. 20 Minuten ziehen lassen, abseihen. Mit Honig gesüßt, verstärkt sich die Wirkung. 3mal täglich 1 Tasse trinken. – Hilfreich bei allen Kreislauf- und Herzbeschwerden mit folglich kalten Händen und Füßen.

Weißdorn-Tee gegen Übergewicht: Ungesüßt täglich abends vor der Bettruhe 1 Tasse eingenommen, wirkt stark entwässernd, unterstützt die Herztätigkeit und auch Abmagerungskuren.

Weißdornfrüchte-Tee: Die Erntezeit der Früchte beginnt nach den Herbstfrösten. Im warmen Raum trocknen und zerstoßen. – 2 Teelöffel voll in 1/4 l Wasser geben, kurz aufkochen. 15 Minuten ziehen lassen, abseihen. 3 Tassen täglich einnehmen. Ein hervorragendes Mittel zur Normalisierung der Herztätigkeit, zur Stärkung des Altersherzens und zur Beruhigung bei Übererregbarkeit. Senkt auch zu hohen Blutdruck. Bestes Morgengetränk für ältere Menschen.

Weißdorn-Saft: Der Preßsaft wird aus einem gut abgestimmten Gemisch von Blättern, Blüten und Beeren, sowohl vom Zweigriffeligen als auch vom Eingriffeligen Weißdorn, von dazu spezialisierten Firmen hergestellt und ist im Fachhandel erhältlich. Dieser Weißdorn-Saft, von brauner Farbe, ohne besonderen Geruch und Geschmack, dient zur Regulierung der Herztätigkeit. – Seine Anwendung birgt keine Gefahr der Überdosierung in sich. Er stellt ein unübertroffenes und ausgezeichnetes Kur- und

Pflegemittel des Herzens und des Kreislaufes dar. Wirkt sowohl bei zu hohem als auch bei zu niedrigem Blutdruck ausgleichend. Ist von heilender und vorbeugender Eigenschaft, besonders in Zeiten von starker geistig-seelischer Belastung. – Als Normaldosis täglich 3mal je 1 Eßlöffel voll vor den Mahlzeiten einnehmen, und zwar 6 Wochen lang.

Früchte-Brei: Die frischen, mehligen Früchte mit etwas Wasser gekocht, durch ein feines Sieb passiert, ergeben einen angenehm-süß schmeckenden Brei, welcher, vor allem abends genossen, die Herztätigkeit sehr günstig beeinflußt.

Weißdorn-Gelee: Frische, weichgekochte Beeren werden ausgepreßt und mit ebensoviel Apfel-Birnensaft-Gemisch vermengt. Für 1 l Saft fügt man 1/2 kg Rohzucker hinzu. Der vorgewärmte Zucker wird in den schwach kochenden Saft eingerührt, bis er völlig geschmolzen ist. Umrühren, 10 Minuten lang sprudelnd weiterköcheln lassen. Ist der Gelierpunkt erreicht, vom Herd nehmen und abschäumen. Rasch in Gläser füllen, bevor das Gelee fest wird. Dunkel und kühl lagern.

Weißdorn-Dörrfrüchte: Gedörrte Früchte liefern ein wertvolles „Kauobst", hilfreich bei Angina pectoris.

„Hutzelbrot": Diese alte Volksspeise bekommt man, wenn man reife Weißdornfrüchte in den Brotteig mischt und mitbäckt. – Eine hervorragende Diätspeise für Herzleidende.

Weißdorn-Tinktur: 250 g reife, zerkleinerte Früchte in 1 l 70%igem Obstbrand 14 Tage lang ansetzen. – 3mal täglich 20 Tropfen in etwas Wasser eingenommen, wirken herzstärkend.

Weißdorn-Tinktur-Einreibung: Bei Wallungen in den Wechseljahren die Fußsohlen, Waden, Kniekehlen und Innenseiten der Oberschenkel bis zwei Fingerbreit vor die Leiste 2mal täglich mit Weißdorn-Tinktur tüchtig abreiben.

Weißdorn-Wein: Zur Kräftigung der Herzmuskulatur, zur Förderung der Durchblutung der Herzkranzgefäße, zur Regulierung des Blutdruckes und zur Behebung von Zirkulationsstörungen wird längere Zeit hindurch täglich nach dem Aufstehen 1 Eßlöffel Weißdorn-Wein eingenommen. – Tip für die Zubereitung:

8 Eßlöffel reifer, frischer oder getrockneter Weißdornbeeren mit dem Nudelwalker zerquetschen oder im Mörser zerstoßen. Dann in 1 l naturbelassenem Weißwein, nach Möglichkeit der Sorte „Rheinriesling", 8 Tage lang ansetzen. Ins Fenster stellen und täglich schütteln. Abseihen, den Rückstand auspressen. Die gesamte Flüssigkeit filtrieren. In Flaschen füllen, verschlossen, kühl und dunkel aufbewahren.

Weißdorn-Bad: 50 g getrocknete Weißdornfrüchte werden im Mörser zerstampft, 2 Stunden in 1 l kaltem Wasser eingeweicht, einige Minuten aufkochen. Abseihen, dem Badewasser beigeben. – Erzielt eine leicht zusammenziehende Wirkung, die in der Schönheitspflege sehr geschätzt wird, weil dadurch die Haut „in Form" bleibt, vor allem bei fettiger Haut und Mischhaut.

Homöopathische Essenz „Crataegus D3": Bei mangelhafter Durchblutung und zur Stärkung des Altersherzens täglich 3mal 15 bis 20 Tropfen davon verabreichen. Gleichzeitig können sich die Blutdruckverhältnisse durch die Besserung der Herzkraft regulieren, vielleicht sogar normalisieren. Ein erhöhter Blutdruck kann dann also sinken, und anderseits vermag ein herabgesetzter Blutdruck anzusteigen. – Bei Rhythmusstörungen des Herzens kann man mit der homöopathischen Weißdorn-Essenz gute Erfolge erzielen. Aber nicht verabsäumen, den Arzt zu konsultieren.

Die Wildfrucht Weißdorn in deiner Küche

Als gesundes Nahrungsmittel die Früchte als Frischobst, als Dörrfrüchte, Brei, Saft, Kompott, Gelee, Wein und Tinktur verwenden. – Als Tee eignen sich Blüten-Blätter-Gemisch und Früchte.

ERFAHRUNGEN MIT HEUBLUMEN

Als uraltes Hausmittel gelten die Heublumen. In ihnen kommt die Gemeinschaft der Kräuter zum Tragen. Auf den menschlichen Organismus angewandt, kann die günstige Wirkung kaum übersehen werden, sei es durch Bäder, Waschungen, Auflagen oder Inhalation. Eine Reihe von Heilkräften wird dabei durch Wärme und Wasser aktiviert und freigesetzt.

Das Bauernhaus war von jeher satter Nährboden für die natürliche Art zu heilen. Hier konnte die Volksheilkunde Fuß fassen. Und das ist auch heute noch vielfach so.

Dabei finden oft einfache und billige Mittel Verwendung.

Der Wert einer Sache müsse unbedingt in klingender Münze Kunde geben, meinen jedoch viele. – Aber gerade das Gegenteil ist bei Hausmitteln der Fall, was in besonderer Weise auch bei den bewährten Heublumen zutrifft.

Zwei Wege gibt es, Heublumen zu gewinnen

Der Bauer bringt das Heu von Wiesen, Almen, Rainen und Böschungen ein. Die Zusammensetzung der Heublumen kann sehr verschiedenartig sein. Sie sind umso wertvoller, je mehr Grassorten und Kräuter sie enthalten.

Mit dem geernteten Heu oder dem Grummet gelangen die getrockneten Pflanzenteile auf den Heuboden. Die sogenannten Heublumen rieseln durch die Heuvorräte hindurch und bilden nicht selten zentimeterdicke Schichten am Boden.

Man nimmt davon, siebt es gut durch, um gröbere Pflanzenteile, Steinchen oder Erde zu entfernen. – Das ist die eine Art der Gewinnung der Heublumen.

Auch ein anderer Weg kann gegangen werden: Nicht frisches, sondern wenigstens ein halbes Jahr gelagertes Heu – jedoch nicht älter als ein Jahr – wird auf einer sauberen Unterlage spannhoch ausgelegt. Nun mit den Händen rege durchkneten. Das Gröbere wegnehmen, das Durchgefallene in ein großes Sieb geben.

Bei den Heublumen kommt es ebenso auf Qualität an
Bei der Gewinnung darf eines nicht übersehen werden: Je reicher das Heu an Wildblumen und Wildkräutern ist, umso höher wird auch die Heilkraft der Heublumen sein. Solches Heu erhält man nur von Wiesen, die spät gemäht und wenig gedüngt werden, sodaß die Pflanzen blühen und bereits Samen entwickeln können.

Heublumen haben eine breitgefächerte Wirkungsweise
Nach einem anstrengenden Tag vermitteln sie als Bad wohltuende Entspannung. Bei akuten Koliken lindert ein Heublumensack die Schmerzen. Bei Darmentzündung empfiehlt sich besonders eine Darmkompresse.

Heublumen-Schlamm-Fußbäder und ihre vielfache Verwendung: 1/2 kg Heublumen werden in das Fußwaschbecken gegeben, mit der entsprechenden Menge kochendem Wasser übergossen, sodaß eine satte Flüssigkeit entsteht. Temperieren und die Füße gründlich darin baden, indem die Kräutermasse durch die Tätigkeit der Füße gut die Beine entlang bis zu den Knien verteilt wird.

Dieser Heublumen-Schlamm ist von sehr günstiger ableitender Wirkung und kann bei kranken, aber auch bei müden Füßen nur wärmstens empfohlen werden. Bei Frostbeulen und bei Fußschweiß hat man äußerst gute Erfolge erzielt. – Das gleiche gilt für alte Wunden, Quetschungen und Blutunterlaufungen, Verknorpelungen, Hautverhärtungen und Nagelgeschwüre. – Ebenso finden schmerzhafte Beine, brennende Fußsohlen und stechende Fersen Erleichterung. – Bei Fußgicht soll man die Füße längere Zeit im Schlammbad lassen und vorsichtig mehrmals heißes Wasser nachgießen.

Heublumen-Auflage gegen Leberleiden und Kreuzschmerzen: Heublumen in ein Säckchen geben, zubinden, mit kochendem Wasser übergießen, breitklopfen, in ein Handtuch wickeln und an der entsprechenden Stelle eine halbe Stunde lang einwirken lassen. Danach abnehmen und mit Arnikatinktur nachreiben.

Feuchte Hände mit kalten Fingerspitzen: Dieses Leiden trifft man häufig bei jüngeren Frauen an. Es ist dies ein Zeichen von Überforderung. Man soll sich abends ruhig hinsetzen, die Hände ins Heublumen-Schlammbad geben. Die eine Hand mit der anderen abreiben, dabei den ganzen Unterarm bis zum Ellbogen miteinbeziehen. Der Vorgang soll wenigstens 20 Minuten, besser noch eine halbe Stunde, dauern. Dann mit lauwarmem Wasser abspülen und kalt nachwaschen, gut abtrocknen. – Hilft gleichzeitig gegen das Kribbeln der Hände während der Nacht. Kommt auch dem gesamten Kreislauf zugute. Wirkt herzstärkend, schweißhemmend und beruhigt sehr stark die Nerven.

Heublumen abbrühen und damit Umschläge anlegen: Nach 2 Stunden sollen sie erneuert werden. – Man benützt diese Heublumen-Umschläge bei Rheumatismus, Gichtleiden, Magenleiden, Geschwüren, Hautflechten und eiternden Wunden.

Heublumen-Bäder, ein wahres Sanatorium

1 kg Heublumen in ein Säckchen geben, in 3 l kaltes Wasser legen und 20 Minuten lang aufkochen. Dem warmen Vollbad beifügen. Während des Badens mit beiden Händen ausdrücken. – Das lindert rheumatische Beschwerden, hilft bei Ischias, „Hexenschuß" und bei allen Nervenentzündungen. Regt den Stoffwechsel und den Blutkreislauf an, entgiftet den Gesamtorganismus. Beeinflußt das Nervensystem sehr günstig. – Ein Heublumen-Bad ist ein Stärkungsbad, dessen nicht nur Kranke bedürfen, sondern das auch Gesunden zu empfehlen ist. Normalerweise nimmt man ein solches Bad einmal pro Woche oder kurmäßig höchstens jeden zweiten Tag. – Heublumen-Bäder temperiert man möglichst warm. Sie wirken nicht nur stärkend auf geschwächte Glieder, sondern auch belebend bei Lähmungen. Sind gut gegen Gliederreißen und Muskelkrämpfe. Fördern die Tätigkeit der Haut. Helfen überarbeiteten und nervösen Personen.

Heublumen-Bad mit Melissenblättern und Thymiankraut: 200 g Heublumen, 25 g Melissenblätter und ebensoviel zerkleinertes Thymiankraut mit 3 l Wasser 1 Stunde stehenlassen. Dann kurz aufkochen, abseihen und dem Vollbad beifügen. 10 Minuten lang darin baden. Dabei den ganzen Körper gut abreiben. Dieses Bad sollte man zweimal wöchentlich nehmen. – Es ist dies ein Kräuter-Mischbad, das sich nach großen nervlichen Überanstrengungen, Aufregungen und vor allem zur Bewältigung von Konflikt-Situationen schon oft als hilfreich erwiesen hat.

Heublumen-Inhalation, bestens bewährt

Schnupfen zeigt sich häufig von seiner hartnäckigen Seite. Es bilden sich dabei eitrige Beläge auf der Nasenschleimhaut. Das kann so arg werden, daß dies die Nasenatmung beachtlich oder sogar zur Gänze behindert. Heublumen-Inhalationen haben in diesen Fällen oftmals Hilfe gebracht. – 5 Eßlöffel Heublumen werden in 3/4 l kochendes Wasser eingerührt und auf einem Elektrokocher auf den Tisch gestellt. Auf Sparflamme kochend halten. Die Wirkung kann noch beachtlich erhöht werden, wenn man 5 Wacholderbeeren zerdrückt und den Heublumen beigibt. – Nun setzt man sich gelassen hin, stülpt ein Handtuch über den Kopf und leitet den Dampf ins Gesicht. – 5 Tropfen ätherisches Eukalyptusöl vor der Inhalation beigefügt, stärkt die Atemwege.

Heublumen wirken auf den Gesamtorganismus

Da Heublumen in ihrer natürlichen Zusammensetzung so vielschichtig sind, erklärt sich auch die günstige Einwirkung auf den Gesamtorganismus. Dazu gesellt sich noch der charakteristische Heugeruch, entstanden durch das Gär-Verwelken des Grases. Es enthält den Bestandteil Cumarin, das leicht kampferartig riecht und den Kreislauf aktiv ankurbelt, was sich als äußerst wirkungsvoll für das Gesamtadernsystem und die Durchblutung erweist.

WENN DIE HECKENROSEN BLÜHEN

Vom Wildrosenstrauch geht ein besonderer Zauber aus. Er beschützte Dornröschen während seines Märchenschlafes. Stacheln können sich behaupten. Sie sind nach rückwärts gerichtet. Dank dieser Kletterwerkzeuge rutschen die Zweige nicht ab. Diese karabinerähnlichen Vorrichtungen lassen sich leicht vom Stengel abdrücken, weshalb man sie auch als Stacheln bezeichnet.

Dornen hingegen wachsen als spitze, harte Teile aus den Gehölzen und können nur mit Mühe abgebrochen werden, wie zum Beispiel bei der Schlehe, die keine Stacheln, sondern Dornen hat.

So wie der Wildrosenstrauch Dornröschen umgarnte, so beschützt er eine Vielzahl von Tieren, insbesondere Vögel und Insekten.

Die wilde Heckenrose, von jeher sehr geachtet

Bereits in germanischer Vorzeit stand die Wildrose hoch in Ehren.

In hellen Mondnächten sprechen Zigeunerfrauen am liebsten am Rosenstrauch ihre Zauberformeln. – Sind es kinderlose junge Frauen, erbitten sie so viele Kinder, als der Strauch Blumen oder Knospen trägt.

Auch erzählt die Legende, daß die Muttergottes auf der Flucht nach Ägypten die Windeln des Erlösers an einem Rosenstrauch getrocknet habe. Daher die Bezeichnung „Muttergottesdorn". Seither blühen manche Hagrosen weiß und haben so große Kraft, daß sich die Hexen davor fürchten.

Durch den Stich der Gallwespe entstehen auf den Zweigen moosartige büschelförmige Auswüchse, manchmal von der Größe eines Äpfelchens. Es sind dies Brutgallen. Sie galten früher als Gegenmittel beim Biß von Schlangen und von tollen Hunden, woher vielleicht der Name „Hundsrose" stammen könnte. Wahrscheinlich aber ist diese Bezeichnung eine Herabminderung gegenüber den Garten- oder Edelrosen, die durch Züchtungen hervorgegangen sind. Man erlebt dies ähnlich auch bei anderen Pflanzen, so bei Hundskamille, Hundspetersilie und Hundsveilchen.

Ein Männlein steht im Walde, ganz still und stumm

An Waldrändern, in Wildhecken, in bebuschten Hohlwegen, Feldrainen und an Böschungen lacht uns das „Männlein, das im Walde steht", „ein purpurrotes Mäntelein und ein schwarzes Käppelein trägt", entgegen.

Falsch geraten, wer meinen würde, es wäre der Fliegenpilz. – Denn es ist die Hagebutte, die leuchtendrote. Und das schwarze Käppelein? Das ist der vertrocknete Kelch am oberen Teil der roten Korallenfrüchte.

Die Wildrose wird in unserer Gegend zwei bis drei Meter hoch. In den Monaten Juni/Juli fällt sie mit ihren Blüten auf, wenn sie aus dem frischen Grün der Blätter hervortreten. Hellrosa, weiß oder gar rot stehen sie in Büscheln beisammen und duften zart.

Im Spätsommer erscheint dann die eiförmige Hagebutte. Es handelt sich dabei um eine Scheinfrucht, denn die Samen-Nüßchen mit den seidenweichen Haaren liegen eingebettet im schmackhaften Fruchtfleisch verborgen.

Der eigenartige Wuchs sorgt für das Überleben

Stark ist in der gesamten Schöpfung der Trieb entwickelt, das Leben weiterzugeben. Alles drängt nach Kontinuität, nach Stetigkeit und Fortdauer.

Um das zu erreichen, bedient sich die Natur verschiedener Mittel. In diesem Falle sind es die Vögel, vor allem Drosseln und Eichelhäher, die Hagebuttenfrüchte verzehren, das Fruchtfleisch verdauen, die Samenkörnchen aber mit dem Kot wieder abgeben und dadurch für die Ausbreitung und Erhaltung der Art sorgen.

Aber nichts wird dem Zufall überlassen, wenn es ums Überleben geht. So treibt die Wildrose jährlich aus dem Wurzelstock neue Zweige, die sich bogenförmig nach außen drehen. Nach deren Verholzung schießen daraus erneut Ruten aus dem Stock, und zwar immer aus der Mitte des Strauches.

Hängen die Zweige auf den Boden herab, fassen sie hier schließlich Fuß, wurzeln sich ein und gründen neue Tochtergesellschaften. Auf diese Weise können Hundsrosenstöcke ein beachtliches Ausmaß erreichen, sogar ganze Gebiete erobern und beherrschen, undurchdringlich für den Menschen werden.

Heckenrosen bieten Zuflucht

Die Fähigkeit, daß Heckenrosen ihren Standort behaupten und selbst für die Ausbreitung Sorge tragen, bringt auch Vorteile mit sich. Eine Anzahl von Tierarten findet dort Schutz, Zuflucht, Quartier und Lebensraum. Viele Vogelarten nisten in ihrem Dickicht. Der Igel kehrt gern ein. Feldhasen schlagen ihre Winterwohnung auf. Blindschleiche und Eidechse fühlen sich in diesen Hecken geborgen.

Heckenrosenbüsche ziehen wieder in die Gärten ein

Die Hundsrose ist nur eine, allerdings die häufigste, der zahlreichen Wildrosen, die in Mitteleuropa beheimatet sind.

Der Gartenliebhaber weiß die Hecken zu schätzen, die allen Eindringlingen ein wahres Hindernis in den Weg stellen, seinen Garten das ganze Jahr hindurch gut nach außen hin abschützen.

Im Garten selbst eignen sich die herrlich duftenden Büsche da und dort in Rasenflächen als wildromantische Kulisse. Der Züchter und Rosenfreund gebraucht sie zum Veredeln von Kulturrosen.

Die Heckenrose in der Naturmedizin

Der Heilkundige weiß Blüten, Blätter, Rosenschwamm und Hagebutten rechtzeitig zu sammeln, zu verarbeiten und gezielt für seine Gesundheit einzusetzen.

Blütenblätter-Essenz gegen Heuschnupfen und Heufieber: In der Homöopathie wird die Essenz „Flos Rosae D3 bis D6" hergestellt, sie ist in Apotheken erhältlich. 3mal täglich jeweils 15 Tropfen oder 10 Globuli nach Rücksprache mit dem Hausarzt einnehmen. Diese Essenz wirkt bei Heuschnupfen, Heufieber, Heuasthma und allergischen Erkrankungen, die durch den Blütenstaub von Gräsern und manchen Bäumen verursacht werden.

Getrocknete Hundsrosen-Blütenblätter: Sie liefern einen hilfreichen Teeaufguß. 2 gehäufte Teelöffel voll Blütenblätter mit 1/4 l kochendem Wasser übergießen, 15 Minuten ziehen lassen, abseihen. Ungesüßt früh und abends je 1 Tasse getrunken, hat leicht abführende Eigenschaft. Entfaltet auch seine Heilkraft bei Gelbsucht, übermäßigen Monatsblutungen, Neigung zu Ohnmachtsanfällen, Schwindelgefühlen und Kopfschmerzen.

Heckenrosen-Blütenblätter-Tee, mit Honig gesüßt: Hier erweisen sich die Wirkstoffe der Wildrose, gepaart mit der Kraft des Honigs, als Herz- und Nervenstärkungsmittel.

Wildrosen-Blütenblätter, in gutem Rotwein gekocht: Die Flüssigkeit abseihen, temperieren und schluckweise trinken. Dieser Wein belebt den müden, abgespannten Körper, lindert After- und Gebärmutterschmerzen und ist ebenfalls bei schwachem und empfindlichem Magen sehr zu empfehlen.

Rosenschwamm, in Schnaps angesetzt: Das ergibt ein altbewährtes Hausmittel. Die Wucherungen der Heckenrosen, Rosenschwamm genannt, werden im Spätsommer gesammelt und zerkleinert. 50 g davon mit 1/4 l gutem Obstbrand 14 Tage lang im verschlossenen Glas in die Sonne stellen. Abseihen, den Rückstand mit 1/4 l destilliertem Wasser 3 Stunden lang stehenlassen. Filtrieren und beigeben. – Davon täglich 25 Tropfen gegen schmerzhaftes Urinieren oder Harnverhaltung einnehmen.

Getrocknete Heckenrosenblätter im Heißaufguß: Der Tee aus den grünen Blättern wirkt zusammenziehend und stopfend. Hilft bei Magenverstimmung und Schleimhautentzündung. Dient auch als Gurgelmittel bei Halsentzündungen und zur Pflege des Zahnfleisches, damit es fest und gesund bleibt.

Rezept nach der heiligen Hildegard: „Sammle die Rosenblätter bei Tagesanbruch und lege sie über die Augen, sie machen dieselben klar und ziehen das 'trieffen' heraus. Ebenso sind sie dienlich zum Umschlag auf Geschwüre und zu jeglichen Arzneien und Salben."

IN GOLDGELBEM GLANZE

*B*laue Blüten bilden große einzelne Körbchen. Der einjährige Korbblütler bevorzugt Getreidefelder. Die Bestäubung erfolgt durch Bienen. Für die Verbreitung der Samen sorgen Ameisen und Wind zur Genüge.

Seit der jüngeren Steinzeit gehört diese Pflanze, die Kornblume, zu den Wildblumen unserer Heimat. Heute steht sie, die in keinem Feldblumenstrauß fehlen darf, auf der Liste der stark gefährdeten Pflanzen. Durch den gezielten Einsatz von Spritzmitteln ist sie kaum mehr in goldgelben Glanz der Kornfelder gefaßt.

Eine eigenartig-schreiende Pracht geht von einem anderen Gewächs, nämlich von der roten Klatschmohnblüte, aus. – Ein Köder für das Auge, das nicht widerstehen kann, den begehrlichen Blick zu sättigen.

Außerhalb der Felder, entlang von Straßen und Eisenbahnlinien, hat ein wilder Bursche sein letztes Ghetto gefunden. Er will es nicht aufgeben, leistet hartnäckig Widerstand. Die ästigen Stengel dieses Gewächses sind mit zahlreichen Blüten übersät. Mit zunehmendem Älterwerden hängen die weißen Blütenblätter lässig herab. – Es handelt sich um die Echte Kamille. Der Blütenboden ist hohl. Die ganze Pflanze duftet kräftig aromatisch.

Ihr bevorzugtes Daheim sind Getreidefelder. Von dort aber wird sie ständig vertrieben. An Wegrändern und auf Rohboden-Ablagerungen, vor allem aber auf nährstoffreichem, kalkarmem Lehm, läßt sie sich gerne nieder.

Die Kamille gilt als eine der bekanntesten Heilpflanzen mit hoch wirksamen ätherischen Ölen und wird heute wieder kultiviert.

Der Kampf gegen das Unkraut, ein Weg zum Aussterben

Die Bezeichnung „Unkraut" wirkt irreführend und bringt eine entstellte Aussage zutage. Denn die gleiche Pflanze, die in einem Acker als Unkraut gilt, würde an einem ihr frei zur Verfügung gestellten Standort von niemandem so geheißen werden.

Es gibt aber eine Reihe von Pflanzenarten, die überwiegend auf Feldern vorkommen, sodaß die Bezeichnung „Acker-Unkraut" auch in der Sprache der Pflanzen-Soziologen Eingang gefunden hat, obwohl ökologisch der Un-Wert dieser Pflanzen teilweise stark angezweifelt wird.

Man stellte fest, daß bei vollständiger Ausschaltung von „Unkräutern" im Maisanbau, im Feldgemüsebau und im Weinbau der Boden schwer geschädigt wird und sich die Krume außerordentlich verdichtet. Sie enthält kaum noch Regenwürmer.

„Unkräuter" durchwurzeln und beschatten den Boden zwischen den Reihen, fördern Mikroorganismen und Krümelstruktur.

Sie dienen besonders in Hanglagen der Bodenbefestigung gegenüber der Zerstörungsarbeit von Wasser, Eis und Wind, fachmännisch Erosion genannt.

Eine nicht weniger wertvolle Dienstleistung der „Unkräuter" soll keineswegs vergessen sein, nämlich die Gründüngung.

Bauern prägen großräumig unsere Landschaft

Ein Großteil der landwirtschaftlich genutzten Fläche ist Ackerland. Der Rest besteht überwiegend aus Wiesen und Weiden.

Der Ackeranteil wächst aber stetig an, da bei dieser intensiven Form der Nutzung höhere Erträge erzielt werden; freilich unter Einsatz von viel mehr Energie, Technik und Chemie.

Zu den wichtigsten Getreidearten, die in Mitteleuropa angebaut werden, gehören Weizen, Roggen, Gerste und Hafer. Mais-Monokulturen fehlen nicht. In zunehmendem Maße bürgern sich auch Hirse, Buchweizen und Dinkel ein: weil sie von vielen bewußt-leben-wollenden Kunden immer mehr gefragt sind.

Die Geschichte des Getreides ist so alt wie die Ackerbaukultur. Denn Getreide war und ist aus zwei Gründen ein ideales Nahrungsmittel. Es läßt sich leicht und lange aufbewahren und enthält alle wichtigen Nährstoffe in einem für die menschliche Ernährung besonders günstigen Mengenverhältnis, nämlich vor allem Kohlenhydrate und Eiweißstoffe.

Wogende Getreidefelder und die heilenden Wildkräuter

Farbenprächtige Felder findet man im Zeitalter der chemischen Unkrautvertilgung nur mehr selten. Und doch sorgt Mutter Natur beständig für das Heil und die Heilung der Menschen. Viele Wildkräuter folgen dem Bauern auf den Acker. Die meisten unter ihnen haben ein kurzes Leben, sind einjährig, erreichen aber in einem Jahr bis zu drei Generationen. Ihre Samenproduktion ist so hoch, daß sie zu den verschiedensten Bedingungen und Zeiten aus einem großen Reservoir ruhender Samen im Boden neu keimen und wachsen können. – Man hat in einem Quadratmeter Oberboden bis zu 10.000 Wildkräutersamen festgestellt.

Die Kornblume leistet Hilfe für Mensch und Tier

In einem gut gepflegten Hausgarten sollte die Kornblume nicht fehlen. Man kann sie als Abschluß von Böschungen, in Steingärten, aber auch auf eigenen Beeten aussäen. Wichtig ist, daß man dabei auf sortenreines Saatgut achtet.

Aufgrund des Bitterstoffgehaltes gilt Kornblumen-Tee als wertvolles Mittel bei Verdauungsstörungen.

Die Kornblumen sollen gepflückt werden, sobald sich ihre himmelblauen Blüten geöffnet haben. Die Blütenblätter sofort auszupfen und an einem schattigen Ort trocknen, weil ansonsten bei direkter Sonnenbestrahlung die schöne blaue Farbe verlorengeht.

Kornblumen-Tee: 1 vollen Eßlöffel der Blütenblätter überbrüht man mit 1/4 l kochendem Wasser. Läßt 15 Minuten zugedeckt ziehen und seiht ab. Den Tee ruhig und langsam schluckweise jeweils vor den Mahlzeiten trinken, als Tagesration 3 Tassen.

Ein Kornblumen-Bad schafft eine glatte Haut: Es erweist sich gleichzeitig als stärkend und mild. Tritt wirkungsvoll dem Entstehen von Runzeln und Hautfältchen entgegen. Das Bad hat einen Antischuppen-Effekt auf die Kopfhaut. – Für die Zubereitung werden 50 g abgezupfte Kornblumen-Blütenblätter mit 1 l kochendem Wasser übergossen. 15 Minuten ziehen lassen, abseihen und dem Badewasser beigeben.

Kornblumen-Tee für Haustiere: Man verabreicht ihn regelmäßig bei Magen- und Darmverstimmungen. – Ausführlich darüber nachzulesen in meinem Buch „Haustiere, Heilpflanzen und Du". Tierfreunde finden darin an die zweitausend Rezepte.

Klatschmohn als Hausmittel

Die Blütenblätter des Klatschmohns sind für ihre beruhigenden und erweichenden Eigenschaften bekannt. In Teeform, mit Maß und Ziel angewandt, ergeben sie ein mildes Schlafmittel.

Zubereitung eines Bades mit Klatschmohn-Blüten: 50 g blühende Klatschmohn-Köpfe und 50 g frische Salbeiblätter werden zerkleinert und mit 1 l kochendem Wasser übergossen. 20 Minuten ziehen lassen, abseihen, und dem Badewasser beifügen. 15 Minuten darin baden. – Dies hilft bei Schlafstörungen und beseitigt kleinere Unreinheiten bei fettiger Haut. Ist auch vorbeugend gegen nächtliche Schweißausbrüche, bei Nervenschwäche oder in den Wechseljahren mit Erfolg anwendbar.

Die Echte Kamille gehört in jede Hausapotheke

Kamille beruhigt die Nerven, erwärmt den Magen und die Gedärme, treibt die Winde ab. – Äußerlich als Badezusatz und für Spülungen von Augen, Ohren und Nase geeignet. Dient auch als Einlauf zur Reinigung des Darms.

Zubereitung von Kamillen-Tee: 2 Teelöffel der frischen oder getrockneten Blüten werden mit 1/4 l kochendem Wasser übergossen. 15 Minuten ziehen lassen, abseihen, langsam und schluckweise trinken. – Hat sich als ganz vorzügliches krampfstillendes Mittel bei Koliken, Magenkrämpfen und Blasenschmerzen bewährt.

Haustieren Kamillen-Tee verabreichen: Er wirkt bei Koliken, Magenkrämpfen und Schwierigkeiten beim Harnen. – Einläufe können damit ebenso erfolgreich durchgeführt werden.

BLÜTENFÜLLE PRAHLT AM HANG

Auch der heilige Erzdiakon Laurentius zählt zu den wichtigen Gestalten im Bauernjahr. Unter dem kriegs- und geschäftstüchtigen Kaiser Valerian auf einem glühenden Rost zu Tode gebraten, ist er in das volksfromme Brauchtum als Helfer bei Brandwunden eingegangen.

Sankt Laurenz regiert das Bauernjahr

Viele sinnige Bräuche umgeben seinen Festtag, den 10. August.

Pferde und Fluren werden gesegnet. Sommerliche Wallfahrten und Bittgänge von Hauern und Bauern veranstaltet. Man feiert Feste wie den Schäfergang zu Bretten in Baden oder das Kufenstechen und den Lindentanz in Kärnten.

Der Laurentiustag ist ein Lostag: „Ist's Wetter am Sankt Laurenzitag schön, so läßt ein guter Herbst sich sehn." – „Regnet's am Laurenzitag, gibt es große Mäuseplag."

Besonders für die Hauer ist das Wetter an diesem Tag von Bedeutung. Der Heilige als deren Schutzpatron wird verantwortlich gemacht für das Gedeihen der Weintrauben: „Um Sankt Laurenzi Sonnenschein, bedeutet ein gutes Jahr für den Wein."

Mit dem Lorenztag fängt für den Bauern bereits der Herbst an, deshalb die Bauernregel: „An Laurentius man pflügen muß."

Da die Kreuzblütler „Halmrüben" erst nach dem Stoppelumbruch gesät und im Herbst geerntet werden, gilt der 10. August als Stichtag für die Aussaat: „Wer Stoppelrüben will essen, muß Lorenz nicht vergessen."

Himmlisches Feuerwerk versprüht flimmernde Funken

Alljährlich bietet der Sternenhimmel um den Festtag des Heiligen herum in klarer Sommernacht einen herrlichen Anblick im feuersprühenden Augustschwarm der Sternschnuppen. Das Volk nannte sie „Laurentius-Tränen" – „Sankt Lorenz kommt in finsterer Nacht ganz sicher mit Sternschnuppen-Pracht."

Es ist ein wunderbares himmlisches Feuerwerk, das sich in den Nächten vom 8. bis 13. August fast mit Regelmäßigkeit abspielt.

Diese flimmernden Funken gehen von einer bestimmten Himmelsstelle aus, dem sogenannten Rotationspunkt. Er liegt für die „Laurentius-Tränen" in einer Nacht um den 10. August herum im Sternbild des Perseus, weshalb diese Erscheinungen auch Perseiden genannt werden.

Nach der wissenschaftlichen Sternenkunde wird dieses gewaltige Funkensprühen durch Explosion irgendeines Kometen oder Meteors verursacht, dessen Trümmer nach langer Wanderung durch den Weltraum jetzt auf der Erde ihre Ruhestätte finden.

Gab der Volksmund diesem Schauspiel am nächtlichen Himmel den poetischen Namen „Laurentius-Tränen", so liegt darin ein schönes Sinnbild jener Feuerflammen, die den Heiligen für Christus zu Tode gemartert haben. Noch mehr aber jener Feuersglut seines voll Gottesliebe brennenden Herzens, das die Armen als „Kirchen-Gold" sah.

In der Sommerhitze reift der Samen heran

Rasch ändert sich das Bild dort drüben auf der Waldblöße, wo der Schmetterlingsblütler Besenginster sein Quartier aufgeschlagen hat. Waldlichtungen, Waldränder, Heiden, Hänge und Böschungen liebt diese Pflanze über alles. Besonders im Mai und Juni, zur Zeit der Blüte, fällt der Ginster auf, da er mit seinen gelben Blüten das Land in goldenem Prunk erstrahlen läßt.

Noch um Vitus herum – dem 15. Juni – prahlte der Besenginster mit seiner goldgelben Blütenfülle.

Welch prachtvolle Farbensymphonie: Das Junggrün der weichen Buchenblätter. Als Wiegenlied vielstimmiger Vogelgesang. Das Tiefblau des Frühlingshimmels, durchbrochen von den gemächlich dahinsegelnden weißen Federwölkchen.

. . . und dahinein leuchtet der blühende Besenginsterbusch.

Heute brennt die Augustsonne hart hernieder. Das einst so lust'ge Vogelvolk hat aufgehört, Eier zu legen. Verkriecht sich im Überschwang des Blattwerkes und überwacht sorgenvoll die flügge gewordene Brut.

Ein heiserer „Hiäh"-Schrei bringt jäh das heimliche Getue in den Wipfeln und im Geäste zum Erstarren. Der Mäusebussard zieht majestätisch seine Kreise. Kaum einen Flügelschlag nimmt man wahr. Der Aufwind über der warmen Waldblöße genügt schon, ihn wie ein Wollflöckchen zum Himmel hin hochzuschrauben. Er muß jetzt eifrig nach Mäusen spähen, die verängstigt über die Waldlichtung huschen.

Der Ginster, ein geselliger Besenstrauch

Diese Pflanze tritt gerne in größeren Gruppen auf und dürfte eine besondere Vorliebe für den Verkehr haben, denn sie scheint eine Begleitpflanze der Eisenbahnstrecken zu sein. Sie liebt Bahnböschungen und auch an Autobahnen, die durch Kiefernwälder führen, trifft man sie sehr häufig an.

Der Besenginster wird zwischen einen und zwei Meter hoch und besitzt eine kräftige Hauptwurzel, lebhaft grüne Sprossen und rutenförmige, fünfkantige Zweige. Die eiförmigen, kurzgestielten Blätter sind oft dreizählig wie Kleeblätter angeordnet. Ältere Besenginsterstauden tragen an den unteren Stengelteilen Dornen.

Die Schmetterlingsblüten, etwa zweieinhalb Zentimeter groß, stehen zu zweien in den Blattwinkeln. Aus dem Schifflein lugt der eingerollte Griffel neugierig hervor. Die Frucht ist eine zusammengedrückte Hülse und hat an den Nähten zottige Wimpern.

Früher haben die Ginsteräste als Besen Verwendung gefunden. Der Name „Besenginster" gibt uns davon heute noch Kunde. Die Zweige wurden auch zu Körben oder Matten geflochten oder als Gespinstfaser verarbeitet.

Der Besenginster und seine medizinische Eignung

Die jungen Zweige, Blüten und Samen wirken in kleinen Mengen mild eröffnend und harntreibend, werden öfters auch bei Wassersucht herangezogen. Man darf den Ginster jedoch nur auf

Anordnung des Arztes hin verwenden, denn Vergiftungen können zum Herztod führen.

Der Besenginster als homöopathische Heilpflanze: Von der Essenz „Sarothamnus scoparius D2 bis D6" nimmt man täglich 3mal 8 Tropfen auf einen Eßlöffel lauwarmem Wasser ein. Sie wird in erster Linie gegen Herzrhythmusstörungen und Reizleitungsstörungen des Herzens verordnet. – Bei allergischen Hautkrankheiten hingegen sind die Potenzen D3 und D12 in Gebrauch.

Der Färberginster, Schmuck auf Heiden

Der Färberginster hat einen kurzen, niederliegenden Stamm, aus dem zahlreiche aufrechte, rutenförmige Zweige emporwachsen. Sie sind dornenlos, grün, kahl und tiefgefurcht. Der Strauch wird dreißig bis sechzig Zentimeter hoch und höher. Die lanzettlichen Blätter sind wechselständig und kurzgestielt, nach beiden Enden zugespitzt, oberseits dunkelgrün-glänzend, unterseits hellgrün, acht bis zehn Millimeter lang und zwei bis vier Millimeter breit. Am Blattstiel sitzen sehr kleine Nebenblätter.

Die gelben Schmetterlingsblüten sind in Trauben angeordnet und werden von Bienen eifrig beflogen. Die Blütezeit erstreckt sich von Juni bis Juli. Die Frucht ist eine zwei Zentimeter lange schwarze Hülse.

Der Färberginster kommt auf trockenen Wiesen, in Gebüschen und Wäldern häufig vor. Er gedeiht sowohl auf saurem als auch auf kalkreichem und gedüngtem Boden.

Der Name hält, was er verspricht

Die Blätter und Blüten des Färberginsters dienen als wichtiges Farbmaterial. Sie ergeben ein dauerhaftes Gelb. Mit Blau gemischt, entsteht ein bleibendes Grün. – Mit Kalkwasser, Alaun und Kreide liefern sie das „Schüttgelb", eine bekannte Malerfarbe.

KRÄUTERWEIHE AM LIEBFRAUENTAG

*D*as Gedächtnis des Heimgangs Mariens ist eng mit dem Bauernleben verbunden. Tief empfunden, hat sich dieses Fest in das Herz des Volkes hineingeschrieben. Trotz Kriegslärm überdauerte es Jahrhunderte bis in unsere Zeit.

Duftende Blumen ranken sich um das Fest-Geheimnis, um die glorreiche Krönung des gottgefälligen Lebens Mariens.

Ein feiner Hauch schwebt über dem 15. August, einem denkwürdigen Tag, der die Seele des Volkes im Innersten berührt. Heimelig-trauter Duft und wundersame Ruhe von heimatlichen Kräutern, sommerlichen Blumen und Blüten, von reifenden Früchten und Feldern verbreitet sich am Maria-Himmelfahrts-Tag. – „Unsere Liebe Frau", von unbeschreiblicher Zartheit und Anmut geschmückt, wandelt über die Fluren und Felder, segnend und weihend.

Die Kräuterweihe am Großen Liebfrauentag ist uralt

Lieblich wie die bunte Pracht der Blumen ist auch die Weihe der Kirche bei dieser Feierstunde marianischer Liturgie.

„Du sorgst für das Land und tränkst es; du überschüttest es mit Reichtum. Der Bach Gottes ist reichlich gefüllt, du schaffst ihnen Korn; so ordnest du alles. Du tränkst die Furchen, ebnest die Schollen, machst sie weich durch Regen, segnest ihre Gewächse. Du krönst das Jahr mit deiner Güte, deinen Spuren folgt Überfluß. In der Steppe prangen die Auen, die Höhen umgürten sich mit Jubel." Ps 65,10–13

Und hinein klingt feierlich und hoheitsvoll der kirchliche Wechselgesang zu Ehren der Lieben Frau, der Rose von Jericho: „Wer ist jene, die heranschreitet wie eine Rauchwolke von Myrrhen- und Weihrauchduft?"

Die uralte Weiheformel stammt aus dem 10. Jahrhundert: „Allmächtiger, der du Himmel und Erde geschaffen hast und fort und fort mit Macht herrschest, segne durch die Fürbitte Mariens diese Blumen und Kräuter. Segne alle Menschen, die davon gebrauchen, damit ihnen Gesundheit der Seele und des Leibes zuteil werde. Halte fern vom Vieh, das davon kostet, jede Krankheit und schädliche Einwirkung."

„Kräuterwisch" oder „Kräuterbuschen" nach der Weihe

Er wurde mit heiliger Scheu behandelt, denn er war Heiltum gegen Krankheit, Feuer, Blitz und Unwetter. Wenn in dunkler Nacht schwere Gewitter über Haus, Hof und Feld losbrachen, die Donner rollten und zuckende Blitze den Himmel in ein Lichtmeer verwandelten, dann brannte vor dem Kreuz im Herrgottswinkel die an Lichtmeß geweihte Wetterkerze. Auf der Herdpfanne flammte eine Handvoll von den Sommerkräutern, welche die Kirche am „Großen Liebfrauentag" im Blumenhochamt geweiht hatte.

Der Duft der würzigen Kräuter zog durch die Stube und trug das inbrünstige Beten der Familienangehörigen wie Weihrauch zum Himmel: „Vor allen Schrecken, vor allem Schaden, vor Blitz und Ungewitter bewahre uns, o Herr!"

Dann fühlte sich das gläubige Bauernvolk trotz der unheimlich tobenden Elemente unter dem Schutzmantel Mariens sicher.

Den Eheleuten und Kindern wurden gesegnete Kräuter vielfach ins Bett und in die Wiege gelegt oder beim Neubau unter die Türschwelle. Sie wurden in Heiltränke, ins Viehfutter und ins Saatgetreide vermengt und wie die geweihten Palmbüsche ins Feld, in Scheunen und Ställe gesteckt.

Oft wurden sie den Toten als letzter Gruß zur Grabesruhe in den Sarg gegeben. – Die duftenden Blumen sollten sicheres Weggeleit durch alle Fährnisse des Lebens und zum Heimgang sein.

Ein Naturfest, von der Kirche übernommen

Die Kräuterweihe, auch „Wurzweihe" oder „Wischweihe" genannt, hat ihrem Wesen nach Ursprung und religiöse Wurzel in germanischer Vorzeit. Die Kräuterweihe erinnert an ein Naturfest, in dem Erntedank und Fruchtbarkeits-Ritus in einem zum Ausdruck kamen. Zu Ehren der Göttin Frya, der Mutter der Natur, die für die Welt-Beherrscherin gehalten wurde.

Für diesen Volksbrauch hat die Kirche in ihrer Erzieher-Weisheit und als Volkstums-Bewahrerin christlichen Ersatz geschaffen. Es soll nicht unerwähnt bleiben, daß sich unsere Vorfahren einstmals beim Sammeln von Kräutern für Heilzwecke geheimnisvoller Zeremonien und Formeln bedienten, um sich so die Kraft der Pflanzen zu sichern. – Diesen abergläubischen Brauch zu verdrängen und den Segen Gottes mitzugeben, den Geist des Glaubens zu stärken, war Aufgabe des christlichen Festes.

Die Siebener-Zahl und ihre kultische Bedeutung

Die Zahl der Pflanzen spielt beim Weihbuschen eine Rolle. Es müssen mindestens sieben Kräuter sein.

„Sieben" galt von alters her als heilige Zahl. Als die Summe von drei und vier, wobei Drei für Gott und Vier für die Welt steht.

Am siebenten Tage ruhte Gott nach den sechs Schöpfungstagen. Der siebenarmige Leuchter, Sinnbild Christi als das neue Licht der Welt, wurde mit den Sieben Gaben des Heiligen Geistes in Beziehung gesetzt. – „Sieben" scheint immer wieder auf: in den Sieben Sakramenten, in den Sieben Werken der Nächstenliebe, sowie auch in den Sieben Tugenden und Lastern wird sie zur sprechenden Zahl des Sinnbildes. Siebenundsiebzigmal, das heißt unbegrenzt, sollen wir vergeben.

Ein Wunder, wenn im Kräuterbuschen des Großen Liebfrauentages sieben Kräuter enthalten sein sollen?

Die Sprache der Kräuter im Weihebuschen

Die Kräuter, auf die jeweiligen Bedürfnisse des einzelnen abgestimmt, sind variabel. Heilwerte bestimmen ihre Auswahl und machen sie zu wahren Helfern.

Ein gut überlegter Vorschlag, unter Berücksichtigung alter Überlieferungen der Gepflogenheiten, gefestigt durch die Erfahrung, sei im folgenden gegeben.

Königskerze oder Wollblume: Sie bildet meist die Hauptzierde. Ihre Wirkungskraft betrifft die Atemwege. Hilft bei Heiserkeit, hartnäckigem Husten, Bronchitis, Asthma und Keuchhusten. Der

Tee mit Honig ist wegen seiner beruhigenden Wirkung bekannt und kann auch bei Schlafstörungen genommen werden.

Beifuß: Bringt die Verdauung in Schwung und regt die Leber an. Nach Schlaganfällen sollte man dem Kranken längere Zeit hindurch täglich 2- bis 3mal Beifuß-Tee geben.

Johanniskraut: Hatte früher den Ruf, böse Zauberkräfte abzuwehren, was in seiner breitfächrigen Anwendungsmöglichkeit die Ursache haben könnte. Es erweist sich als stark beruhigend, aber auch entwässernd und entfernt Giftstoffe aus dem Körper.

Dost oder Oregano: Gibt nicht nur ein wertvolles Gewürz ab, welches den hohen Cholesterinspiegel senkt, sondern das auch der Seele Kraft wirksam werden läßt.

Gelbes Labkraut: Hexen sollen es angeblich fürchten. Dieses Kraut wehrt Strahlen ab. Als Heilanzeige gelten Anfälligkeiten bei Haut, Magen, Darm, Leber, Nieren, Blut und Drüsen.

Blutweiderich: Besitzt antibiotische Eigenschaften. Er vertreibt Infektionskrankheiten und stoppt den Durchfall.

Schafgarbe: Eines der bekanntesten Heilkräuter gegen Fieber. Es senkt des weiteren den Blutdruck, heilt Wunden, stärkt den Unterleib, sowohl bei der Frau als auch beim Mann.

Variabel ist die Kräuterzahl im Weihbuschen

Der Kräuterbuschen kann auch neun oder zwölf Kräuter enthalten. Großen Wert legt vor allem die Hausmutter auf die Gewürzkräuter aus dem eigenen Kräutergarten.

Lavendel: Die altbewährte Heilpflanze wird bei Nervosität, Krämpfen der Verdauungsorgane, bei Blähungen und bei Schlafstörungen eingesetzt.

Pfefferminze: Hilft ausgezeichnet bei Bluthochdruck, bei Magenübersäuerung, Koliken und schwacher Menstruation.

SCHLAGFLUREN-PFLANZE HIMBEERE

*F*egt der Sturm über das Land und beugt patziger Schnee die Bäume tief nieder, dann richtet der Schneebruch beachtlichen Schaden im Forst an. Der Waldbestand lichtet sich.

Werden Verjüngungsverfahren eingeleitet, durch Auslichtung oder Kahlschlag, geht unvermeidlich jedes Waldleben in eine andere Richtung, denn das ausgeglichene waldeigene Klima wird zerstört. Explosionsartiger Abbau des Auflagehumuses löst einen üppigen Gras- und Krautwuchs aus. Es entwickelt sich hier unter vermehrtem Lichteinfluß ein eigenartiger Wuchs, den der Fachmann „Schlagflora" nennt.

Eiweißreiche „Schlagpflanzen" treten plötzlich auf und behaupten sich: Die Straucharten Roter Holunder, Waldhimbeere und Salweide. – Die Kräuterarten Großes Weidenröschen, auch „Feuerteufel" genannt, der zur Blütezeit Juli/August einen rotvioletten Farbenzauber zu verbreiten vermag. – Aber auch Wurm- und Adlerfarn kann sich jetzt durchsetzen.

Nun hat das Licht freien Zutritt zum Waldboden, und dessen Antlitz ändert sich, was für die Umwandlung ungünstiger Rohhumus-Auflagen in bessere Humusformen wie Mull und Moder zur Regenwurm-Nahrung wichtig ist.

Das Rosengewächs Himbeere gewinnt Oberhand

Durch unterirdische Ausläufer kann sich die Waldhimbeere rasch und intensiv ausbreiten.

Die herrlich aromatischen Früchte werden an den vorjährigen Ruten gebildet, die danach absterben.

Ganze Familien findet man zur „Himbeerzeit" in den Wäldern auf der Suche nach den köstlichen Früchten.

Die schmackhaften, roten, weichen Beeren dienen als Frischobst, zum Einkochen für Gelee und zur Bereitung eines gesunden Saftes. Im Großbetrieb werden die Früchte durch Brennen zu Himbeergeist und Himbeerwasser verarbeitet.

Der Blütebeginn der Himbeere liegt im Mai. Zu dieser Zeit sieht man die weißen Blüten auf dem ein bis eineinhalb Meter hohen Strauch hervorsprießen. Sie stehen in Traubenrispen und sind durch die Fünfzahl der Kronblätter und zahlreiche Staubgefäße als Angehörige der Rosengewächse gekennzeichnet.

Wie unterscheidet sich das Himbeerblatt vom Brombeerblatt? Der Unterschied liegt nicht allein in der etwas helleren Färbung und der Weißfilzigkeit der Blattunterseite, sondern darin, daß das Himbeerblatt drei- bis siebenzählig gefiedert ist. Das heißt, die Teilblättchen entspringen nicht alle aus einem Punkt am Blattstiel. Es sitzt am Grund ein Paar, etwas weiter oben ein zweites Paar und an der Spitze ein Einzelblatt. – Das Brombeerblatt hingegen ist dunkler gefärbt und gefingert. Das heißt, die Teilblätter entspringen alle aus einem Punkt.

Der Himbeerstrauch hat viele Stacheln, die aber kürzer und mehr borstig sind, während die Stacheln der Brombeere kräftiger sind. Die Himbeerpflanze ist auch leicht flaumig behaart.

Der Himbeerstrauch stellt eine gesellige Pflanze dar. Er bildet oft große Bestände, besonders in Waldlichtungen, an Hecken, auch in Gebirgsgegenden an sonnigen Schlägen und an Berghängen.

Himbeerblätter gelten als ausgezeichnetes Hausmittel

Seit alters schon wurden sie als Heilmittel erkannt, als solches gesammelt und auch angewandt. Vor allem ist es die in ihnen enthaltene milde Gerbsäure, welche die Drüsentätigkeit anregt. Himbeerblätter beleben, bringen somit den Stoffwechsel in Fluß, bauen Stauungen ab und fördern erheblich das Wohlbefinden.

Die jungen Blätter und Zweigspitzen des Himbeerstrauches: Im Heißaufguß zubereitet ergeben sie einen guten Haustee, der bei Durchfall hilft und daher Kindern gerne verabreicht wird.

Kalter Himbeerblätter-Tee: Er eignet sich für Mundspülungen oder als Gurgelwasser bei Hals- und Mandelentzündung.

Werdende Mütter: Sie sollen Himbeerblätter-Tee trinken. Die Erfahrung lehrt, daß in der Folge die Geburtswehen ohne Muskelkrämpfe verlaufen und der Milchfluß rechtzeitig einsetzt. Denn gerade in den letzten drei Monaten der Schwangerschaft fördert der Tee außerdem sachte die Muttermilchbildung.

Umschläge oder Bäder mit Himbeerblätter-Tee: Sie sind bei Hautentzündungen sehr anzuraten.

Wertvoller Blutreinigungstee: Himbeerblätter zu gleichen Teilen mit Holunderblättern, Brennesselblättern und Löwenzahnblättern mischen. 1 Eßlöffel voll mit 1/4 l kochendem Wasser übergießen, 15 Minuten ziehen lassen. – Dieser Tee kann besonders jenen empfohlen werden, die sich die Blätter selber sammeln. Sie sollen sich von der Trockenware eine entsprechende Menge als Wintervorrat zulegen, der gut verschlossen aufbewahrt wird.

Milder Kindertee: Ein Aufguß von Himbeerblättern und blühenden Gipfeltrieben wird mit Honig gesüßt. So nehmen auch Kinder den Tee gerne und er beruhigt gleichzeitig.

Himbeerblätter, in Honig zerrieben: Das ergibt eine gute Salbe gegen Augenentzündung und Gesichtsrose.

Himbeerlaub, frisch gepflückt und zerstoßen: Man legt es auf die hitzige Leber oder den heißen Magen, denn dies nimmt die Hitze. – So wußten es unsere Ahnen.

Köstliche Produkte aus Himbeerfrüchten

Himbeeren sind als Nahrungsmittel vielseitig verwendbar und könnten in Zukunft noch verstärkt eingesetzt werden.

Rohgenuß: Die lieblich duftenden Beeren schmecken aromatisch und sind auch als Kuchenbelag und zur Dekoration gut geeignet.

Himbeer-Kaltschale: Man verdünnt die pürierten Himbeeren mit entsprechend viel Wasser und gibt etwas Apfelsaft sowie einige Tropfen reinen Zitronensaft hinzu. Das ganze wird mit Weizenkeimen, Haferflocken oder mit Zwiebackbröseln sämig gemacht.

Himbeersirup: Man stellt ihn durch vorsichtiges Einkochen des ausgepreßten Saftes mit Zucker her. – Wichtig zum guten Gelingen ist das richtige Mengenverhältnis: 7 Teile abfiltrierter Saft und 10 Teile Zucker.

Gezuckerter Himbeeressig: Wird aus 1 Teil Himbeersirup und 2 Teilen Weinessig bereitet. Beides gut abmischen, kühl und dunkel lagern. – Mit viel Mineralwasser verdünnt ergibt dies eine vorzügliche Limonade für fiebrige Kranke, sowie auch eine wohltuende Stärkung und Erfrischung für Gesunde.

Himbeeren als Diätkost: Sie eignen sich ausgezeichnet für Zukkerkranke und Nierenleidende. Die Früchte fördern den Stuhlgang und bekommen einem selbst bei schweren Magenerkrankungen gut. – Auch Gallenkranke sollten die gesunden Himbeeren mehr in ihre Diätküche aufnehmen.

Himbeeressig, aus reifen Früchten hergestellt: In ein breithalsiges Glasgefäß werden 1/4 l reife Himbeerfrüchte gegeben und 1 l abgekochter, temperierter Weinessig darübergegossen. Zugedeckt 14 Tage in die Sonne stellen. Abseihen, filtrieren und in kleine Flaschen füllen. Gut verkorkt in einem kühlen, dunklen Raum aufbewahren. Ein ausgezeichneter Würzessig, den man in der gesundheitsbewußten Küche oftmals einsetzen soll. – Mit Mineralwasser verdünnt liefert dieser Himbeeressig ein erfrischendes, durststillendes Getränk für die heiße Sommerzeit.

Erfrischender, gesunder Trunk: Diesen ergibt der aus frischen Himbeeren gepreßte Saft, mit etwas Wasser verdünnt und nach Belieben gezuckert oder pur getrunken.

Besonders feiner Fruchtextrakt: Man erhält ihn, indem man rohen, frisch gepreßten Himbeersaft über die gleiche Gewichtsmenge Bienenhonig tropfen läßt. Nur kurzfristig im Kühlschrank lagern, um jede Gärung zu vermeiden.

Naturreines Himbeereis hausgemacht: 100 bis 150 g Honig in 1 l rohem Himbeersaft auflösen. Dann 1/4 l steifgeschlagenes Obers unterziehen und das ganze zum Gefrieren bringen. Vor dem Servieren kurz antauen.

HAUHECHEL, DORNIG UND SCHÖN

*E*in Schmetterlingsblütler, ist es, wahrhaftig dornig-schön, der sich auf trockenen Standorten am wohlsten fühlt.

Der Halbstrauch wird nicht höher als 30 bis 60 Zentimeter. Die blühende Pflanze duftet süßlich-holzartig und schmeckt eher unangenehm. Die fleischroten Schmetterlingsblüten stehen in den Blattachseln, zwischen eins und dreien an der Zahl. Die später daraus reifenden Hülsenfrüchte sind bräunlich-grau. Die dreizähligen Blätter haben nur einen kurzen Stiel und an ihrem Grunde sitzen flügelartige Nebenblätter. Die oberen Blätter sind einfach und drüsig. Die ganze Pflanze ist flaumig behaart.

Unter dem aufsteigenden Stengel mit abstehenden Ästchen befindet sich ein gerader Dorn.

Die hin- und hergebogenen, ausdauernden Wurzeln dieser Pflanze sind verholzt und gehen tief in die Erde. Sie sind kaum ausrottbar und leisten sogar dem Pflug Widerstand. Diese Wurzeln können nur mit der Spitzhacke ausgegraben werden. Die dornigen Hauhechelbüsche verdrängen wertvollere Futterpflanzen und verursachen beim Weidevieh gelegentlich Fußgeschwüre.

Ein denkwürdiger Tag, an dem ich mich in sie verliebte

Hinter der alten Burg zwängt sich unten am Fuße des Umlaufberges der Bach vorbei. Einst hat er in seinen besten Tagen eine Mühle in Schwung gehalten. Heute findet man von ihr nur mehr klägliche Trümmer in einem Brennessel-Dschungel. Der Burg am Berg spielte das Schicksal keine geringeren Streiche. Und doch stehen von ihr wenigstens noch einige Mauern im Schatten wuchtiger Eichen. Sie halten ihre Äste wie schützende Arme darüber, um so den Verfall zu verlangsamen.

Dort, wo sich das Tal gabelt, nähert sich plätschernd ein zweites Gerinne und bittet förmlich um Einlaß in den Mühlbach. Vor dem Zusammenfluß aber liegt ein Stück Ödland, auf dem im Spätwinter ausgeschleiftes Langholz zum Abtransport gelagert wurde.

Hohe Disteln haben zwischen den Stämmen einen Durchblick gefunden und behaupten sich in ihrer ganzen Länge. Die stacheligen, graufilzigen Blätter laufen mit ihrer Spreite den Stengel herab. Bienenwabenartig ausgehöhlt ist der Blütenboden. In jeder Vertiefung sitzt eine hellpurpurrote Blüte.

Das ist die Eselsdistel. – Nicht umsonst heißt sie auch „Krebsdistel". Der Saft, aus der frischen blühenden Pflanze gepreßt und sofort aufgetragen, wird in der Volksheilkunde bei Gesichtskrebs und Hautkarzinomen mit Erfolg angewandt.

Während ich so dastehe und voll Dankbarkeit die Eselsdistel bewundere, fällt mein Blick auf zwei Langhölzer, die in einem kleinen Abstand voneinander daliegen. Es hängen einige Zweiglein mit Schmetterlingsblüten darüber. Leuchtend rosarot sind sie, der Erbsenblüte fast ähnlich. – Die „Blume" gefiel mir auf Anhieb.

Ein ewig suchender Mensch auf Wanderschaft

Lange Zeit war ich hinter der blühenden Hauhechel her . . . unerwartet wurde ich dann fündig.

Gerade damals hatte ich ein Manuskript „Leben aus der Natur", „Heilkräuter anbauen – sammeln – nützen – schützen" in Arbeit. Und in diesem Buch bekam sie einen Ehrenplatz.

So gibt es im Leben eines suchenden Menschen – ein solcher bin ich zeitlebens gewesen und möchte es auch bis zu meinem letzten Augenblick irdischen Daseins bleiben – eine Fülle oft einmaliger Ereignisse. Sie lassen unendliche Freude erleben und werden zum Mutmacher.

Die Hauhechel, eine alte Heilpflanze

Dokumente aus dem 4. Jahrhundert vor Christus bezeugen, daß schon Theophrast über die Anwendung der Hauhechelwurzel gegen Blasen- und Nierensteine Bescheid wußte.

Auch Dioskurides und Plinius erwähnen die außerordentliche Heilkraft der Pflanze. Sie galt zu deren Zeit als unfehlbares Mittel gegen Harn- und Steinbeschwerden.

Der römische Feldarzt Galen berichtet über vermehrte Harnausscheidung nach dem Genuß von Hauhechel-Tee und war der Ansicht, daß diese Pflanze die Kraft habe, selbst Harnsteine zur Auflösung zu bringen.

Im 16. Jahrhundert taucht die Hauhechel dann in deutschen Kräuterbüchern als Heilpflanze auf. Die Rinde der Hauhechelwurzel wurde in Wein angesetzt und mit Erfolg gegen Nierenerkrankung verordnet.

Die Dornige Hauhechel wird auch „Weiberkrieg" genannt

Viel Aberglaube und alter Volksglaube ranken sich um die Hauhechel. – Ihre Wurzel, als Amulett um den Hals getragen, sollte „gegen Hiebe und Stiche" sowie „gegen Räuber und Diebe" schützen, meinte man einst.

In der Blumensprache gilt die Hauhechel ihrer Dornen wegen als Symbol für Hindernisse.

Den deutschen Namen dieser zur Gattung der Hülsenfrüchtler gehörenden Pflanze leitet man von dem Zeitwort „hauen" ab. Mit folgender Begründung: „Dieses Kraut wird hawhechel genannt, dieweil es so tieff in die erden wurzelt, daß man es mit hawen" – das heißt Hacke – „ausreuten muß, darzu hat es zwischen den Blättern Dörner, die einer Flachshechel gleich sehen." Die zähen, tiefwurzelnden Stengel machten den Frauen beim Unkrautjäten früher schwer zu schaffen. Die Pflanze erhielt deshalb im Volksmund die Namen „Weiberkrieg" und „Weiberzorn".

Die Hauhechel in der Volksheilkunde

Die Dornige Hauhechel ist überall in Europa und Asien verbreitet. Wir treffen sie auf trockenen, sonnigen Plätzen an. Auf Wald-, Acker- und Wegrändern, Weiden und Wiesen, im Brachland und in lichten Wäldern leuchtet sie uns manchmal entgegen. Die Pflanze dringt in den Alpen bis 1500 Meter Höhe vor. Sie bevorzugt kalkhaltigen Magerrasen und sonnige Magerweiden und gilt als Trockenheits- und Magerkeitsanzeiger.

Gesammelt werden die Wurzeln mit dem Wurzelstock, aber auch das frische Kraut mit den Blüten. Die Erntezeit des letzteren liegt zwischen Juni und Ende August.

Das abgeschnittene Kraut wird zum Trocknen auf luftigen Dachböden locker ausgebreitet und später in Säcken aufbewahrt. Wobei man wegen der spitzen Dornen sehr vorsichtig umgehen muß.

Die mit ihren Ausläufern bis zu einem Meter langen Wurzeln werden im Herbst – bis in den November hinein – oder im Frühjahr ausgegraben.

Bei der Ernte ist mit Handschuhen zu arbeiten, da die Stacheln sehr spitz sind und Verletzungen hervorrufen können.

Das von Faserwurzeln und eventuellen Stengelresten befreite Erntegut wird gewaschen. Größere Wurzeln werden geteilt und dann zum Trocknen entweder ausgebreitet oder auf Bindfäden gereiht. Der langsame Trocknungsvorgang kann beschleunigt werden, indem man künstlich bei höchstens 50° C trocknet.

Die Wirkungskraft der Hauhechel: Der Tee gilt als harntreibend, schweißtreibend, stoffwechselfördernd, blutreinigend, keimtötend und zusammenziehend.

Zubereitung von Hauhechelwurzel-Tee: 1 vollen Eßlöffel getrocknete kleingeschnittene Wurzel mit 1/4 l kaltem Wasser 3 Stunden ansetzen, kurz aufkochen, 15 Minuten ziehen lassen, abseihen. Täglich vor jeder Mahlzeit 1 Tasse langsam und warm trinken. – Das blühende Kraut wird im Aufguß zubereitet.

Die Medizin selbst verordnet diesen Tee bei Nierenerkrankungen, bei Steinleiden und Grießbildungen. Die Hauhechel wirkt übermäßiger Harnsäurebildung entgegen. – Auch bei Wassersucht und Stoffwechselerkrankungen wie Gicht und Rheumaleiden hat sie sich schon oft bewährt.

Eine uralte volksmedizinische Weisheit: „Nimm zeitweise Hauhechel-Tee, er reinigt das Geblüt."

BROMBEERSTRÄUCHER AM WALDESRAND

*E*in Gang durch den winterlichen Wald hat etwas Befreiendes an sich. Soviel Leben pulst unter dem blanken Tuche.
Da gucken vor mir Brombeerblätter hervor. Sie bewahren auch den Winter über ihre grüne Farbe.
Wo vor Jahren Waldarbeiter die Bäume geschlägert hatten, dort war eine kleine Lichtung entstanden. Im Spätsommer bietet sie jedermann schwarze Köstlichkeiten an. Man darf aber vor den spitzen Tatzen nicht zurückschrecken, die sich einem überall wie Fangarme entgegenstrecken.
Selbst im Frühherbst kann man noch das Beispiel „ewigen Lebens" in der Natur erfahren, da man etliche Blüten auch dort antrifft, wo bereits an anderen Seitentrieben rote und schwarze Früchte zugleich mit dem Waldgeher liebäugeln.
Das Jahr darauf lassen sich dann am gleichen Stock bogig überhängende Zweige und aufrecht niederliegende Äste vorfinden.
„Die grüne Pest" nennen Waldfachleute die Brombeerstaude. Bis zu sechs Meter lange Ausläufer kann der Strauch losschicken, um so bald große Flächen an Waldlichtungen einzunehmen und auch an Sträuchern und Bäumen oder am Waldrand emporzuklettern.
Dabei helfen der Brombeere nach hinten stehende Stacheln an den Stengeln und selbst an den Blättern, die ihr das Festhalten und Klettern ermöglichen und erleichtern.
Wo an halbschattigen Waldrändern die Brombeeren wuchern, verweben sie den Waldsaum regelrecht mit dem gleich dahinterliegenden Waldmantel.

Brombeersträucher sind anspruchslose Gewächse

„Anspruchslos", das ist das Stichwort, welches den Brombeerstrauch charakterisiert.
Gartenbücher wissen zu sagen: „Ein verbreiteter ausdauernder Nutzstrauch mit saftigen, aromatischen Beeren. Teilweise immergrün. Auch als Zierstrauch sehr beliebt."

Der Boden muß nur frisch und nährstoffreich sein.

Besonders die Vögel wirken als Förderer der Brombeere, weil sie mit den Samen, die unverdaulich sind, für die Verbreitung sorgen. Sie fressen die Sammelfrucht, die aus kleinen Steinfrüchten besteht, und setzen die Samenkörnchen mit dem Kot ab.

Neben Bienen, Wespen und Hummeln finden sich auch einzeln lebende Wespen gerne an den weißen und rosa Blüten ein.

Die Wespen ernähren sich nicht nur von den Früchten. Die Weibchen dieser Arten bauen ihr ein- oder mehrzelliges Nest in alte, verdorrte, hohle Brombeerstengel älterer Sträucher. Das Ei wird dann an einem Faden aufgehängt. Die Wespe schließt gleich eine Speisekammer in Form eines Beutetieres, wie einem Käfer oder einer Blattwespe und deren Larven sowie Schmetterlingslarven, an. Sie lähmt die Beute mit einem gezielten Stich.

Auch haben viele Insekten die abgestorbenen Stengel des Brombeerstrauches zum Überwintern entdeckt.

Die frischen Brombeerblätter hingegen nutzen verschiedene Schmetterlingsarten zur Eiablage. Dazu zählt vor allem der Brombeerzipfelfalter, der Brombeer-Perlmutterfalter, der Brombeerspinner oder die Brombeereule.

Auf originelle Weise gelingt es dem sich entwickelnden Schmetterling zu überwintern. Die Schmetterlingspuppe nistet sich zwischen zusammengesponnenen Blättern ein.

Die Natur weiß alle Pflanzenteile der Brombeere zu ihrem Vorteil zu nutzen. Ganz zu schweigen davon, daß Knospen und Blätter des Brombeerstrauches dem Rehwild im Winter oft über Futternot hinweghelfen.

Die Heilkraft der Brombeerblätter

Brombeerblätter, von Mai bis September gesammelt, enthalten Gerbstoffe, aber in einer milden Art und Weise, sodaß sie leicht adstringierend wirken. Deswegen ist Waldbrombeerblätter-Tee gut bei Heiserkeit und vor allem immer dann, wenn irgendeine kleine Entzündung vorhanden ist.

Zubereitung von Brombeerblätter-Tee: 2 Teelöffel der getrockneten Blätter mit 1/4 l kochendem Wasser übergießen, 15 Minuten zugedeckt ziehen lassen, dann abseihen. Täglich 2 bis 3 Tassen trinken. Hilft rasch bei zu flottem Stuhlgang. – Bei Verstopfung aber darf Brombeerblätter-Tee nicht gegeben werden.

Waldbrombeerblätter-Mundspülmittel: Dieser Tee erweist sich auch als ein ausgezeichnetes Pflegemittel der Mundschleimhaut und des Zahnfleisches.

Ein guter Ersatz für Chinatee: Die Brombeerblätter kann man das ganze Jahr über ernten, soweit sie schön grün sind. Sie eignen sich bestens zur Selbstherstellung eines Familientees. Durch Fermentation gewinnt man aus den Blättern einen guten Ersatz für Chinatee. Man nimmt zu gleichen Teilen Brombeerblätter, Himbeerblätter, Walderdbeerblätter und Schwarze Johannisbeerblätter. Läßt sie – entgegen der üblichen Vorschrift anderer Kräuter – über Nacht im Sammelkorb, sodaß sie am nächsten Morgen angewelkt sind. Dann werden sie zerknittert oder zerdrückt, mit kaltem Wasser angespritzt, in ein Tuch gewickelt und 2 bis 3 Tage an einem warmen Ort sich selbst überlassen.

Durch die Fermentation entsteht ein rosenähnlicher Duft. Nun die Blätter rasch gut trocknen und kleinschneiden. In einem verschlossenen Gefäß aufbewahren. Im Aufguß zubereitet bildet dieser Tee ein duftendes Frühstücksgetränk.

Brombeerblätter-Milch: Getrocknete Brombeerblätter in Milch gekocht, abgeseiht, mit etwas Honig gesüßt und getrunken, sind hilfreich gegen Hautjucken, Hautausschlag und Hautflechte.

September und Oktober, Zeit der Brombeerernte

Die Brombeeren reifen nicht alle gleichzeitig, deshalb geht man mehrmals zur gleichen Stelle hin. Manchmal findet man schon an Feldrainen, Böschungen, Hohlwegen oder Waldrändern da und dort eine reife Beere. – Man pflückt sie einzeln vom Strauch und gibt sie in Körbe oder Eimer. – Die Früchte schmecken angenehm säuerlich-aromatisch.

Brombeer-Rohkost: Die Waldbrombeeren besitzen eine Reihe von Vitaminen, weiters Mineralsalze und bekömmliche Fruchtsäuren. Das macht sie für schwache, nervöse Mägen besonders wertvoll. – Einige Eßlöffel voll Brombeeren am Abend vor dem Schlafengehen gegessen, beruhigen und stärken die Nerven. Lassen leichter einschlafen und durchschlafen.

Brombeer-Saft: Redner oder Sänger sollen beim Versagen der Stimme den Saft von Waldbrombeeren leicht anwärmen und damit den Mund ausspülen. Dann ausspucken und einen weiteren Schluck nachtrinken.

Schwächliche Kinder etwa, die häufig kränkeln, oder in der Schule Lernschwierigkeiten haben, sollten unbedingt gegen den Herbst hin ziemlich reichlich Brombeerfrüchte-Saft erhalten.

Nimmt man ein Achtel oder ein Viertel Brombeer-Saft am Abend, vergißt man leicht die Last des Tages. Die Nerven werden sichtlich und spürbar besänftigt, ein erquickender Schlaf erzielt und nicht zuletzt die Verdauung begünstigt. Dies hilft gleichzeitig auch gegen Alpträume vorbeugen.

Brombeer-Tinktur: Man nimmt 1 Teil reife Waldbrombeeren, 4 Teile Alkohol, gibt alles in ein Glasgefäß und schließt es gut ab. Nach 14 Tagen seiht man ab und verdünnt mit abgekochtem, temperiertem Wasser auf 40 %. – 1 Eßlöffel voll einige Male pro Tag mit Wasser eingenommen, stärkt den Magen.

Brombeer-Likör: Für Genesende und zur allgemeinen Belebung. – Einfache Zubereitung: Zu 1/2 l unverdünnter Brombeer-Tinktur mischt man 1/2 l Honigwasser.

Brombeer-Sirup: Brombeer-Saft mit Gelierzucker im gleichen Verhältnis zu einer sirupartigen Masse verkochen. Noch heiß in Flaschen abfüllen. Gut verschließen! – Kindern bei Durchfall 3mal täglich 1 Eßlöffel voll Brombeer-Sirup eingeben.

BIENENFLUG UND HASELBLÜTE

Die Hasel trägt köstliche Früchte, deren Wert man in letzter Zeit wieder erkannt hat.

Der vom Grunde an vielstammige Strauch wird vier bis sieben Meter hoch. Er eignet sich vorzüglich für Hecken, hält den Wind ab, fördert das Kleinklima und nimmt neuerdings an Beliebtheitsgrad zu. Ein anderer Vorteil des Haselnußstrauches liegt darin, daß er zu den einheimischen Gehölzen zählt, absolut winterhart ist und in hohem Grade Abgasen Widerstand leisten kann.

Als Waldrandpflanze kommt die Haselnuß auch im Halbschatten fort. Nur einjährige Triebe tragen Früchte. Über 70 Insektenarten finden sich im Haselstrauch ein.

Zur Gattung der Birkengewächse gehörend

Aus guter Familie abzustammen, das ist für den Ruf sehr vorteilhaft. – Treffender noch wäre es, den Satz so zu formulieren: Kennt man die Familie, dann kann man leichter Schlüsse über einzelne Mitglieder ziehen.

Gar nicht anders verhält es sich beim Haselstrauch.

Die Birkengewächse sind Bewohner der nördlichen gemäßigten Zone; durchwegs windblütige, einhäusige Bäume und Sträucher. Sie liefern den Bienen Pollen, gelegentlich auch Honigtau.

Zu dieser Familie gehört vor allem die Birke, die ihrer Sippe ja den Namen verleiht. Blühende Birken werden von den Bienen stark beflogen. Die biologische Wirksamkeit des Birkenpollens erwies sich als sehr gut. In Gegenden mit ausgedehnten Birkenwäldern kann dieser Pollen eine wichtige Rolle in der Versorgung der Bienenvölker spielen.

Ebenfalls zu den Birkengewächsen zählen die Erlen.

Eine bemerkenswerte Eigenart aller Erlen ist die Fähigkeit zur Bildung von Wurzelknöllchen, ähnlich wie die Hülsenfrüchte, sodaß auch sie den Stickstoff der Luft verwerten können und so Pionierarbeit leisten.

Der Erlenpollen wird von Bienen in grünlich-gelben, mittelgroßen Höschen gesammelt. Er gehört zu den mäßig wirksamen Pollenarten. Dank der frühen Blütezeit, Februar bis März, trägt er zur Frühjahrsentwicklung der Bienenvölker bei.
Nicht die unbedeutendste im Familienverbande ist die Haselnuß. Eines habe ich in den vielen Jahren meiner Pflanzen- und Kräuterforschung eindeutig als vorteilhaft empfunden: ich habe gelernt, daß bei allen Lebewesen, bei Mensch, Tier und Pflanze, die Familien-Zugehörigkeit eine klare Aussage geben kann. Dies vertieft mein Wissen immer mehr.

Der Haselnußstrauch, wie er leibt und lebt

Ein sommergrüner Strauch, der in den Laubwäldern als Unterholz häufig ist, fällt zweimal im Jahr dem Wanderer ins Auge:
Das erste Mal, wenn im Vorfrühling die bekannten, gelben, hängenden Haselkätzchen den Frühling ankünden und gutmeinende Sonnenstrahlen den fleißigen Bienen den Weg dorthin weisen. Und das zu einer Zeit, wo noch Schnee auf der Winterseite im Graben liegt.
Ein zweites Mal lenkt die Hasel unsere Aufmerksamkeit auf sich. Man kann sie schwer übersehen, wenn aus dem Laub die in einem tütenförmigen, zerschlitzten Fruchtbecher steckenden hartschaligen Früchte hervorlugen. Sie lassen dem Feinschmecker das Wasser im Mund zusammenlaufen.
Man soll die Haselnüsse erst dann ernten, wenn sich die untere Hälfte der Nußschale braun gefärbt hat. Unreife Früchte sind wertlos, sie schrumpfen, sind geschmacklos und schimmeln leicht. Die Lagerung erfolgt nach dem Entfernen der Kelche in einem luftigen, trockenen Raum auf Rosten. Die ersten zwei Wochen muß man sie wenden.
Die beidseits behaarten Blätter der Haselnuß sind von rundlicher Form, oben zugespitzt und am Rande doppelt gesägt.
Die gelben, hängenden Kätzchen im Vorfrühling deuten darauf hin, daß die Blüten einhäusig sind. Was man hier sieht, das sind nämlich die männlichen Blüten, die man auch „Würstel" nennt.

Sie beginnen im Spätsommer des Vorjahres bereits zu wachsen und werden sichtbar.

Ganz anders verhalten sich die weiblichen Haselnußblüten, sie sind viel bescheidener. Will man sie erspähen, muß man sich richtig anstrengen und scharf hinschauen. Irgendwo am Zweig entdeckt man dann ein kleines knospenartiges Gebilde, aus dem rote Narben in Pinselform hervorgucken. – Das sind sie.

Genau zu dieser Zeit muß die Bestäubung stattfinden und zu keiner anderen, will man die köstlichen Früchte ernten und sollen Eichkätzchen und Haselmaus auch ihren Anteil abbekommen.

Gerade jetzt müssen sie bestäubt werden, da noch kaum Insekten fliegen? – Ja, der Wind will dies besorgen.

Will man Haselnußkulturen anlegen, sei man darauf bedacht, daß die Sorten selbst unfruchtbar sind. Sie benötigen Fremdbefruchtung. Als gute Pollenspender muß man im Verhältnis daher mehr als drei andere Sorten beimischen.

Die ölige Frucht ist bei Tier und Mensch äußerst beliebt

Der Name Haselmaus bringt nur zur Hälfte eine ehrliche Aussage. Sie wurde zwar nach der Haselnuß benannt, das ist richtig. Als falsch hingegen zeigt sich die zweite Hälfte des Namens. Denn die Haselmaus, ein Nagetier, gehört, entgegen seiner Bezeichnung, zu den Schläfern oder Bilchen, die man an ihrem langen, buschigen Schwanz und an der Neigung zum „tief-sanften" Schlaf erkennt.

Die Haselmaus bewohnt strauch- und buschreiche Gebiete und lebt als Nachttier in kleinen Kolonien. Gibt Laub- und Mischwäldern den Vorzug, und ist seltener in Nadelwäldern anzutreffen.

Ein Nest für die Haselmaus

Der Körper der Haselmaus hat nur eine Länge von 75 bis 86 Millimeter, nicht viel weniger der Schwanz, nämlich 55 bis 77 Millimeter. Der Nager baut zwei Nesttypen: Das runde Sommernest, drei bis fünf Zentimeter im Durchmesser, wird auf Bäumen,

Sträuchern, Dachböden, Heuschobern und Berghütten angelegt. – Das Winternest befindet sich im Boden.

Was die Haselmaus mit der Haselnuß zu tun hat? Unter allen Wohnplätzen zeigt sie für Haselnuß-Dickichte besondere Vorliebe. Geht sie nachts auf Nahrungssuche, dann zieht sie unter Nüssen, Eicheln, Samen, Beeren und Knospen die Haselnüsse allem anderen vor.

Sie klettert mit äußerster Geschicklichkeit im Gezweig herum – affenähnlich, mitunter an einem Hinterbein hängend, um von dem tieferstehenden Zweig eine Haselnuß ergattern zu können.

Ihr Nest hat sie zu dieser Zeit noch im dichten Gebüsch: aus Gras, Blättern, Moos und Haaren ist es zusammengewoben. Seitlich wird ein Ausgang freigelassen.

Haselmäuse gehören zu den bereits seltenen Tierarten. Früher hat man sie gerne in Bauern oder Käfigen gehalten, weil sie sehr zutraulich und allerliebst zu beobachten sind. Nur darf man das Tier nicht am Abhalten seines Winterschlafes stören. Tut man dies, dann geht es ein. Um Mitte Oktober zieht sich die Haselmaus in ihren Schlupfwinkel zurück. Es handelt sich um eine kugelige Höhle, die sie mit Wintervorräten ausgestattet hat. Sie rollt sich zu einem Knäuel zusammen und fällt in einen Schlaf, der tiefer ist als der aller ihrer Verwandten.

Ein anderes Säugetier, welches Haselnüsse liebt

Es ist das Eichhörnchen. Seiner Gewandtheit wegen „Äffchen unserer Wälder" genannt. Es kann Entfernungen von vier bis fünf Metern im Flug überspringen und so von einem Baum auf den anderen gelangen, ohne auf den Erdboden herabzukommen. Das ist die einzige Rettung vor dem Marder, seinem Erzfeind.

Auch Eichhörnchen wissen, daß sich Haselnüsse ausgezeichnet als Wintervorrat eignen. Sie legen gerne ihre Vorräte in Spalten und Löchern hohler Bäume an, häufig auf mehrere Stellen verteilt.

HASELNUSS, WILDWACHSENDE NAHRUNG

Schon zu vorchristlicher Zeit stand die Haselnuß in Beziehung zum Totenkultus. In germanischen, vor allem auch in alemannischen Gräbern – im heutigen Vorarlberg und Schwaben – fand man Haselnüsse und Haselstöcke.
Von den Haselstöcken lagen einer unter der Leiche und zwei unter dem ausgehöhlten Totenbaum, der als Sarg diente.
Welche Gedanken waren mit diesem Brauch wohl verbunden?
Da der Haselnußstrauch den Keim des Lebens einer neuen Pflanze und somit die Verjüngung verkörperte, galt er als Bild des Frühlings und der Unsterblichkeit.
In Rom wieder überreichte man den Neuvermählten als Symbol der Fruchtbarkeit Haselnüsse als Geschenkesgabe.
Haselnüsse stellten in der Bronzezeit eine wichtige Eiweißquelle unserer Ahnen dar. Der Bestand der Haselnußsträucher war damals sehr groß, wie aus Pollenanalysen von Hochmooren heute noch hervorgeht und klar nachweisbar ist.

Haselnußöl, von hoher Qualität

Die Haselnüsse sind ein vitaminreiches Nahrungsmittel. Sie enthalten etwa 58 Prozent Fett und 20 Prozent Protein. Aus den Früchten wird das mandelölähnliche Haselnußöl für Gebäck und Kosmetik gewonnen. Kaltgepreßt gilt es als wertvolles Salatöl, es riecht angenehm und schmeckt ebenso.
Das Öl wird durch Auspressen der Kerne hergestellt und muß dunkel und kühl gelagert werden. Die Flaschen sollen daher, um sie keiner Lichteinwirkung auszusetzen, in ihrer Papierumhüllung belassen werden. Besser noch ist es, das Öl in braunen Flaschen aufzubewahren. Haselnußöl stockt bereits bei + 8 °C, darf aber zum Auftauen nie warm behandelt werden, sondern muß bei Zimmertemperatur von selbst wieder den normalen Flüssigkeitszustand erreichen. Es erhält so seine Klarheit zurück und nimmt an der Güte keinen Schaden. Die Lagerfähigkeit ohne Qualitätseinbuße beträgt sechs Monate.

Den Wert der Haselnüsse wieder neu erkannt

Die bewußte Lebensweise hat heutzutage viele Bevölkerungsschichten erfaßt. Es ist uns deutlich geworden, daß es durchaus nicht gleichgültig ist, was und wie wir essen. Da heute die Gefahr der Überernährung wie ein Damoklesschwert über unseren Köpfen pendelt, liegt es nahe, nach geeigneten Hilfen Ausschau zu halten. Es können sich die Haselnüsse am besten selbst empfehlen:

Haselnüsse verzehren – Energie tanken, Nerven stärken: Nicht umsonst werden Haselnußfrüchte „wildwachsende Nahrung" genannt. Sie stehen den Walnüssen an Wert keinesfalls nach. Im Gegenteil, sie haben ihnen gegenüber den Vorteil, daß sie in ihrem Geschmack noch edler und feiner sind.

Haselnußkerne-Rohgenuß: Geschälte und geröstete Haselnüsse gründlich gekaut, eignen sich vorzüglich zum Rohessen, was sehr viele Vorteile bringt: allein schon durch das Kauen wird nicht nur die Aktivität der Speicheldrüsen angeregt, sondern auch die Durchblutung des Gehörapparates gefördert. Gerade auf diese Weise kann man – rechtzeitig damit begonnen – der Schwerhörigkeit entgegenarbeiten und lästiges Ohrensausen und Ohrenrauschen abwenden. – Das Kauen von Haselnüssen darf auch Zuckerkranken empfohlen werden. Es stärkt weiters die Nerven beachtlich und wirkt der Launenhaftigkeit entgegen.

Um die eigenen Kräfte rasch zu steigern: Gemahlene Haselnüsse mit etwas Honig und reichlich süßem Rahm vermischt und frisch zubereitet genossen, tragen viel zur Steigerung der Kräfte für Genesende und Erholungsuchende bei. – Diese Speise ist als „flotte Kraftspritze" anzusehen.

Haselnußschrot bei Blutarmut: 1 Woche lang vor jeder Mahlzeit 1 Teelöffel feingeriebener Haselnüsse eingenommen, dient als Behandlung gegen Blutarmut. – Diesen Haselnußschrot unbedingt trocken und verschlossen aufbewahren. Er darf nicht ranzig werden, also innerhalb weniger Tage konsumieren.

Gesunde Ersatzmahlzeit: 20 Haselnußkerne genügen für einen Erwachsenen bereits, um ihm eine vollständige Mahlzeit zu ersetzen.

Langsam und gut kauen, ein Glas Schwarzen Johannisbeer-Saft nachtrinken. Kein Brot dazuessen. – Das gibt dem Körper soviel Eiweiß und Fett wie eine „normale" Mahlzeit.

Der Eiweißgehalt der Haselnüsse ist sehr hochwertig: Der Nährwert der Haselnüsse liegt bedeutend höher als jener des Fleisches. Nußeiweiß, im Gegensatz zum Fleischeiweiß, enthält kein harnsäurebildendes Purin, jener Stoff, der für Rheuma und Gichterkrankungen verantwortlich ist. – Für Menschen mit erhöhtem Cholesterinspiegel wäre dies wichtig zu wissen.

Haselnußmark, hausgemacht: Geschälte und geröstete Haselnußkerne werden zu einer pastenartigen oder halbflüssigen Masse verarbeitet und für die Herstellung von feinen Backwaren herangezogen. Verwendet man dazu noch Vollkornmehl, sind diese von hoher gesundheitsfördernder Qualität.

Haselnußmark im Handel, auch „Nougat" genannt: Es ist dies eine fast wasserfreie, weiche bis schnittfeste Rohmasse von gerösteten, trockenen, geschälten Haselnußkernen mit oder ohne Zusatz von Kakao. – „Milchnougat" enthält mindestens 3,2 Prozent Milchfett und 9,3 Prozent fettfreie Milchtrockensubstanz. – Nach österreichischen Bestimmungen muß der Mindestgehalt an Haselnüssen 35 Prozent betragen, und der Höchstgehalt an Zucker darf 65 Prozent nicht überschreiten. Als Würzung sind nur Vanillin, Äthylvanillin, natürliche Aromastoffe, Früchte, Gewürze, Milchprodukte, Kaffee, Kakaoerzeugnisse oder Honig zulässig. – Informationen, die für eine Hausfrau im Hinblick auf die vielen Angebote nicht unbedeutend sind.

Nougatcreme selbst hergestellt: 150 g weiches Haselnußmus mit der gleichen Menge weicher Butter und Honig sowie 2 Teelöffeln Kakaopulver glattrühren. Im Kühlschrank aufbewahren.

Der Haselstrauch in der Volksheilkunde

Männliche Haselnußkätzchen zur Zeit der Blüte, von Februar bis April, sammeln und trocknen. Im Heißaufguß zubereitet gilt der Tee als wirksame natürliche Schweißabsonderungs-Hilfe.

Haselnußkätzchen-Tee bringt den Körper wieder in Schwung: Dieses Hausmittel ist bei Influenza besonders zu empfehlen, aber auch immer dann, wenn man merkt, daß Krankheitskeime „im Körper stecken". – Man soll täglich 3 Tassen des Tees trinken. Nach dem Teegenuß sofort ins Bett gehen, in Decken hüllen und tüchtig schwitzen.

Haselnußblätter-Tee und Hämorrhoiden: Dieses Leiden verursacht nicht wenige Schmerzen. Sie können aber gelindert werden, wenn man auf folgende Weise verfährt: getrocknete Haselnußblätter fein schneiden. 3 Handvoll davon in 2 l kaltem Wasser zustellen, gut aufkochen, abseihen und in die Sitzwanne gießen. Nach 10 bis 12 Minuten Sitzbad mit einem sauberen Frottiertüchlein abtrocknen und mit Johanniskrautöl abtupfen.

Das Loblied des Haselnuß-Strauches hat viele Strophen

Nicht selten wird die Hasel auch „Lämmerschwanz" oder „Märzennudel" genannt. – Schon vor 8000 Jahren bei uns heimisch, baut man sie wieder in verschiedenen Arten an und zieht sie als Heckenpflanze. Reichhaltig haben größere Baumschulen ihr Sortenlager angelegt.

Allen Haselarten ist ihre Anspruchslosigkeit gemeinsam. Sie gedeihen in einem leicht feuchten Boden sehr gut, stauende Nässe aber muß man vermeiden.

Die Haselruten: Sie werden heute noch von Leuten hoch eingeschätzt, die „mit der Wünschelrute arbeiten", weil sie als „Rutengänger" vorwiegend mit einer Hasel-Gabel gehen. – Die Korbmacher brauchen Haselgerten, um daraus ihre Bögen anzufertigen. – Wer mit Pfeil und Bogen schießen will, wird ohne Hasel schwer das Auslangen finden. – Das rötlich-weiße biegsame Holz verwendet man in der Drechslerei und für Zeichenkohle.

EBERESCHE, DIE „FALSCHE ESCHE"

*B*escheiden ist die Eberesche, aber lichtbedürftig. Ein Baum, der nach oben strebt. Er stellt nicht viele Ansprüche, gedeiht auch auf Steinböden, die humos, mäßig nährstoffreich, feucht oder wechselfeucht sind. In lichten Laub- und Nadelmischwäldern, auf Lichtungen und Kahlschlägen sowie an Waldrändern ist die Eberesche daheim. Steigt bis 2000 Meter in die Alpen hinauf, häufig sogar bis zur Baumgrenze.

Wo immer sie auch wächst, überall trägt sie den Menschen, der das Bewundern und Bestaunen noch nicht verlernt hat, durch das Jahr. Vermittelt Augen und Gemüt unvergeßliche Eindrücke.

Schenkt Freude das ganze Jahr über

Noch stehen im Frühjahr die zotteligen Buchen im Trockenlaub da, das sie nicht abgeworfen haben. Dieses Laub gab mit seinem Bronzeton in den vergangenen Monaten dem Winterwald die eintönige Farbe. Jetzt muß es aber den nachrückenden Schwellknospen weichen.

Im braunen Fall-Laub setzen die Buschwindröschen die ersten grünen Flecken ins Bilderbuch der Natur.

Am Waldesrand kleidet sich die Eberesche in ein Gewand, das durch tausend feine Härchen im reinsten Silber glänzt. Die wechselständigen Blätter sind oberseits dunkelgrün, anliegend behaart und unterseits graugrün behaart. Dahinein in dieses Silbergeflimmel drängen sich dann die weißen Blütendolden. Sie duften zwar unangenehm nach Trimethylamin, ihr Anblick aber gilt als Freuden-Bringer und Seins-Erheller.

Im Spätsommer schon beginnen die Doldenfrüchte, jede einzelne erbsengroß-kugelige Frucht, korallenrot zu leuchten. Das Laub mit seiner herrlichen Herbstfärbung treibt ein buntes Spiel, bis der unbarmherzige Wind auch das letzte Blatt fortfegt.

Und hat niemand die Früchte geerntet, dann warten die Beeren bis in den Dezember hinein, daß die Schwarzdrossel oder ein anderer Vogel sie aufpickt.

Vielfältig sind die Namen der Eberesche

Der Großstrauch oder Baum, zwischen fünf und fünfzehn Meter hoch, zählt zu den Rosengewächsen und wird gerne Vogelbeerbaum genannt. Er ist aber auch unter den volkstümlichen Namen Aberesche, Drosselbeere, Ebschbeere, Quitsche, Schmöger oder Gemeine Eberesche bekannt.

Aber-Esche, falsche Esche

Der Name „Eberesche" bedeutet „Aber-Esche" und das heißt „Falsche Esche", so wie Aber-Glaube falscher Glaube besagt.
Wie kann man sich diese Aussage erklären?
Die Eberesche ist ein Strauch oder kleiner Baum mit rundlicher Krone, dessen Holz von Drehern, Bildschnitzern, Wagnern und Tischlern geschätzt wird.
Die Eberesche erfreut den Menschen das ganze Jahr über: Zuerst im zarten Blattgrün, das in seiner Farbenart dem Eschenlaub gleicht, von dem sie ja ihren Namen erhielt, und dem sie auch in der Blattform so ähnelt. Später entzücken die weißen Blütendolden. Im Herbst sprechen uns die braunroten Blätter und die zuerst gelben und später scharlachroten Früchte an.
Bei den Opferpriestern der Germanen, den Druiden, stand die Eberesche in hohem Ansehen. Ihre enge Beziehung zum Orakel und zu den Sehern war offensichtlich. Orakelstätten wurden oft mit Ebereschenbäumen umsäumt. Man war der Meinung, sie schützten vor Unheil und Zauber. Alles in allem war die Eberesche ein heiliger Baum, der als Glücksbringer galt.
Wie viele vorchristliche Symbole wurde auch dieser Baum später ins Böse umgedeutet. Man betrachtete ihn nicht mehr als wertvollen Schutzstoffträger. – Als eine Pflanze, deren Beerensaft keimhemmende und pilztötende Kraft besitzt, was ihre Anwendung bei entsprechenden infektiösen Prozessen rechtfertigt. Daß Ebereschen-Saft oder Vogelbeer-Saft den intraokularen Druck bei Grünem Star mindert, wurde auch nicht mehr beachtet. Ebensowenig, daß Ebereschensaft, mit etwas Alkohol vermischt und durch die Beigabe von Wasser gestreckt, als gutes Haut-

reinigungsmittel galt. Oder daß Ebereschensaft bei Stauungen im Pfortadergebiet, bei Hämorrhoiden, dringendst zu empfehlen sei. . . . all das war ganz einfach vergessen. Man sah die Vogelbeere nicht mehr als „Gesundheits-Wächter" im Haushalt an.

Über die vielen vorzüglichen Eigenschaften für die Gesundheit des Menschen ging man hinweg. Das Antlitz der Vogelbeere ward verzerrt, und sie hatte ihren guten Ruf verloren. Der Name bekam plötzlich etwas Hexenhaftes, verwerflich Unchristliches.

Der Eberesche wurde auch nachgesagt, das Verbrennen ihres Holzes ziehe Geister an und mache den Menschen gefügig. – Gesagt, getan. Und Ebereschenholz wurde daraufhin zu Räucherungen bei Teufelsbeschwörungen und in der Schwarzen Magie verwendet.

Da die „Gewöhnliche Esche", aus der Familie der Ölbaumgewächse, hoch im Ansehen stand, die Blätter beider Bäume einander aber sehr ähneln, wurde der Vogelbeerbaum „Aberesche" genannt. Es heißt nichts anderes als „Falsche Esche" oder „Böse Esche", und damit ist Zwielichtiges ausgedrückt. – Auch Bäume und Pflanzen können ganz schuldlos ins „schiefe Licht" geraten.

Wie ein Riesenblumenstrauß, dem Schöpfer zum Erntedank

Der Herbst zieht ins Land, das Fruchten erreicht seinen Höhepunkt. Kammern und Speicher füllen sich langsam, Lastwagen, Traktoranhänger und Eisenbahnwaggons bringen die Ertrag̈nisse zur Verarbeitung.

Die Natur tritt jetzt in das Stadium der Werbung ein. Bevor sie kahl in den kalten Winter übergeht, wirbt sie noch einmal für sich, gleich einem Schausteller, in einmaliger Farbenpracht.

Hat man die Eberesche den Sommer über auch kaum beachtet, dann ist sie nun mit ihren Früchten nicht mehr zu übersehen. Wie ein Riesenblumenstrauß sieht der Baum aus. Die zinnoberroten Beeren stehen im Kontrast zum grünen Laub, das da und dort schon ins Gelbe und Braune wechselt. Auch die Eberesche will beim Danksagen für die Ernte dabei sein.

Warum heißt der Baum wohl so?

Zwei Vogelbeerbäume habe ich in meinem Pfarrgarten stehen. Jeden in einer anderen Ecke, als Schlußlichter quasi. Schwer behangen waren ihre Äste mit Früchten. Ich freute mich schon auf die bevorstehende Ernte, denn vielseitig ist die Verwendbarkeit der Ebereschen-Früchte. – Da aber der Herbst sich gerade anschickte, uns Menschen warme Tage zu schenken und der „Altweibersommer" auch zu seinem Recht kam, schob ich die Ernte so weit wie möglich hinaus.

Dann konnte ich mich endlich dazu entschließen: „Morgen früh um acht Uhr geht es los." – Lautstark verkündete ich es am Vorabend in der Pfarrhofküche.

Tags darauf stand einer im Garten und machte ein langes Gesicht. – Ich schaute wirklich nicht gerade sehr geistreich drein.

... Das Ernten konnte ich mir ersparen.

Denn schon im frühesten Morgengrauen hatten sich unzählig viele Vögel bei den beiden „Vogelbeerbäumen" eingefunden und eifrigst Mahlzeit gehalten.

Freunde und Helfer oder Schädlinge

In meiner Brust regten sich zwei Seelen: Die eine liebt die Natur und will alles Lebende in ihr schützen und hegen. Will, daß die Vögel zwitschern und froh sind, sich gut nähren können und gerade im Herbst wertvolle Nahrung finden, damit sie gestärkt in die kalte Jahreszeit hineingehen können.

Die andere Seele in meiner Brust aber wünschte meinem eigenen Leib Wohlergehen und Gesundheit. Sie verlangte auch für mich einen Teil zu haben, etwas ernten zu dürfen.

Meine zwei Bäume wuchsen heran. In den folgenden Jahren fiel für uns beide etwas ab. Für mich und für sie, die Vögel, die ich liebe. Und sie halten dafür meinen Garten ohne Bezahlung von Schädlingen frei.

WENN IM HERBST DIE BLÄTTER FALLEN

*D*enke ich zurück an meine Bubenjahre, dann muß ich bekennen, daß es eine karge Zeit war, in jeder Hinsicht.

Ich erinnere mich noch gut daran, wie unser „Korbwagen" damals ausgeschaut hat. Im Schuppen waren in einer Ecke die aus Weidenzweigen geflochtenen Teile abgestellt. Mit ihnen hängten wir dann den Leiterwagen innen aus, bevor wir zum Waldstreu-Einbringen losfuhren.

Mit dem Rechen in der Hand zogen wir Strich für Strich am Waldboden. Nicht nur die im Herbst abgefallenen Blätter wurden noch vor dem ersten Schneefall heimgebracht, sondern alles, was an alten, auch zum Teil verrotteten Blattresten vorhanden war, wurde fast geizig zusammengerafft. Denn Stroh gab es nicht viel, und die Rinder brauchten Streu im Stall. Der Mist wieder war das Um und Auf einer hoffnungsvollen Ernte.

„Laubstreu rechen" war damals ein Stichwort, das man jetzt nicht mehr hört. Es würde dies heutzutage auch kein Waldbesitzer zulassen, weil er von der Wechselbeziehung in der Pflanzenwelt und insbesondere im Wald weiß.

Am Waldboden beginnt ein neuer Kreislauf

Für den genießerischen Beobachter ist sicherlich der Herbst die schönste Jahreszeit. Diese Schönheit wird mit dem Fall der Blätter bezahlt. Eine Erscheinung, die verschiedene Auswirkungen auf das Leben im Wald hat.

Ich bleibe stehen, bücke mich und betrachte einmal das Herbstlaub ganz aus der Nähe.

Spuren des Kampfes um das Überleben tragen die Blätter. Die Ränder sind von Bissen zahlreicher Tiere beschädigt. Die Blattspreiten auf die verschiedenste Weise durchlöchert.

Oft bildet das Blatt Gallen. Das sind vielgestaltige Wucherungen an Pflanzen, insbesondere an der Eiche, an Ahorn, Ulme und Rotbuche, hervorgerufen durch das Einwirken von Insekten wie der Gallenwespe und Gallenmücke, durch Einstich, Eiablage oder die sich entwickelnden Larven.

Ein anderes Blatt zeigt das verwickelte Wegnetz von Minierlarven. Was sehe ich noch? Nester von Spinnen, Schäden von Wurmfraß oder Kokons, die dort versteckt sind.

Gelbe, ockerfarbene oder schwarze Flecken lassen auf verschiedene Pilze rückschließen.

Die alten Blätter haben ihre Rolle ausgespielt. Sie werden sterben und abfallen. Schon kann man an ihrer statt die schlafenden Augen eines neuen Lebens erkennen.

Der Boden des Waldes ist mit einem großen natürlichen Komposthaufen vergleichbar, in dem ohne Unterlaß Nährstoffe zurückgewonnen werden.

Eine mittelgroße Buche besitzt rund 200.000 Blätter. Im Herbst fallen sie zu Boden. Dazu gesellen sich ununterbrochen andere organische Abfälle wie Insektenkot, abgebrochene Äste und Knospenhüllen. Die Bodenstreu wird von Würmern gefressen, durchgraben und durchlüftet. Sie fördern so den Zerfall. Das gleiche tun Insekten und andere Kleinlebewesen.

Eine besonders wichtige Rolle jedoch spielen Pilze und Bakterien. Sie befallen in den warmen Monaten die Pflanzenrückstände und wandeln sie in eine dicke Humusschicht um. Dabei werden lebenswichtige Nährstoffe wieder dem Boden zugeführt.

Im Frühjahr bringt dieser fruchtbare Boden neues Wachstum hervor. Die Samen zahlloser Pflanzen gehen darin auf. Sie liefern am Ende wieder organisches Abfallmaterial für den Kreislauf der Nährstoff-Rückgewinnung im Waldboden.

In lodernden Flammen zeigt sich Sparmeister Herbst

Ein Rundum unseres Lebens ist das Jahr: ein Keimen, Wachsen, Blühen, Fruchten, Sterben und Werden. Mit den Jahreszeiten zu leben heißt sein ureigenes Leben erleben.

Der Herbst hat Einzug gehalten. Die Tage werden kürzer, die Nächte länger und kälter. Die Laubbäume verfärben ihre Blätter und werfen sie schließlich ab. Der Wind treibt mit ihnen ein lustig Gespiel. Dann stehen die Bäume nackt da. Vergessenen Kleiderständern einer uralten Legende gleichen sie, da die Menschen noch Riesen waren.

Mit dem Verfärben und Abfallen der Blätter exerziert uns die Natur ein Sparprogramm vor. Sie gibt uns einen Hinweis zum Fasten.

Laubblätter haben eine große Oberfläche. Sie tragen viel für den täglichen Stoffwechsel des Baumes bei. In ihnen enden große Mengen an Feuchtigkeit. Von den Wurzeln aufgenommen, verdunsten sie durch die Blattoberfläche. Die Blätter sind eben des Baumes Lunge.

Im Winter gefriert der Boden. Das unterirdische Wurzelsystem bekommt kein Wasser, weil die Wasserversorgung unterbrochen ist. Der Baum kann jetzt keine „großen Sprünge" machen. Will er nicht erfrieren und sterben, dann muß er sparsam sein. Er muß haushalten, um mit seinen Vorräten über den Winter zu kommen.

Im Vergleich zu den Nadelbäumen leben die Laubbäume in der warmen Jahreszeit „auf großem Fuß". Sie trumpfen mit ihren schönen großen Blättern auf.

Die Nadelbäume hingegen bieten mit ihren feinen nadelartigen Blättern der Luft eine viel kleinere Verdunstungsoberfläche. So können sie auch im strengsten Winter leichter überleben. Sie erneuern ihr „Laub" unabhängig vom Herbst in einem jeder Art eigenen Rhythmus.

Pflanzen sind sehr licht- und wärmeempfindlich. Treten die Vorzeichen des Winters auf, dann entstehen an der Ansatzstelle der Blattstiele eigene Trenngewebe. Der Saftstrom wird unterbrochen, das Blatt stirbt langsam ab, wird gelockert und fällt zu Boden.

An jener Stelle, wo der Stiel des Blattes am Zweig gesessen hat, tritt jetzt eine Vorsichtsmaßnahme ein: eine Schicht eigener Zellen verschließt die winzige Narbe, damit der Baum nicht „verblutet" und nichts an seinem bereits eingeschränkten Energiestrom verlorengeht und letztlich vergeudet wird.

Sparmeister Herbst . . . Ja, Fasten ist auch ein Sparen, ein sehr wertvolles sogar, weil es gesund hält.

Einige Möglichkeiten, gesundes Fasten zu praktizieren

Jedes Fasten, das länger als einen Tag dauert, soll nicht ohne Rat des Arztes auf eigene Faust durchgeführt werden.

Gutes Brunnenwasser oder Mineralwasser: Eine unverkorkte Flasche Wasser über Nacht im Wohnzimmer stehenlassen. Während des nächsten Vormittages bis Mittag in kleinen Portionen trinken, ohne irgendetwas zu essen. Das fördert den Stuhlgang und begünstigt die Restverdauung beachtlich.

Fenchel-Tee am Vormittag nehmen: Er stärkt die Leber und hilft gleichzeitig das Körpergewicht zu kontrollieren. – Die Zubereitung des Tees erfolgt im Heißaufguß, 2 Teelöffel frisch angestampfte Früchte für 1/4 l Wasser. 15 Minuten zugedeckt ziehen lassen, dann abseihen.

Zum Mittagstisch drei Äpfel und gedünsteten Reis essen: Diese Speise sättigt, läßt aber dabei leicht abmagern und tut überdies dem Darm sehr gut.

Ein Apfel-Tag pro Woche: An diesem Tag nichts anderes essen als Äpfel. Keine Flüssigkeiten zu sich nehmen. Die Äpfel gut kauen, eventuell auch raspeln. – Ein solcher Apfeltag hilft des weiteren auch bei Migräneleiden.

Einen Trauben-Tag halten: Tagsüber werden bloß reife Trauben in Abständen auf 4 bis 5 Mahlzeiten aufgeteilt genommen. Das reinigt das Blut und fügt dem Körper reichlich Mineralstoffe zu.

Wermut gilt als bester Magenreiniger

In keinem Garten sollte Wermut fehlen. Ein Stock genügt normalerweise für eine Familie. Bei Magenverstimmungen aller Art eine Tasse schluckweise getrunken, wirkt Wunder. – Bei Appetitlosigkeit eine halbe Stunde vor dem Essen genommen, regt der Wermut-Tee die Magentätigkeit an. Man kann 1 Teelöffel des Krautes mit 1/4 l kaltem Wasser über Nacht kalt ausziehen, morgens abseihen und zimmerwarm trinken.

VOGELBEEREN SIND AUCH FÜR MENSCHEN DA

Knorrige Äste ragen empor in den blaßblauen Himmel. Die graue Rinde trägt silberne Moosflecken. Nur noch wenige vom Frost geschrumpfte Blätter haften an den Zweigen. Windstöße spielen mit den vorbeiziehenden Nebelschwaden und rote Büschel leuchten in der Landschaft am großen Vogelbeerbaum. Vögel halten gerne bei der „Amselbeere" oder „Gimpelbeere" Mahlzeit.

Die Vogelbeere wird auch in Gärten, Parks und Alleen gepflanzt. Ihre kugeligen Früchte stehen in Doldenbüscheln und sind von bitterem Geschmack. Doch einmal vom Frost gebrannt, setzt sich der Invertzuckergehalt durch und das Aroma wird erheblich verbessert. Zu dieser Zeit werden die Früchte gesammelt.

Die Eberesche wird heutzutage wieder häufiger gesetzt. Man besorgt sich für den Verzehr die „Süße" Eberesche, auch Edel-Eberesche oder Mährische Eberesche genannt. Diese Sorte gewinnt in den letzten Jahren immer mehr an Bedeutung. Man hat nämlich erkannt, daß die Beeren der wichtigste Träger von Vitamin C sind. Sie werden daher auch „Zitronen des Nordens" genannt.

Die Edel-Eberesche unterscheidet sich von der Wilden Eberesche durch größere Beeren und geringeren Bitterstoffanteil. Dadurch eignet sie sich ohne Vorbehandlung bestens zur Herstellung von Marmeladen, Gelees, Mus und zur Entsaftung.

Der Hauptwirkstoff der Vogelbeere ist „Sorbit"

Er wirkt der Ketonbildung bei Zuckerkranken entgegen. – Ketonkörper sind giftige Zwischenprodukte des Zuckerstoffwechsels. – „Sorbit", auch im Handel erhältlich, ist als Zuckeraustauschstoff für Diabetiker besonders verträglich und zu empfehlen.

Geballte Kraftreserve in leuchtendroter Frucht

Die Vogelbeeren enthalten reichlich Vitamin C, die Mährische Eberesche sogar 60 bis 120 Milligramm pro 100 Gramm frischer Früchte. Ebereschen-Saft ergab bei Anwendung einfachster Preßmethoden bis zu 72 Milligramm Vitamin C. Acht Monate lang aufbewahrte getrocknete Früchte enthielten immer noch 36 Milligramm Vitamin C. – Auch Vitamin A kommt in beachtlichen Mengen vor. Der Mineralstoffgehalt entspricht sogar jenem der Schwarzen Johannisbeere. Weiters zu erwähnen ist der hohe Zuckergehalt der Früchte, etwa 13 Prozent.

Anwendung der Eberesche bei diversen Leiden: Bei mangelhafter Nierenfunktion nehme man am besten Ebereschen-Mus oder Ebereschen-Kompott ein. – Bei Vitamin-C-Mangelzuständen bevorzugt man frisch gepreßten, erhitzten Saft. – Bei Leber- und Gallenblasen-Erkrankungen wirken alle Zubereitungsformen.

Rohgenuß von Ebereschen-Früchten: Im Herbst werden die vollreifen Früchte nach dem ersten Frost geerntet. Die ganzen Fruchtstände abschneiden, zu Hause die Beeren abzupfen und verarbeiten. – Diese Früchte, mäßig frisch genossen, wirken günstig auf die Schleimhäute des Mundes und Magens ein.

Die Ebereschen-Früchte eignen sich als mildes Abführmittel. Man darf die Früchte der Wilden Eberesche aber nicht in zu großen Mengen roh verzehren. Der schlechte Geschmack, herb und gallbitter, hindert in der Regel auch daran. Die enthaltene Parasorbinsäure könnte die Magen- und Darmschleimhäute reizen. Beim Kochen wird dieser Inhaltsstoff jedoch zerstört.

Vogelbeer-Marmelade oder Vogelbeer-Mus: Die Wilden Ebereschen-Früchte sollen vor der Verarbeitung entbittert werden. Man setzt sie über Nacht in soviel kaltem Wasser an, daß sie bedeckt sind und gibt etwas Apfelessig hinzu. Morgens seiht man ab. Durch diese Vorgangsweise wird der überschüssige bittere Gerbstoff entfernt. – Die Beeren der Mährischen Eberesche hingegen kann man sofort verarbeiten. – Die Früchte werden nun mit ganz wenig Wasser weichgekocht, durch ein Sieb getrieben. Man wägt vorher ab und kocht sie mit der gleichen Gewichtsmenge Rohzucker und einem Gläschen guten Weißwein zu Marmelade oder Mus ein. – Es genügt auch weniger Zuckerzusatz, denn die Vogelbeeren halten sich ähnlich wie die Preiselbeeren sehr gut.

Vogelbeer-Fruchtwasser: Das abgeseihte Einweichwasser nicht wegschütten, man kann es noch für Körperabreibungen und vor allem zur Pflege der Frauenbrüste heranziehen. Es strafft die Haut, hält gesund, widerstandsfähig und beugt dem Krebs vor.

Bei Durchfall: Täglich 4 Eßlöffel voll Vogelbeer-Marmelade eingenommen, wirkt als mildes Stopfmittel.

Mischmarmelade: Je nach Wunsch und vorhandenen Früchten läßt sich eine sehr gesunde und schmackhafte Marmelade herstellen. Man mischt zu den Vogelbeeren geriebene Äpfel, Birnen, Quitten, Kürbisse, Stachelbeeren, Hagebutten, Karotten oder Tomaten, gibt die Hälfte Gewichtsmenge an Rohzucker dazu und kocht es auf. Füllt danach in gut gereinigte Gläser und gießt 1 bis 2 Eßlöffel Jamaicarum oder erstklassigen Kognak pro Glas darüber.

Vogelbeer-Schnaps: 250 g zerquetschte reife Beeren werden in 1 l 70%igem Obstbrand 14 Tage lang angesetzt. Man seiht ab, verdünnt mit 1/2 l destilliertem Wasser und füllt in Flaschen ab.

Vogelbeer-Essig: 1 l ausgepreßten Beerensaft im offenen Glasgefäß im warmen Raum solange stehenlassen, bis eine Essiggärung stattgefunden hat. Filtrieren und abfüllen. – Dieser gesunde Essig enfaltet sein großartiges Aroma in Salatsaucen.

Winterlagerung der Vogelbeeren: Die geernteten Fruchtdolden auf eine saubere Unterlage legen und in der Sonne trocknen. Erst zur Gänze gedörrte Beeren werden abgerebelt und für den Winter aufbewahrt. Sie haben den Vorteil, daß sie dann kaum schimmeln oder verderben und sich bis zur nächsten Ernte halten.

Vogelbeer-Früchtetee: 2 Handvoll reife entstielte Beeren werden mit 1 l kaltem Wasser übergossen, auf Sparflamme 1 Stunde lang kochen gelassen, dann abgeseiht. Man füllt den Tee in eine Thermosflasche und gurgelt bei Heiserkeit mehrmals täglich damit warm und gründlich.

Vogelbeer-Früchtetee mit Honig: 2 Eßlöffel voll echten Bienenhonig in den temperierten Früchtetee einrühren. Bei Hustenreiz oftmals während des Tages schluckweise davon genommen, bringt diesen rasch zum Abklingen.

Vogelbeer-Saft: Reife Beeren ohne Stiele werden einige Tage in einem Gefäß stehengelassen, schließlich zu Brei zerstoßen und ausgepreßt. Den Saft rührt man mit der Hälfte Menge an Zucker ab, kocht gut auf und füllt ihn sofort in Flaschen. Die Lagerung erfolgt dunkel und kühl. – Löffelweise tagsüber verabreicht, stärkt dieser Vogelbeer-Saft die Abwehrkräfte beachtlich.

Getrocknete Vogelbeer-Früchte: Sie können gekocht werden. Die Früchte besitzen gleichzeitig eine durchfallhemmende und harntreibende Wirkung.

Ungekochte Vogelbeer-Früchte: Man kann die Beeren natürlich auch ungekocht verzehren. So nimmt man bei Durchfall 3mal täglich 10 getrocknete Vogelbeer-Früchte ein. Gut kauen, mit Speichel gründlich vermischen und schlucken.

Getrocknete Vogelbeeren, ein Rosinen-Ersatz: Sie sind ganz besonders schmackhaft in Hirsegerichten. – An Gastritis Erkrankte wissen die heilende Wirkung des Hirsebreis zu schätzen.

Rote Ebereschen-Früchte wirken wie ein Magnet

. . . und zwar auf die Vogelwelt. Beginnt im Herbst der Zug der nordischen Drossel, werden die Ebereschen zur Nahrungsquelle für Sing- und Wacholderdrosseln, für Rot- und Schwarzdrosseln, auch für Stare, Gimpel und einzelne Weichfresser wie zum Beispiel das Rotkehlchen.

Der Seidenschwanz ist ein Charaktervogel des nordischen Waldgürtels. In manchen Wintern tritt der Vogel in ganzen Schwärmen bei uns auf. Er ist in seiner hübschen Färbung ein gern gesehener Wintergast. In harten Wintern plündern die Seidenschwänze die Reste der Beeren und verstreuen, wie auch die Drosseln, die unverdaulichen Samen auf ihren weiten Wanderungen.

So ist es erklärlich, daß wir den Vogelbeerbaum nicht nur in unseren Wäldern finden, sondern auch an Burgruinen, Türmen und alten Korbweiden-Strünken.

LANDSCHAFT PFLEGEN, HECKEN PFLANZEN

Unter Landschaftspflege versteht man die planmäßige Erhaltung und systematische Entwicklung der natürlichen Werte einer Landschaft.

Die ursprüngliche Naturlandschaft wurde weithin durch menschliche Einwirkung in Kulturlandschaft umgewandelt. Deshalb ist die Landschaftspflege ein Gebot der Stunde. Dabei geht es in erster Linie um die Erhaltung der Landschaft außerhalb der bebauten Ortsteile. Um so den ländlichen Raum gesund und harmonisch zu erhalten. Auf diese Weise will man die Ausgewogenheit zwischen den Nutzungsansprüchen des Menschen und einem natürlichen Landschaftsbild gewährleistet wissen und bereits eingetretene Schäden durch Rekultivierung beseitigen.

Im erweiterten Sinne zählen zur Landschaftspflege alle Aktivitäten, die Verbesserungen des Landschaftsraumes anstreben.

Mehr denn je hat man heute die Bedeutung der Hecken für die Gesunderhaltung der Landschaft erkannt und weiß ihren Wert zur Verschönerung der Gegend zu schätzen. So stehen Hecken erneut im Mittelpunkt öffentlichen, aber auch persönlichen Interesses.

Hecken und Gehölze nicht ausrotten, sondern hegen

Was heißt „ökologisch"? Ökologie ist die Wissenschaft von den Beziehungen der Lebewesen zu ihrer Umwelt.

Den Hecken obliegt dabei eine ganz große Aufgabe: sie müssen in einer so vielfältig gefährdeten Umwelt eine gegenseitig ausgleichende Wirkung zustandebringen. Um die zugespitzte Lage zu entschärfen und gesunde Verhältnisse wieder herzustellen.

Wo immer Hecken neu angelegt oder bereits bestehende in ihrem Sinn besser erkannt und somit geschützt werden und erhalten bleiben, vermögen sie den Tierbestand in der freien Wildbahn beachtlich zu vergrößern. Er wächst zusehends.

Hecken eignen sich zur Betonung von Grundstücksgrenzen und zur Unterteilung von größeren Grünflächen. Ebenso lassen sich mit Hecken geschützte Plätze anlegen. Ein typisches Beispiel dafür sind die Rast- und Parkplätze entlang der Autobahn.

Nicht zu verschweigen, daß man bei der Dorf- und Stadtgestaltung heute den Wert der Hecken wieder neu erkannt hat. Sie bringen es zustande, daß man unter Umständen kaum wahrnimmt, daß man sich inmitten eines Siedlungsgebietes befindet.

Mein Sorgen geht in erster Linie um die Erhaltung der freien Landschaft des ländlichen Raumes.

Mein Bemühen gilt allem Gefährdeten

Den Waldrändern, Feldrainen, Böschungen, aufgelassenen Sandgruben und Steinbrüchen, den Weg- und Straßenbegrenzungen und der Vielfalt der Landschaft. Diese darf trotz intensiver landwirtschaftlicher Nutzung nicht zur „grünen Öde" werden.

Gerade durch ihre Verschiedenheit der Zusammensetzung ist es möglich, daß die Hecken ihre verbindende und schützende Aufgabe richtig erfüllen.

Unumstritten: der biologische Wert von Hecken

Am Blattwerk der Büsche nagt oder saugt eine große Zahl von Insekten. Zur Zeit der Blüte vermehren sich die beflügelten Gäste im Insektenkleid.

Die Früchte dienen Vögeln und Kleinsäugern als Nahrung.

Besonders im Dorngebüsch nisten viele Vögel. Wie viele es sind, das nimmt man erst wahr, wenn im Herbst das Laub gefallen ist und die verlassenen Nester sichtbar werden. Vorausgesetzt, daß man in der Hetze des Alltags dafür nicht blind geworden ist.

In Hecken verstecken sich Kleinsäuger wie Igel, Waldmaus und Spitzmaus.

Faulendes Laub und Holz beherbergen eine reiche Kleintierwelt, vor allem halten sich darin Gliederfüßer, Kröten, Frösche und Blindschleichen auf . . . und vielleicht sogar ein Hermelin.

Im Winterhalbjahr werden Hecken von Meise, Star, Erlenzeisig und Drossel durchzogen, die dort immer etwas Eßbares finden.

Überlegungen vor der Heckenpflanzung

Einige Richtlinien für die Neuanlegung und Bepflanzung von Hecken und Gehölzgruppen seien hier gegeben.

Ebene und geneigte Flächen in allen Expositionen eignen sich dazu gleichermaßen.

Die meisten Holzpflanzen sind über ganz Mitteleuropa verbreitet. Doch vereinen sich je nach Klima und Boden in verschiedenen Gegenden immer wieder andere Arten zur Hecke. Wer die Pflanzen kennt, notiert am besten die Zusammensetzung von Hecken in seiner näheren Umgebung.

Vor einem aber sei gewarnt: nicht dem Trend folgen und fremdländische Sträucher pflanzen, die weder in unsere Landschaft passen noch sinnvoll sind. Anderseits aber wirken solche Exoten in bäuerlicher Landschaft „wie eine Faust aufs Auge". Dazu zählen nicht nur Thujen, Sadebäume, Gartenwacholder und Kriechwacholder, sondern auch buntblättrige Gehölze wie Blutahorn, Silbereschen und ähnliches.

Jungpflanzen dürfen auf fremdem Grund natürlich nicht ohne Erlaubnis des Eigentümers ausgegraben werden.

Es gibt Forstbaumschulen, welche das nötige bunte Heckenmaterial auf Lager haben und zum Verkauf anbieten. Vorsicht ist jedoch bei Bestellungen aus Baumschulen geboten, da nicht selten Züchtungen angepriesen werden, die von den Wildarten abweichen. Trifft man in einem Katalog die Auswahl, dann muß daher auf die richtige lateinische Bezeichnung geachtet werden, denn diese ist am verläßlichsten.

Hecken pflanzen – nicht irgendwie, sondern gekonnt

Gepflanzt wird in Abständen von etwa 50 Zentimetern. Dies mag im ersten Augenblick als zu eng erscheinen, ist es aber durchaus nicht, weil Hecken rasch zusammenwachsen und undurchdringlich sein sollen. Sie werden so zu einem Dickicht. Deshalb darf man hier nicht an üblichen Kulturen Maß nehmen. Also immer eng in der Reihe setzen!

Steht eine breitere Fläche zur Verfügung, dann kann man auch mehrreihig pflanzen. Hier darf der Abstand zwischen den Reihen breiter sein. Er kann einen Meter und darüber betragen, sodaß beide Reihen schon unten Seitenäste entwickeln können.

In der Linienführung lasse man sich vom Gefühl leiten. Wo wenig Platz ist, bleibt oft nichts anderes übrig als eine geometrische Anordnung. Das ist immer noch wertvoller als gar keine Hecke.

Gesetzt werden nur Jungpflanzen in der Höhe von 50 Zentimeter bis zu 1,20 Meter, wenn die Setzware aus der Natur besorgt wird. Wer in den Baumschulen einheimische Forstware bestellt, kann auch größere Sträucher nehmen, weil sie aus lockerem Boden kommen und genügend feine Wurzeln besitzen, was ein sicheres Anwachsen garantiert.

Eines darf man dabei aber dennoch nicht außer acht lassen: Größere Pflanzen versprechen anfangs mehr, bleiben dann jedoch oft im Wachstum zurück.

Containerpflanzen kann man auch außerhalb der üblichen Pflanzzeiten einbringen. Sie garantieren jederzeit ein rasches Anwachsen und man braucht kaum Verluste in Kauf nehmen. Der Aufpreis ist natürlich beachtlich.

Wird in mehreren Reihen gepflanzt, so sollen die kleiner bleibenden Sträucher in der äußeren Reihe gesetzt werden und die höheren im Hintergrund.

Schon bei der Pflanzung stelle man sich vor, wie die Naturhecke – unbeschnitten muß sie bleiben – in zehn oder zwanzig Jahren aussehen wird.

Die beste Pflanzzeit ist der Herbst, solange der Boden offen ist. Setzt man im Frühjahr, hat dies sobald wie möglich zu geschehen.

DER HOLZAPFELBAUM IN TIEFERER SCHAU

Waldränder haben wichtige Aufgaben zu erfüllen. Vor allem ist ihnen die Funktion eines lebenden Zaunes zu eigen, der nach außen hin gut abgrenzt, das Innenleben des Waldes aber zu bewahren und zu schützen versteht.

Im Gebiet der Waldrandhecken siedelt sich eine beachtliche Anzahl von Kräutern und Pflanzen an, die kaum jemand erntet. Sie sterben dort ab, der Schutzgürtel verfilzt. Dieser verwehrt dem Wind den Zugang und hilft so mit, daß das Kleinklima im Innern des Waldes wirksam wird.

Ganz wichtig ist die Waldrandhecke für den Vogelschutz. Werden Vögel oder Hasen vor allem im Herbst verfolgt und müssen über das kahle Feld flüchten, dann erwartet sie im Dickicht der Waldrandhecke ein sicherer Unterschlupf.

Nicht wenige gefiederte Freunde nisten und brüten darin. Sie tun dies mit Vorliebe, weil sich so auf der einen Seite Freiheit, auf der anderen Deckung anbietet.

Viele Tiere finden im Winter Nahrung in den Hecken. Rehe knabbern hungrig an den Knospen, und hier richten sie auch keinen Schaden an.

Der Dorndreher lebt und stirbt mit den Waldrandhecken

Einer der Vögel, der die Waldrandhecken besonders liebt – und der bereits auf der Roten Liste der gefährdeten Tierarten steht – ist der Neuntöter, auch Rotrückenwürger genannt. Es handelt sich um einen mittelgroßen Singvogel mit dem Verhalten eines Falken. Er nimmt gerne auf abgestorbenen Zweigen seinen Platz ein.

Den Namen Neuntöter hat er deshalb bekommen, weil die Menschen früher glaubten, er mache neunmal Beute, bevor er eine verzehre. Er pflegt nämlich seine Beutetiere auf Dornen aufzuspießen und betreibt so eine gewisse Vorratshaltung. Daher ruft man ihn mancherorts „Dorndreher". Sein hakenartig übergebogener Schnabeloberteil weist auf seine Raubtätigkeit hin.

Der Vogel ernährt sich vorwiegend von größeren Insekten wie Käfer, Heuschrecken und Hummeln, die er auch im Fluge fängt. Aber es stehen auch Frösche, Kleinvögel und junge Mäuse auf seinem Speisezettel.

Da es dem Neuntöter nur selten gelingt, größere Beute zu machen, ist der Nutzen bei weitem größer als der Schaden.

Von erhöhter Warte aus beobachtet er sein Jagdrevier. Bei der geringsten Erregung schlägt er seitlich mit dem langen Schwanz.

Neuntöter sind gute Nachahmer von Vogelstimmen

Die beiden Geschlechter haben unterschiedlich gefärbtes Gefieder. Das Weibchen zeigt sich in schlichtem Braun, der Rücken rostbraun und die Unterseite cremefarben. Das Männchen ist auffallend gefärbt: mit blaugrauem Kopf und rotbraunem Rücken. Es trägt eine Gesichtsmaske, einen breiten schwarzen Strich von der Schnabelbasis durch das Auge. Man erkennt es auch während des Fluges gut. Die Körpergröße entspricht der eines Sperlings.

Der Gesang des Männchens klingt sehr abwechslungsreich. Neuntöter imitieren andere Vogelstimmen, sie spotten.

Das Nest liegt meist in Hecken am Waldrand. Es wird von beiden Geschlechtern gebaut. Das Männchen trägt die Baumaterialien heran: Ästchen, Halme, Wurzeln, Haare, Federn und Moos. Aus ihnen fertigt das Weibchen das Nest an.

Die Neuntöter sind Zugvögel, die im tropischen Afrika überwintern. Sie verlassen uns oft schon Mitte August.

Wie der Apfel zum Zankapfel wurde

Der Apfel wurde zum Anlaß eines Streites, zum Gegenstand einer Auseinandersetzung. Die Redewendung „Zankapfel" geht auf das Urteil des Paris zurück, der im Streite der drei Göttinnen Hera, Athene und Aphrodite zum Schiedsrichter über ihre Schönheit erwählt wurde. Indem er den als Preis für die Schönste bestimmten Apfel der Aphrodite reichte, wurde dieser zum Zankapfel. Dies führte zum Trojanischen Krieg.

Im griechischen und nordischen Mythos sind Äpfel oft die Speise von Göttern. Bei den Germanen war der Apfel ein Zeichen des Lebens, Symbol der nährenden Liebe und der Mutterbrust.

Verborgen im Apfel liegt das Bannzeichen wider das Böse

Schneiden wir den Apfel „am Äquator" durch, so entdecken wir den Fünfstern oder das Pentagramm. Bereits in der rosigen Blüte zeigte es sich mit den fünf Blütenblättern.

Und das ist das Sinnbild des Menschen. Zu den vier irdischen Elementen kommt als fünftes der Geist. Er ist es, welcher den Menschen über das Naturreich hinaushebt.

Das Pentagramm wird auch Drudenfuß genannt. Es wurde als Schutz gegen die Druden verwendet, war von alters her ein Bannzeichen gegen das Böse und gab so die Macht über die Geschicke. – Die Druden sind im Volksglauben weibliche Nachtgeister, die Alpträume verursachen.

Eingeschlossen im Apfelfleisch liegt die nährende, sich hingebende Liebe. Die Kraft, die das Böse abwehrt und vom Übel reinigt. Das ist auch der innere Kern aller Weltreligionen.

Der Holzapfelbaum, Urahn unzähliger Apfelsorten

Von größter Bedeutung für die Gesundheit des Menschen ist die Apfelfrucht, die auf der ganzen Welt als die bekannteste und schätzenswerteste Obstfrucht gilt.

Es gibt aber auch einen wilden Apfelbaum, den Holzapfel, dem in der Volksheilkunde eine ganz besondere Rolle zukommt.

Welchen Platz in der Natur bevorzugt dieser „wilde" Geselle? Typisch für das Vorfinden des Holzapfelbaumes sind die Waldränder. Hier erhebt er sich inmitten niedriger Gebüsche und Hecken. Er neigt zur reichen Verästelung, die schon tief unten am Stamm beginnt. Nicht selten sind es die Wurzeltriebe, die um den Hauptstamm wie richtiges Gebüsch emporschießen.

Der wilde Holzapfelbaum beansprucht den ganzen Freiraum seiner näheren Umgebung. Er kann bis zu zehn Meter hoch werden.

Junge Zweige sind anfangs hellfilzig, später graubraun, enden häufig in spitzen Dornen. Diesen wieder hat die Natur die Aufgabe zugewiesen einen gewissen Freiraum zu schaffen, in den nicht ungestraft eingedrungen werden darf.

Die Borke des Holzapfelbaumes ist gelbbraun und längsrissig geschuppt. Die Blütezeit erstreckt sich von April bis Mai. Die Fruchtreife von September bis Oktober.

Holzäpfel sind aromatisch duftend und saftig fleischig. Sie erreichen eine Größe von zweieinhalb bis drei Zentimeter im Durchmesser. Auch in der Vollreife schmecken sie noch sauer, fallen meistens zu Boden und werden von vielen Säugetieren gefressen.

Der Holzapfelbaum liebt tiefgründige, nährstoff- und basenreiche Lehmböden oder steinigen Grund. Er kommt gerne in Auwäldern, Laubmischwäldern und feuchten Eichenwäldern vor, bevorzugt feuchte Klimalage und steht häufig an Waldrändern als Brücke zur Übergangswelt vom Forst zur Flur.

Der Holzapfel hat auch in der Volksheilkunde Bedeutung

Es gilt als Tatsache, daß es heute weltweit eine Vielzahl von veredelten Apfelsorten gibt, deren Formenreichtum, Farbenvielfalt und die breite Palette der Geschmacksrichtungen sich Fans schaffen. Dabei wird häufig den Inhaltsstoffen zuwenig Beachtung geschenkt. Von ihnen hängt aber die Heilkraft ab.

Wildapfel-Blüten: Rechtzeitig gesammelt, im Heißaufguß als Tee bereitet, wirken sie stark harntreibend.

Wildapfel-Blätter: Den Sommer über geerntet, ergeben sie im Heißaufguß einen bitteren Tee. Er heilt leichte Magen- und Darmerkrankungen aus. Kurmäßig 4 bis 6 Wochen hindurch je 3mal täglich 1 Tasse vor den Mahlzeiten trinken.

Wildapfel-Rinde: Von daumenstarken Ästchen im Spätherbst abschälen, trocknen und zerkleinern. 2 Teelöffel der Rinde mit 1/4 l Wasser 3 Stunden kalt ansetzen, 5 Minuten aufkochen, abseihen. Senkt das Fieber. Ist auch Zuckerkranken sehr zu empfehlen.

WALDRAND UND WALDSAUM

Ein Blick auf den Wald, wo immer wir gehen, stehen oder fahren, erfreut des Menschen Herz.
Gerne betrachten wir den Wald als eine geschlossene Einheit. Etwas Geheimnisvolles ist es um ihn, den Wald. Zu diesem Lebensraum hin aber gibt es Türe und Tore: das ist der Waldrand, ein Biotop von beachtlichem Einfluß. Hier geht es um ein eigenes Reich, von dem man viel zuwenig weiß.
Rührend trägt die Fuchsmutter ihren Kleinen Feldmäuse heim. Sie sollen im Spiel mit diesen den Ernst des Lebens und der Nahrungssuche vorbereitend üben. Bevor sich die Fähe in Trab setzt, verharrt sie niedergeduckt im Waldsaum. Erst nachdem ihre scharfen Seher und die feinen Gehöre die Lage kontrolliert haben, wagt sie sich ins freie Feld und schnürt die Feldraine entlang, um Beute zu machen.
Ein Beispiel unter vielen, was Waldrand und Waldsaum für die Tierwelt auch heute noch bedeuten. Daß hier weniger die wirtschaftliche Nutzung im Vordergrund steht, sondern vielmehr der ideelle Wert, das wird gottseidank von Jahr zu Jahr immer mehr und tiefer erkannt.

Der Dompfaff oder Gimpel, ein Kurier vom Waldrand

Erweist sich im Revier des Gimpels die Nahrung als zu knapp, dann sucht er Futterhäuschen auf. Waldrand und waldrandnahe Obstwiesen sind das Jahr über sein Daheim. Zieht aber der Winter mit seiner ganzen Härte ins Land, so pilgert der Vogel hungrig umher, vom Waldrand zum Dorf und wieder zurück.
Plötzlich taucht der imponierende bunte Fink dann vor dem Fenster auf. Fühlt er sich unsicher, oder hat er Futter erhascht, nichts wie flugs wieder hinauf auf einen nahen Baum oder hinein in die benachbarte schützende Hecke.
Der Dompfaff ist jedoch nicht der einzige Kurier vom Waldrand. Viele andere Vögel finden dort oft langfristig Nahrung und das ganze Jahr über Schutz.

In unserer Heimat zählt der Gimpel zu den verbreiteten Brutvogelarten. Sehr auffällig gezeichnet, verrät er sich sogar im Fluge durch den weißen Bürzel und die schwarze Kopfplatte.

Gimpel sind gesellige Schwarmvögel, mit ihrem Lockruf, ein klagendes „diüh, diüh", finden sie Zusammenhalt. Ja, man kann sie mit diesen Tönen sogar gut herbeilocken.

Das Gimpelnest wird meistens nicht sehr hoch in Nadelbäumen angelegt. Das Weibchen baut es ohne Beihilfe des Männchens. Zum Unterbau des Nestes werden verschiedene Zweige verwendet. Darauf wird erst die eigentliche, recht flache Nistmulde aus Wurzeln, Flechten, Haaren und Federn errichtet. Gimpel brüten normalerweise zweimal im Jahr.

Diese bunten Vögel, die Boten vom Waldesrand, am Futterhäuschen zu beobachten ist eine wahre Freude.

Das Futterhäuschen unter die Lupe genommen

Es erfüllt im Winter mehrere Aufgaben: Unser Herz wird frei für die Liebe zu den Tieren auf offener Wildbahn. Weiters schützt es vor allem jene Vogelarten, die den Winter über das Risiko der Kälte und des Futtermangels auf sich nehmen. Und nicht zuletzt werden die gefiederten Freunde auf unser Grundstück aufmerksam, was sich auf die Schädlingsbekämpfung in unseren Gärten nur günstig auswirkt.

Bei der Möglichkeit, das Treiben der Vögel am Futterhäuschen genau beobachten zu dürfen, soll man eines nicht außer acht lassen: Vögel haben einen scharfen Blick, sodaß der Beobachtungsstandort gut getarnt sein muß.

Der Roll-Laden des Waldes hat seine Bedeutung

Die geschützte Lage zwischen Wald und Flur wirkt wie eine Stadtmauer, nur viel durchlässiger ist sie, denn eigentlich handelt es sich beim Waldrand um eine lebende Mauer mit Tausenden von Schlupflöchern. – Das ist der eine Aspekt, anderseits jedoch schützt diese Naturmauer das Waldinnere vor allen möglichen

Unbilden der Natur. Das ganze Jahr über ist nämlich die Baumgesellschaft des Waldes unzähligen Angriffen ausgesetzt.
Im Frühjahr beteiligt sich der Waldrand mit Abertausenden von Blättern als Roll-Laden und bewahrt die Rinde der Bäume vor dem Sonnen- und Rindenbrand. Wenn es im Sommer sehr trocken wird und die Gefahr von Waldbränden zunimmt, dann vermag diese Naturmauer erstaunlich gut vor Feuer zu schützen.
Das dichte Krondach sorgt auch dafür, daß die Wärme der Flur nicht in den Wald eindringt. Somit erweist sich das Klima des Waldes als sehr ausgeglichen. Jeder Waldspaziergänger wird sich an jene erfrischenden Lüfte erinnern, die an warmen Sommertagen im Wald so abkühlend wirken.
Im stürmischen Herbst bedarf der Wald weniger einer Klimaanlage als vielmehr eines wirksamen Windfanges. Denn starke Winde können als Naturgewalten einen abrupt endenden Wald zum Biegen und Brechen bringen, wie es die vielen Windbrüche der letzten Jahre beweisen. Eine ausgeglichene Naturmauer in Form eines abgestuften Waldrandes mit Büschen, Sträuchern und mittelhohen Bäumen veranlaßt hingegen Winde und Stürme zum gleichmäßigen Überströmen in den Wald.
Keiner könnte ein solches Schutzschild besser bauen als der Wald selbst. So setzen sich schon am Waldende winterharte Arten wie Eschen und Weiden durch.
Zugleich überstehen Gehölze mit einer großen Frosthärte, wie zum Beispiel die *Vogelbeere*, der *Holzapfelbaum* und die *Wilde Holzbirne*, die kalte Witterung am besten.

Der Rocksaum des Waldes, ein wechselbreiter Streifen

Das eigentliche Geheimnis einer unversehrten Landschaft liegt im Übergang vom Feld zum Wald begründet.
Bei einer „gesunden" Waldfläche kann man einen stufenförmigen Einstieg klar erkennen und auch unterscheiden. Die erste Stufe nach dem freien Feld ist der Waldsaum. Er ist das schmalste Kleidungsstück des Waldrandes. Bei diesem Rocksaum des Waldes handelt es sich um einen wechselbreiten Streifen, der breiter oder

schmäler sein kann. Er setzt sich aus hochwüchsigen Gräsern und niederen Staudenpflanzen zusammen. Interessant ist die Tatsache, daß an Wälder angrenzende Wiesen wie vom Laub leergefegt erscheinen, während im Wald selbst eine Unmenge von Blättern liegen. Kaum ein einziges Blatt hat der Wind ins Freie geblasen. Warum? – Der Waldmantel verfügt über „unzählige kleine Besen".

Woraus bestehen diese? – Es sind dies Halm- und Stengelreste, die verhindern, daß das welke Laub verweht wird.

Solch ein krautiger Saum ist in seiner Zusammensetzung vielfältig. Er kann sich sehen lassen, denn als Vorgarten des Forstes hat er gewöhnlich eine Ausdehnung von fünf Metern.

Hier findet sich der eindrucksvolle Bärenklau: Er zählt zu den Doldengewächsen. Ähnlich dem Funkenkranz einer Wunderkerze stehen seine schneeweißen Doldenschirme am Stengelende.

Die Wiesenflockenblume, anmutig und formreich: Die stark verästelte Staude von mittlerem Wuchs reckt sich empor. Reichlich ist sie von flockigen, violetten Korbblütlern gekrönt.

Der Wiesenpippau guckt im Halbschatten durch den Heckensaum: Weithin leuchten seine großen gelben Körbchenblüten. Es handelt sich um eine wichtige Wildbienen-Pflanze, die auch Tagfalter und Bockkäfer mit ihrem süßen Nektar anlockt.

Die Efeu-Gundelrebe, eine hübsche kriechende Staude: Der niedrige Wuchs erlaubt ihren lila Blüten, sich durch jede halbschattige Öffnung im Heckenwuchs des Waldsaumes neugierig nach vorne zu strecken. Im zeitigen Frühjahr weckt sie die gelbe Hohe Schlüsselblume vom Winterschlaf, und wenn der Sommer zur Neige geht und sie sich von der Bildfläche zurückzieht, sich verabschiedet, dann sprießt neben ihrem verwelkten Kraut die stolze und giftige Herbstzeitlose.

WEINSCHARLN, WALZIG UND LEUCHTENDROT

Voller Schönheit steht der Berberitzenstrauch an trockenen Berghängen da. Robust ist er, erträgt Trockenheit und Kälte, begnügt sich mit unfruchtbarem Gelände. Ordnet sich aber nicht gerne dem unter, was ihm über den Kopf wächst.

Auf steinigen, kalkhaltigen Böden, an sonnigen Gebüschrändern, in Wäldern und auf Holzschlägen wächst der zwei bis drei Meter hochwerdende Strauch mit Vorliebe. Er wird aber auch in Gartenanlagen gerne in den verschiedenen Sorten gepflanzt.

Die Berberitze ist klar gekennzeichnet: Zäh und gelb das Holz. Die schlanken Zweige sind gebogen und mit langen, spitzen, braunen Stacheln besetzt. Die zu Bündeln zusammenstehenden Blätter erscheinen eiförmig, glatt und gestielt. In den Monaten Mai bis Juni zeigen sich die gelben Blüten in der Form einer herabhängenden Traube. Von August bis September reifen die walzenförmigen, roten Beeren.

Die Fruchttrauben schneidet man nach dem ersten Frost. Sie sind dann sehr schmackhaft, weil ihre Säure gemildert wurde.

Berberitze, Sauerdorn oder Weinscharl geheißen

Im großen Finale der Natur, im Herbst, versprüht die Berberitze ein wahres Feuerwerk an Farben. Scharlachrot leuchten die länglichen Beeren, und von Rostrot bis Violett reichen die Farben der Blätter. Flammenden Büschen gleichen sie, und das zu einer Zeit, da rundherum alles stirbt und in Trauer übergeht.

Die Berberitze dürfte aus dem Lande der Berber in Nordafrika stammen und kam durch die Araber nach Spanien. Dort hat sie Fuß gefaßt und sich eingebürgert. Der deutsche Name Berberitze ist ein Lehnwort aus dem lateinischen „Berberis", womit die Römer die Herkunft des Strauches andeuteten.

„Sauerdorn" heißt die Pflanze aufgrund ihrer dornigen Wehrbarkeit. – Sagt man doch über einen zugeknöpften Menschen, der alles andere als offen und gesprächig ist, der ist „sauer". – Aber auch der säuerliche, erfrischende Geschmack der Früchte dürfte für die Benennung eine wesentliche Rolle gespielt haben.

Wegen der Dornen wird der Strauch von vielen Tierarten, vor allem von den Wiederkäuern, gemieden. Er eignet sich deshalb sehr gut als „lebender Zaun".

Die Pflanze wird des weiteren „Weinscharl" genannt, da die Früchte der Form nach in etwa den Weinbeeren gleichen. Aus den Weinscharln wurde bereits seit eh und je eine Art „Wein" bereitet, und sie wurden des weiteren gerne dem Wein zugesetzt.

So liest man noch im Jahre 1911: „Der gemeine Mann leeset ganze Fäßlein der Beeren voll zusammen, zerstößt sie, lässet sie fermentieren und säuren und macht darnach Brandwein daraus."

Wirtspflanze des Getreiderostes

So wertvoll der Berberitzenstrauch auch ist, für die Landwirtschaft könnte er eine Gefahr bedeuten. Auf der Unterseite der Blätter werden nämlich die Wintersporen des Getreiderostes, Puccinia graminis, ausgebildet. Ein Staubschwamm, der den Getreidepflanzen beachtlichen Schaden zufügen kann.

Als logische Folgerung wird der Berberitzenstrauch in den Getreide-Anbaugebieten nicht mehr systematisch gepflanzt. Gelegentlich duldet man ihn aber noch.

... ich war daher wie aus allen Wolken gefallen, als ich feststellen mußte, daß die Gemeindeverwaltung die Parkplatz-Abgrenzung zu den Feldern hin mit Berberitzensträuchern durchführte.

Der Standort des Sauerdorns sollte sich auf die sonnigen Hänge lichter Wälder der alpinen Zonen beschränken, wo er auch sehr gut gedeiht. Dort wird seine Verbreitung weitgehendst gefördert.

Vielseitige Anwendung eines bewährten Heilmittels

Beim Berberitzenstrauch gebraucht man sowohl die Früchte als auch die Blätter und die Wurzelrinde medizinisch.

Die Blätter müssen im Juni geerntet und an der Luft getrocknet werden. Sie ergeben im Aufguß einen guten Nierentee.

Die Wurzeltriebe gräbt man im November. Man reinigt sie zuerst bei fließendem kalten Wasser, schneidet sie dann in Stücke, schält die Rinde ab, fädelt sie auf und trocknet sie rasch an der Luft.

Die Beeren werden bei Vollreife gesammelt. Man muß dabei vorsichtig vorgehen, um Verwundungen durch die Dornen zu vermeiden. Unbedingt Lederhandschuhe für diese Arbeit überziehen.

Berberitzen-Rinden-Tee: 1 Teelöffel getrocknete Wurzelrinde mit 1/4 l kaltem Wasser zustellen, kurz aufkochen, 5 Minuten ziehen lassen, abseihen. 1 bis 2 Tassen, und nicht mehr, zuckerlos und schluckweise pro Tag trinken. – Der Tee wirkt bei Neigung zu Grieß- und Steinleiden in der Gallenblase oder in den Gallengängen, bei Leberstauungen und Gelbsucht.

Die Sauerdorn-Früchte stehen zu ihrem Namen: Sie enthalten freie Zitronensäure und besonders viel Vitamin C, Karotin im Farbstoff und andere Stoffe, die stärken, erfrischen und die Verdauung leicht anregen. Aus den Beeren bereitet man Saft, Sirup und Marmeladen.

Berberitzen-Kompott: Man benötigt dazu 100 g Berberitzen, Honig nach Geschmack und 4 Eßlöffel Wasser. Die reifen, sauberen Beeren im Wasser weichdünsten und dann mit echtem Bienenhonig süßen. – Dieses Kompott fördert die Funktion von Herz und Kreislauf, aktiviert die Magen-Darm-Tätigkeit, regt Leber und Gallenfluß an und wirkt der Fettsucht entgegen. – Berberitzen-Kompott kann anstelle von Zitronensaft als Geschmacks- und Vitaminzusatz auch anderen Kompottfrüchten beigemischt werden.

Berberitzen-Mark ohne Zucker: Ausgesuchte und gewaschene Beeren ohne Wasserzusatz in einem irdenen Topf weichkochen und noch etwas eindünsten. Anschließend die Masse in Gläser füllen und sofort verschließen. Die Gläser kocht man dann im Dunst. – Dieses Mark kann für den Winter aufbewahrt und für die Herstellung von Getränken für Kranke verwendet werden.

Berberitzen-Schnaps: Vor allem in Gebirgsgegenden gebraucht die Volksheilkunde die reifen Früchte der Berberitze für die Zubereitung eines sehr geschätzten und für die Gesundheit nicht minder wertvollen Hausschnapses, auch „Weinscharl-Schnaps" genannt. Die Früchte unter fließendem Kaltwasser reinigen. Eine Liter-Flasche dreiviertel damit anfüllen und mit gutem Obstbrand übergießen. Verschlossen solange in die Sonne stellen, bis der Alkohol die Beeren ihrer Farbe beraubt hat. Dann noch 14 Tage ruhen lassen und letztlich filtrieren.

Die Früchte enthalten viel Apfel-, Zitronen- und Weinsteinsäure, diese finden sich im Berberitzen-Schnaps wieder. Er schmeckt deshalb zwar säuerlich, ist aber erfrischend und sehr bekömmlich und gilt als einer der besten Fruchtschnäpse. Er gewinnt durch längere Lagerung zusehends an Qualität. Von September bis Oktober angesetzt, sollte er erst Ende April aus dem Keller geholt werden. – In kleinen Portionen eingenommen, stärkt dieser Weinscharl-Schnaps den Lebensnerv.

Berberitzen-Saft: Die gesammelten Früchte befreit man zu Hause von den Stielen und preßt sie vorsichtig aus. Man achte darauf, daß die Kerne nicht angequetscht werden, ansonsten schmeckt der Saft bitter. – Reiner oder mit Rohzucker eingekochter Berberitzen-Saft wird in der Volksheilkunde als vorzügliches Hausmittel bei Lungen-, Leber- oder Darmerkrankungen angesehen. Er wirkt fäulniswidrig und ist bestens als inneres Desinfektionsmittel bei Darmbeschwerden verwendbar.

Berberitzen-Marmelade: Man kann Berberitzen-Mus auch mit süßen Früchten mischen und zu Marmelade verarbeiten. Die Berberitzenfrüchte gelieren gut. – Hervorragend eignen sich als Beigabe Zwetschken, Birnen oder Äpfel.

Berberitzen-Essig: Eine wertvolle Würze und gleichzeitig ein mildes Abführmittel. – In 1 l Berberitzen-Saft 2 Eßlöffel Zucker auflösen und 3 Eßlöffel Apfelessig beimischen. Die Flasche mit Gazestreifen abdecken und den Inhalt vergären lassen.

HAGEBUTTEN IM HAUSHALT

*H*agebutten oder „Hetscherl" gelten ihrer Inhaltsstoffe wegen als ganz wertvolle Frucht. Sie enthalten viel Vitamin C, außerdem andere Vitalstoffe, Mineralstoffe, Fruchtsäuren, Gerbstoffe, Zucker und Vanillin.

Hagebutten-Tee schmeckt angenehm säuerlich. Er wirkt gerade in Erkältungszeiten vorbeugend. Überall dort, wo es im menschlichen Körper an Abwehrkräften mangelt, kann die Hagebutte erfolgversprechend einspringen. Sie gleicht aus, und vor allem legt sie Reservekräfte an und speichert sie auf, was besonders Allergikern sehr zugute kommt.

Steht man vor dem dornigen wilden Rosenstock, der beherrschend mit ausgebreiteten grünen Stachelarmen um sich greift, dann läßt man Vorsicht walten.

Übergießt aber ein zauberhafter Blütenflor im Mond der Juno dies grüne Blätterschloß, so ist man schon milder gestimmt. Und abends, wenn sich Tau niederschlägt, müßte man ganz phantasielos sein, wenn man die Elfen übersehen würde. Im locker-losen Schleierkleid schwingen sie ihre Feentänze.

Fallen im Herbst die letzten Blätter von den Bäumen und zuckert der Rauhreif die Landschaft an, dann werden die Hausfrauen noch fleißiger, sie sammeln Hetscherln von den Stauden und verarbeiten sie zu allerlei Kostbarkeiten.

Anwendung der Hagebutten

Für sie, die braven Hausgeister, darf ich kurzgefaßt eine Sammlung der wichtigsten Zubereitungen der Hetscherln bringen. Wißbegierig fragen Frauen immer wieder bei mir an.

Hagebutten-Tee: Die Früchte sammeln, vorsichtig im Backrohr trocknen, zerkleinern und vor Feuchtigkeit geschützt aufbewahren. Nie in Metallgefäßen lagern oder verarbeiten, weil dadurch der Vitamingehalt ungünstig beeinflußt wird. – 2 Eßlöffel Hagebutten werden in 1/4 l kochendes Wasser gegeben. Ganz kurz aufwallen lassen, wegstellen und zugedeckt 15 Minuten ziehen lassen. Dann durch ein feines Sieb seihen oder besser noch filtrieren, denn allergische Personen können durch die mit winzigen Härchen versehenen Samenkörner Hustenreiz bekommen. – Hagebutten-Tee ist ein guter Durststiller und ein verläßlicher Steinbrecher. Er hebt die Immunisierungskraft des Körpers und steigert die Abwehrkräfte. Dieser Tee findet auch Verwendung bei Fieber, Entzündungen der Schleimhäute und bei Katarrhen, bei Zungenbrennen, Zahnfleischbluten, zur Blutreinigung und für stillende Mütter zur Erhöhung des Vitamin-C-Gehaltes der Muttermilch. – 3 Wochen anwenden und ebensolange aussetzen.

Hagebutten-Sirup: Hagebutten von den Stengeln und Blütenresten reinigen, dann entkernen. – Dazu sei verraten: wenn man sich die Hände mit Kartoffelmehl einpudert, dann bleiben die Kerne nicht hängen. – Die Früchte nun in Stücke schneiden, mit kaltem Wasser bedecken, kurz aufkochen und erkalten lassen, danach auspressen. Für 1 l Saft 1/2 kg Rohzucker hinzufügen und bis zur Eindickung erwärmen. In sterilisierte Flaschen füllen. – Bei Vitamin-C-Mangel löffelweise einnehmen.

Hagebutten-Marmelade: Die Früchte erst nach einem Frost sammeln. Stiel und Blütenansatz zu Hause gleich entfernen, die Früchte über Nacht in einem irdenen Topf zum Auftauen stehen lassen. Mit wenig kaltem Wasser zustellen, weichkochen und durch ein feines Kunststoffsieb passieren. Unter Beigabe der gleichen Gewichtsmenge Gelierzucker 3 Minuten lang aufkochen. Heiß in Gläser füllen, in die vorher einige Tropfen Kognak oder Jamaikarum gegeben wurden. Gut verschließen, auf eine feuchte Stoffunterlage stellen und zum langsamen Auskühlen mit einer Wolldecke verhüllen. – Kindern soll man 6 Monate lang früh und abends je 1 Teelöffel voll dieser Hagebutten-Marmelade verabreichen. Dies hilft mit zur geistigen Anregung, zur Beruhigung und gegen Allergie-Anfälligkeit.

Hagebutten-Kerne keinesfalls wegwerfen: Die bei den verschiedenen Zubereitungen als Rückstand übrigbleibenden Kerne sind ein Heilmittel gegen Wassersucht, Rheumatismus, Gicht und Ischias. – Man nimmt 2 Teelöffel voll der frischen oder getrockneten Kerne für 1/4 l Wasser. Damit der Tee die richtige Stärke erhält, sollte man ihn gut aufwallen und zugedeckt eine 3/4 Stunde ziehen lassen, dann erst abseihen.

Hagebutten-Tee mit Kandiszucker: In einem alten Kräuterbuch ist folgendes Hausmittel bei hartnäckigem Husten zu finden: „Bei dem sogenannten blauen Husten sowie bei Krampfhusten ist der Absud von Hagebutten sehr zu empfehlen. Man nimmt hierzu auf einen guten Schoppen Wasser eine Handvoll Früchte und ein Stück Kandiszucker. Nachdem das Ganze ein paar Wälle getan hat, wird es geseiht und tagsüber getrunken. Natürlich fährt man längere Zeit mit dem Mittel fort."

Ulsamer Hagebutten-Liqueur: Noch um die Jahrhundertwende war dieser Likör sehr bekannt und gelobt; besonders anregend und wohltuend für alte Leute. Ulsamer hat ihn so zubereitet: „Auf 1 l vom Frost getroffene weiche Früchte nimmt man 1 Pfund feinen, weißen Kandiszucker, setzt ihn in 3 l Branntwein an und läßt die Flasche 8 Tage lang auf dem warmen Ofen stehen."

Hagebutten-Creme: 500 g Hagebutten in 1/4 l Wasser ganz weichkochen. Durch ein Haarsieb treiben, dann nochmals passieren, damit die feinen Härchen hängenbleiben. 3 Eigelb mit 150 g Honig, etwas geriebener naturbelassener Zitronenschale und einer Prise echtem Vanillepulver zu einer Creme schlagen. Ein großes Stamperl Weißwein löffelweise zugeben und das Hagebutten-Mark darunterziehen. Die Creme in Schüsselchen füllen und eventuell mit einem Tupf Schlagobers garnieren.

Hagebutten-Saft richtig zubereitet: Die gereinigten weichen Früchte mit lauwarmem Wasser leicht anfeuchten und über Nacht in einem irdenen Topf stehenlassen. Morgens preßt man sie aus. Dieser frische Preßsaft muß aber innerhalb eines Tages aufgebraucht werden. – Es ist noch eine andere Art der Zubereitung möglich, nämlich die Dampfentsaftung. Dieser Saft ist haltbar und läßt sich in Flaschen abgefüllt lagern.

Ebenfalls als Einmachfrucht geeignet: Zur Saft- und Marmelade-Bereitung kann man auch die großen, kugeligen Früchte der

Apfelrose oder der Kartoffelrose verwenden. Sie sind zwar ausgiebiger, aber im Aroma nicht so kräftig wie die Wildform.

Welche Vorteile bringt der Hagebutten-Saft mit sich?

Neben der Schwarzen Johannisbeere und dem Sanddorn zählt die Hagebutte zu unseren vitamin-C-reichsten Früchten. – Vom Vitamin C wissen wir, daß es an den funktionellen Stoffwechselvorgängen des Körpers beteiligt ist. Es hebt die Leistungskraft, schützt vor rascher Ermüdung und regt die Gehirnfunktion an.

Im Hagebutten-Saft sind weiters noch wertvolle Mineralsalze enthalten. In alter Zeit galt er als „Jungbrunnen der Nation".

Nicht zu übersehen ist die Wirkung des Hagebutten-Saftes bei entzündlichen Krankheitsprozessen, wie etwa Mittelohrentzündung, eitrigen Mandeln und Bronchitis. Die Widerstandskraft des Körpers wird beachtlich gehoben, sodaß man sich viel seltener erkältet und weitgehend gegen Grippeviren immun ist. Sollte man trotzdem unter das Rad solcher Epidemien kommen, dann gehen sie ohne Komplikationen rascher vorüber.

Parodontose, eine weitverbreitete Zivilisationskrankheit, die mit Zahnfleischbluten ihren Anfang nimmt und wie ein Bumerang auf uns zurückfällt, weil wir „zu fein" essen, kann mit einer Hagebutten-Saftkur hintangehalten oder ausgeheilt werden.

Wie eine Hagebutten-Saftkur richtig durchgeführt wird: 4 bis 6 Wochen lang nimmt man morgens und abends je 1 Eßlöffel voll ein. Auf diese Weise kann man auch Kindern spürbar helfen, die in der Schule überfordert sind. Je nach Alter genügen hier 1 bis 2 Teelöffel pro Tag.

Chronische Müdigkeit, häufig auftretende Ohrenschmerzen können Kinder durch Hagebutten-Saft loswerden. Dieser Trank wirkt indirekt durch Stärkung des körpereigenen Abwehrsystems.

MEIN VIELGELIEBTER HOLZBIRNBAUM

Waldbirnbäume hatten im germanischen Altertum ihren Sinnwert. Sie zählten gemeinsam mit dem Holzapfelbaum zu den wildwachsenden Pflanzen, denen besondere Zuwendung zuteil wurde. Nicht wenige alte Waldbirnbäume wurden zur Zeit der Verbreitung des Evangeliums zerstört.

Die Bedeutung der Waldbirnbäume in Sage und Legende

Unter dem Birnbaum bei Schochow in Pommern liegt ein Schatz vergraben. Dieser wird vom Teufel bewacht. Nicht unweit davon steht ein feuriger Stiefel. Findet sich einer, der den Mut hat, diesen anzuziehen, dem muß der Teufel den Schatz übergeben.

Bei dem Holzbirnbaum zu Lopfing wohnte der böse Jäger Hoperli, der sich zuletzt an diesem Baum aufhing. Daraufhin „ging es dort um". Man sah dreibeinige Hasen herumlaufen. Die Leute verirrten sich häufig, wenn sie dort vorbeikamen. Und so beschloß man, den Baum zu fällen. Aber Axt und Säge wurden stumpf. Aus den angehackten Stellen floß Blut. Schließlich gelang es nur mit Hilfe eines Kapuziner Bettelmönches, den Baum zu zerstören.

Von den alten, wilden Birnbäumen, die vor Saalfelden am Steinernen Meer standen, floß im Jahr 1665, gleich als sie geblüht hatten, an drei Tagen soviel Honig, daß sich ganze Pfützen bildeten und die Leute dieses edle Süß sammeln konnten.

Die Hexen vermochten denen, die von ihnen gehaßt oder gefürchtet waren, durch Birnkerne und Birnbaumrinde Krankheiten anzuzaubern. Es hieß auch, daß Hexen ihren Anfang in der Zauberei dadurch zu machen hatten, daß sie Birnen in Mäuse verwandelten.

Wilde Birnbäume werden Drachenbäume genannt

In China ist der Birnbaum wegen der Zartheit und der raschen Vergänglichkeit seiner Blüten das Symbol der Trauer.
Aufgrund der makellosen Weiße seiner Blüten galt er im Mittelalter als Mariensymbol.

Der wilde Birnbaum heißt bei den Wenden – das sind die „Windischen", eine Gruppe von Slowenen in Kärnten und der Steiermark – „Plonika". Ihm wurde der Name eines Drachen gegeben, so weiß es eine Legende zu erzählen.

In alten Überlieferungen hieß es: Ein Feld wird von allem Unheil behütet, wenn man auf demselben einen Drachenbaum pflanzt.

Im Paradies hat der Teufel auf einem Drachenbaum gesessen und die ersten Menschen zur Sünde verleitet.

Im Volksglauben deuten viele Birnen auf reichen Kindersegen.

Der Birnbaum war im bayrischen Heidentum ein heiliger Baum.

Birnbrot – in Brotteig eingebackene Birnklötzchen – auch Klötzenbrot oder Kletzenbrot genannt, ist in der Weihnachtszeit in Bayern und Österreich bekannt und beliebt. Früher galt das Birnbrot als bayrische Kultspeise. – Man sagte: „Gelingt es der Bäuerin nicht, einen guten Brotteig herzustellen, so stirbt sie nach altem Volksglauben im kommenden Jahr."

Der Holzbirnbaum erweckt in mir Erinnerungen

Der alte Hohlweg hinauf zum Petreiner-Acker, dessen Verlauf die Richtung der Felder bestimmte, war tief eingeschnitten. Er zeugte vom Kommen und Gehen der Generationen.

Neben dem Hohlweg lief ein neuer Weg, dem man auch einen neuen Namen gegeben hatte. So ist dieser zum „Großen-Acker-Weg" geworden, im Volksmund wenigstens.

Der Hohlweg ist inzwischen verschwunden – zugeschüttet hat man ihn – doch da drinnen in diesem Hohlweg liegt für mich noch so manche Erinnerung rund um meinen vielgeliebten Holzbirnbaum.

Unter dem wilden Birnbaum . . .

Dem Schutz guter Geister war ich anvertraut.

Harte Kinderjahre habe ich durchgestanden, aber vielleicht war es gerade das, was mich geformt hat. Um den Holzbirnbaum im Hohlweg lagen mehrere Felder meines Vaters. – Rüben-Hauen,

Distel-Ausstechen, Feldraine-Abgrasen, das waren meiner Mutter zugedachte Arbeiten. Bis zu meinem vierten Lebensjahr, bevor mein jüngster Bruder ankam, nahm mich die Mutter zu all diesen Feldarbeiten mit. Bald müde geworden, lag ich, in einen rauhen Pferdekotzen eingewickelt, im Schatten des wilden Birnbaumes, den guten Geistern überlassen, und träumte süß. Die Fliegen verschonten natürlich Gesicht, Händchen und Füße nicht.

Ob da so mancher Baumgeist herabstieg und mir etwas ins Ohr flüsterte, was mir heute erst zu Bewußtsein kommt und in meinen Büchern Niederschlag findet?

Ob die große Baumliebe, die ich in meinem Herzen trage, von damals stammt, oder ob diese einfach jedem „Wald-Menschen" – als solcher fühle ich mich – mit in die Wiege gelegt wird?

Bäume jedenfalls üben auf uns Menschen keinen geringen Einfluß aus. In ihnen kann sich in besonderer Weise – wie im allgemeinen in allen Naturwesen, von denen wir auch heute noch umgeben sind – der innerlich freie Mensch wiederfinden.

Kobolde, holde Geister, wurden von jeher vom Volk als vorwiegend gutartige Wesen charakterisiert. Sie wohnten, so glaubte man, nicht nur im Haus, über der Schwelle oder auf der Herdplatte, sondern auch in den Obstbäumen ums Haus und das Dorf herum, wo sie deren Fruchtbarkeit beeinflussen konnten.

Und fruchtbar war er, „mein" Holzbirnbaum. Der Baum bestand aus mehreren Stämmen und hatte sich zu einem mächtigen Busch ausgewachsen. Er erreichte eine Höhe von 15 Metern, besaß dornige Zweige und bildete eine lockere Krone. Grau war die Borke, längsrissig und kleinschuppig.

Apfelbaum und Birnbaum bilden ein Baumpaar

Versinnbildet der Apfel das weibliche Prinzip, so stellt die Birne das männliche dar. Der Birnbaum gilt auch als Symbol der Reinheit und der Gerechtigkeit. Er beinhaltet, nach dem Vorbild Christi, gelebte Liebe.

Geschichtlich läßt sich aus Funden nachweisen, daß die Holzbirne schon in der Steinzeit als Lebensmittel diente. Griechen und Römer veredelten den Birnbaum. So kannte man bereits zur Zeit der Römer über 40 Kultursorten. Heute sind es über 1000 verschiedene Speise- und Mostbirnsorten, die am Markt angeboten werden.

Beliebter Standort des wilden Birnbaumes ist ein sonnig-warmer Platz am Waldrand. In der Nähe der Salweide fühlt er sich wohl.

Viel Wertvolles liegt im Holzbirnbaum verborgen

Auch in der Heilkunde wird der wilde Birnbaum benutzt.

Die heilige Hildegard von Bingen: Sie kochte die Birnen gemeinsam mit Dinkel und war davon überzeugt, daß sie wertvoller und nützlicher als reinstes Gold sind. Denn sie enthalten viele Mineralsalze, treiben das Wasser ab und stärken den Magen.

Holzbirnen, ins Heu gelegt: Hier werden sie weich und schmecken noch aromatischer. Allen jenen zu raten, die naturbewußt leben wollen und sich bemühen, natürliche Gaumenfreuden wieder zu pflegen. Ich praktizierte dies schon als Bauernbub. – Könnte nicht damit auch unseren Biobauern ein Wink gegeben werden, „Heu-Birnen" auf den Markt zu bringen?

Birnblätter, im Heißaufguß als Tee zubereitet: Die Blätter müssen frisch verwendet werden. Der Tee hilft bei Nierenbeckenentzündung und bei Blasenleiden. Er wirkt keimtötend, dient aber auch vortrefflich zur Reinigung der Harnwege.

Bei starken Durchfällen: „Die Früchte der wildwachsenden Art, die sogenannten Holzbirnen, werden noch heute vom Volk ihrer zusammenziehenden Eigenschaften wegen gegen Diarrhöen gebraucht." – So steht es in einem alten Kräuterbuch aus dem Jahre 1882 geschrieben.

Weich gewordene Holzbirnen: Man kann sie auspressen, den Saft in ein Gärfaß füllen, etwas Essigmutter beigeben und zur Essigbereitung verwenden. Ist die Gärung abgeschlossen, wird filtriert und in Flaschen gefüllt. Dies ergibt einen wertvollten Obstessig.

SEIDELBAST, DER GIFTIGE GESELLE

Das Lied eines Vogels ist von seltener Lieblichkeit und Feierlichkeit. Es ertönt bereits in der Morgendämmerung und noch bei Einbruch der Nacht, wenn andere Vögel schon schlafen. In Wäldern, Parkanlagen und Gärten kommt dieser vorzügliche und unermüdliche Sänger häufig vor.

Auffällig ist die gelblichrote Kehle und charakteristisch die Bewegung des gefiederten Freundes: hochbeiniger Stand, drolliger Knicks und hochwippender Schwanz.

Dies alles läßt ihn leicht erkennen. Dazu typisch der schnalzende Lockton „schnickschnick-schnick" oder „schnickerickick", der ihm den Namen „Schnickelchen" eingetragen hat. Allgemein bekannt aber ist dieser frühmorgendliche Sänger unter dem Namen Rotkehlchen.

Der „Kellerhals", eine Giftpflanze

Der „Gemeine Seidelbast" kommt in unseren Breiten häufig vor. Sein im Volksmund oft gebrauchter zweiter Name „Kellerhals" ist eine sprachliche Verballhornung von „Quäl-den-Hals", weil seine schon in winzigen Mengen genossenen Früchte zu einem starken Brechreiz führen.

Seidelbastblüten im Zimmer verursachen empfindlichen Personen Kopfschmerzen. Die Milch von Kühen oder Geißen, die Seidelbastblätter gefressen haben, schmeckt eigenartig und kann Magenschmerzen auslösen.

Die ganze Pflanze ist sehr giftig. Besonders gefährlich aber sind die erbsengroßen, kugeligen, glänzend roten, attraktiven Steinfrüchte. Sechs Beeren töten einen Wolf. Drei bis vier Beeren können das Leben eines Kindes fragwürdig machen und der Genuß von acht bis zwölf Früchten kann für einen Erwachsenen tödlich sein. Man soll sich auch nicht dadurch irre machen lassen, daß vor allem alle Amselarten die Seidelbastbeeren sehr gerne fressen ohne Schaden zu nehmen und als besonderer Liebhaber dieser giftigen Wildbeeren das Rotkehlchen oder Schnickelchen gilt.

In Europa und Sibirien beheimatet

Die Pflanze kommt in den Alpen an Südhängen bis in 2000 Meter Höhe vor. Schattige, fruchtbare, feuchte Böden mit Kalkunterlage bevorzugt sie. In lichten, krautreichen Buchen-, Eichen-, Hainbuchen- und Nadelmischwäldern vor allem ist der Seidelbast anzutreffen. Hochstauden-Gesellschaften verschmäht er nicht.

Vielfach wird er als „Frühblütler" zur Zierde gepflanzt. Da er aber unter Naturschutz steht, darf er in freier Natur nicht ausgegraben werden. In Baumschulen ist diese von Gartenliebhabern sehr geschätzte Pflanze mit Pflanzballen erhältlich. Sie kann in reicher Auswahl in verschiedensten Arten geliefert werden.

Früh erwacht der Seidelbast

Der kleine sommergrüne Strauch wird einen halben bis einen Meter hoch und hat eine graubraune, warzige Rinde. Zur Blütezeit sind die Blätter noch nicht entfaltet. Der Seidelbast besitzt nur wenige rutenförmige, zähe Zweige, die von dem biegsamen Stamm seitwärts nach oben wachsen. Dort sitzen nur an den Spitzen der Äste, in Büscheln zusammengefaßt, die lanzettförmigen, oberseits lebhaft hellgrünen und unterseits graugrünen Blätter.

Im Februar und März blüht der Gemeine Seidelbast, wobei die wohlriechenden, blaßrosa bis purpurroten Röhrenblüten meist zu dritt in den vorjährigen Blattachseln sitzen. Und dies zu einer Zeit, wo andere Blattpflanzen noch schlafen und die Kahlheit in der Natur vorherrscht. – Aber der Seidelbast ist kein Langschläfer, sondern ein Frühaufsteher.

Eine Meerjungfrau gab den Namen

Der Gemeine Seidelbast, lateinisch Daphne mezereum, erhielt seinen Gattungsnamen nach der Nymphe Daphne, die vor dem liebestollen Apollo floh. Da wurde sie von ihrer Mutter Gäa, der Erde, verschlungen und schließlich in einen Lorbeer-Seidelbast verwandelt. Ein immergrüner Strauch mit wenig verzweigten Ästen, der eine Höhe von 40 Zentimeter bis 1,20 Meter erreicht.

Die Blätter gelten als besonders giftig. Eine seltene Pflanze, in wintermildem Klima in Laubwäldern und Gebüschen anzutreffen.

Die Früchte sind etwas zugespitzte Beeren, im Reifezustand blauschwarz und äußerst giftig.

In der Heilkunde einst verwendet

Der Seidelbast wurde früher von den Kräuterkundlern als eine beachtenswerte Helferin für die Sinnesorgane angesehen. Man pflanzte ihn im allgemeinen sowohl wegen der Schönheit seiner glänzenden Blätter und der giftigen scharlachroten, kleinen Steinfrüchte als auch wegen seiner medizinischen Fähigkeit an.

Theophrast, Dioskurides und Galen, Spitzenmediziner der Antike, empfahlen diese Pflanze gegen viele Krankheiten. Der Kräuterfachmann Mattioli warnte jedoch bereits vor ihrer Giftigkeit.

Die chinesische Medizin liebt den Seidelbast

Im Land der Mitte werden mehrere Seidelbast-Arten großflächig angebaut und hauptsächlich bei ansonsten unheilbar scheinenden Hautbeschwerden mit Erfolg eingesetzt. Dieser Ruf ist bis in den Westen vorgedrungen und lockt auch heute noch Hilfesuchende von weit her nach China. Sie erhoffen sich in der Fernöstlichen Medizin Zuflucht und Heilung.

Vor eigenmächtiger Anwendung wird gewarnt

Auf der Haut rufen alle Teile der Pflanze starke Reizungen und Blasenbildung hervor. Es könnte sogar zu Gewebszerstörungen kommen. Bereits das Hantieren mit den frischen Zweigen kann zu Verätzungen führen.

Von der innerlichen Anwendung des Seidelbastes muß mit Nachdruck abgeraten werden, denn Magen, Darm und Niere werden schwer gereizt. Erste Anzeichen einer Vergiftung sind Durchfall, Erbrechen und Brennen an allen Schleimhäuten.

Der Arzt muß raschest herbeigeholt werden! Als Erste Hilfe umgehend ein Brechmittel eingeben und nach dem Erbrechen viel

Tafelöl. Auch stark gekochter Wermuttee kann als Sofortmaßnahme verabreicht werden.

In der Pharmazie gilt als heilkräftiger Pflanzenteil des Gemeinen Seidelbastes, wie er bei uns zu finden ist, die Rinde. Sie wird im Frühjahr vor der Blüte abgeschält, sehr fein zerkleinert und daraus eine Tinktur bereitet.

Die Seidelbast-Rinde hat einen widerlichen Geruch. Der Geschmack ist anfangs fade, später sehr scharf und ätzend.

Anwendung in der Homöopathie

Nicht viele Heilpflanzen haben eine so vielseitige Anwendung in der Homöopathie wie der Seidelbast. Doch dürfen auch diese homöopathischen Verdünnungen nur unter Aufsicht des Arztes angewandt werden.

Die Heilwirkung von „Mezereum" wird vor allem bei nächtlichen neuralgischen Schmerzen gelobt. Auch bei rheumatischen und kariösen Zahnschmerzen, bei Beinhautentzündung, Speichelfluß und Schlingbeschwerden erfährt man Hilfe. Ferner bei allen Hauterkrankungen, wie Eiterbläschen, Bläschenausschlag, Altershautjucken, Ekzemen, juckenden Hautausschlägen, die durch Kratzen nur schlechter und schmerzender werden. Bei nässenden Flechten und eiternden Pusteln, die auf eine schlechte Mischung der Körpersäfte zurückzuführen sind. Des weiteren bei Afterschließmuskelkrampf nach dem Stuhlgang, bei Knochenschmerzen des Nachts am Kopf oder am Schienbein. Bei Bindehautentzündung, verschwollenen Augen und Krämpfen der Brustmuskel. – Die Dosierung hat nur der Arzt vorzunehmen.

Mit offenen Augen durch die Natur gehen

Alle Kräuter, Blumen, Sträucher und Bäume gehören einer gemeinsamen „Familie" an, wir zählen sie zu den Pflanzen. Genauso wie wir Schmetterlinge, Vögel, Lurche und Säuger dem Tierreich zuordnen. – Diese Vielfalt in der Schöpfung soll uns Ehrfurcht und Liebe zu DEM lehren, von dem alles kommt.

DIE KORNELKIRSCHE, DER „DIRNDLSTRAUCH"

Namen sind nicht zufällig gegeben, sie haben Bezug und Aussage. Bei jeder Pflanze unterscheidet man drei Arten von Namen: die deutsche Bezeichnung, die lateinische „amtliche" Ausdrucksweise und die Volksnamen. Nicht zu übersehen ist auch die Familien-Zugehörigkeit.

Jetzt zu unserem konkreten Fall: Kornelkirsche; Cornus mas; Gelber Hartriegel, Hornstrauch, Dirndl, Herlitze, Dürlitze, Kornelle; ein Hartriegelgewächs.

Trockene, sonnige Plätze als bevorzugter Lebensraum

Die Kornelkirsche ist ein sommergrüner, drei bis sechs Meter hoher Strauch oder ein kleiner, sparrig verzweigter Baum. Die Zweige hängen gerne über oder spreizen sich steif zur Seite.

Dieses Hartriegelgewächs sucht steinige Hügel mit humosem, kalkhaltigem Boden, wo die Sonne hinbrennt, als bevorzugtes Standquartier. Bleibt aber unter der 900-Meter-Grenze.

Die Kornelkirsche begnügt sich auch mit Waldsäumen, Gebüschen, Feld- und Vorhölzern, braucht aber wasserzügigen Untergrund. Sie verträgt keine stauende Nässe und saure Böden.

Zieht die Gemeinschaft sowohl der Eiche als auch der Erle anderen Bäumen vor, mag aber in ihrer Nähe die Hundsrose nicht.

Man schätzt den Strauch als Zierpflanze in Gärten und Parks zum Anlegen von Hecken und Lauben. Er ist wetterhart, wächst langsam und läßt sich leicht schneiden.

Der „Dirndlstrauch" eröffnet schon im Februar die Saison und zieht sich zum Fasching einen Schleier aus tausend kleinen gelben Blüten über. Bienen und Fliegen danken es ihm.

Soll dies ein Startschuß sein? Denn in der erwachenden Natur scheinen die benachbarten Büsche auf dieses leuchtende Signal buchstäblich zu warten. – Haselbüsche zeigen ihre von gelbem Blütenstaub strotzenden männlichen Kätzchen, die schlaff herunterhängen und auf den leisesten Windstoß reagieren, um gelbe Wolken als Frühlingsboten fortzuschicken. – Die rosaroten zwittrigen Blüten des Seidelbastes, zu dritt an vorjährigen Zweigen, tragen Farbkontraste in die Landschaft.

Amseln, Finken und Meisen üben ihre Frühlingslieder. Dem Kornelkirschen-Strauch zu Füßen strecken Schlüsselblumen, Anemonen, Leberblümchen und das Lungenkraut ihre Köpfchen aus dem modernden Laubteppich hervor.

Langsames Wachstum, aber zäh-hartes Holz

Der wissenschaftliche lateinische Name „cornus" bedeutet soviel wie Horn, „mas" hingegen bezieht sich auf die Härte und „Kirsche" weist auf die Fruchtform hin. – Sodaß „Kornelkirsche" nichts anderes aussagen will als „ein Baum, hart wie Horn, der kirschenähnliche Früchte trägt".

Das Holz ist hart, zäh und fest. Es wird daher gerne für Drechslerarbeiten gebraucht und ebenso für Gegenstände, die hartes Material erfordern, wie der „Holz-Riegel" oder „Hart-Riegel". „Riegel" bedeutete ursprünglich ganz allgemein „Stange, Querholz", dann im speziellen „Querholz oder Bolzen zum Verschließen". Dazu benötigte man „hartes, unbiegsames Holz".

Ferner wurde das Holz für Mühlradkämme, Knotenstöcke der Zimmerleute verwendet. Das beinharte Holz dient auch heute noch in manchen Gegenden zur Herstellung der Zähne für die Heurechen. Im Rheintal nimmt man das Holz zum Anfertigen des Führungshalses des Ruders an Bord des Rheinkahnes. – Unser sogenannter „Reihnagel", welcher den Hinterwagen mit dem Vorderwagen zusammenhält, war früher aus Kornelkirschenholz.

Getrocknete Kornelrinde, ein altes Hausmittel: Nicht zu dicke Zweige werden im Winter vor der Blüte geschnitten. Die Rinde abgeschabt, getrocknet und zerkleinert. 2 Teelöffel voll davon mit 1/4 l kaltem Wasser 3 Stunden ansetzen, dann kurz aufkochen, 5 Minuten ziehen lassen, abseihen. Dieser Tee, mäßig warm getrunken senkt das Fieber und hilft dank seines hohen Gerbstoffgehaltes rasch bei Magenverstimmungen und Durchfällen.

Die Ewige Stadt und der Kornelkirschenbaum

Einer der sieben Hügel Roms heißt „Palatin". Dort befinden sich die älteste römische Ansiedlung und die Ruinen der Kaiserpaläste. Eine alte Sage weiß zu berichten: Romulus, der sagenhafte Gründer Roms und erster römischer Kaiser, hatte einen Zwillingsbruder namens Remus. Beide waren Söhne des Marsgottes und der Vestalin Rhea Silvia.

Amulius, der König von Alba Longa, machte seine Nichte Rhea Silvia zur Vestalin, zu einer in klosterähnlicher Gemeinschaft lebenden jungfräulichen Priesterin der Göttin Vesta, die das ewige Feuer zu unterhalten hat. Wegen des Bruches ihres Keuschheitsgelübdes setzt Amulius ihre Kinder am Tiberfluß aus. Sie werden jedoch gerettet und von einer Wölfin gesäugt, bis sie der Hirte Faustulus findet und an Sohnes Statt bei sich aufzieht. Romulus – so weiß die Sage weiter zu erzählen – soll eine Lanze in die Erde gestoßen haben, aus der ein Baum wuchs. Dieser ging in die Geschichte ein, denn er wurde später als „Cornus Romuli" berühmt. Der Kornelkirschenbaum, der auf dem Palatin in Rom entsprossen sein soll.

Rot leuchten im September die prallen Früchte

Zieht der Herbstmonat ins Land, reifen die länglichen, olivengroßen Früchte der Kornelkirsche. In kurzen Stielen hängen sie zwischen den Blättern. Anfangs sind sie gelb-orange, bald leuchtend-rot, aber erst wenn sie ein dunkles Bordeauxrot erlangt haben, laden sie zu einer späten Kirschenmahlzeit ein. Die große Tafel wertvoller Wildfrüchte bittet zu Tisch.

Kornelfrüchte gelten auch als Lieblings-Äsung des Fasans. Er sucht die Nähe des Strauches gerne auf, denn er findet dort stets Zuflucht und Heimstatt und darf zu gegebener Zeit reichlich Mahlzeit halten.

Kornelkirschen sind saftreich und sehr wohlschmeckend: Sie weisen Vitamin C, Fruchtsäure und Mineralstoffe auf und besitzen eine mild zusammenziehende Wirkung.

Der Verzehr frischer Kornelkirschen: Er wirkt sich sehr günstig auf die Schleimhäute des Magen-Darm-Bereiches aus und tritt Entzündungen energisch entgegen.

Kornelkirschen oder „Dirndeln": In Bayern und Österreich werden die Früchte im Volksmund häufig „Dirndln" genannt. In Rußland kandiert man sie. Und in der Türkei bereitet man aus ihnen eine Limonade, die als „Scherbet" Namen hat.

Zubereitung des Kornelkirschen-Schnapses: 250 g vollreife Früchte in 1 l gutem Obstbrand ansetzen und an der Sonne 3 Wochen lang ziehen lassen. Die Flasche öfters schütteln. Erst nach einer Lagerzeit von mehreren Monaten erhält der rubinrote Schnaps sein volles Aroma. – Es ist empfehlenswert, die Früchte in der Flasche zu belassen und sie erst mit der Flüssigkeit zu verzehren.

Angesetzte Kornelkirschen, ein gutes altes Hausmittel: Die in Obstbrand angesetzten Dirndln gelten als vorzügliches Hausmittel bei verdorbenem Magen, vor allem aber bei Durchfall. Auf den ganzen Tag verteilt werden 4 bis 6 Stück entkernt, gut gekaut und geschluckt. – Natürlich nur für Erwachsene anwendbar.

Kornelkirschen-Kompott, gesund und schmackhaft: Die Früchte mit Honig, etwas Zitronenschale und einer Zimtstange einkochen. – Früh und abends davon 1 Teelöffel voll eingenommen, kräftigt den Magen, fördert die Restverdauung und stärkt die Abwehrkräfte. Dies hat sich auch bei Allergien und Schwächezuständen bestens bewährt.

Dirndl-Marmelade, eine Delikatesse: Die vollreifen Früchte mit wenig Wasser weichdünsten, die Masse durch ein Haarsieb streichen, auf 1 kg Fruchtbrei 300 g Rohzucker zusetzen, zum Kochen bringen und heiß in Gläser füllen. – Kaum eine andere Marmelade kann an ihren feinen Geschmack heranreichen, denn die Kornelkirschen zählen zu den besten Marmeladefrüchten. Man wertet damit auch Apfel- und Birnenmus auf.

MEIN WEG ZUM KREUZDORNBUSCH

Ein „volles Haus", ein netter Bildungswerkleiter, eine Begeisterung, die die Fensterscheiben fast zum „Klirren" brachte. Ein Gespräch nach dem Vortrag, dem ein Brief folgte. Darin hieß es: „Ich möchte Ihnen wie vereinbart zwei Stöcke Kreuzdorn übersenden. Sollten diese nicht mehr weiterwachsen, so würde ich neue schicken."

Über diese Begebenheit berichtete ich vor sechs Jahren im Mitteilungsblatt unseres Vereines „Freunde der Heilkräuter", das den Titel „Ringelblume" trägt. – Eigentlich war es ein Bekenntnis zur persönlichen Weiterbildung durch die Ratschläge anderer. Ein Bildungsweg, der kaum jemandem versperrt wird.

Nur wer bereit ist zuzugeben, daß er vieles noch nicht weiß, der wird nicht am gleichen Bildungsniveau stehenbleiben. Er wird dazulernen. Die Wege dafür sind oft recht seltsam und eigenartig.

Mit einem Heilerfolg hat die ganze Geschichte begonnen

„Johann W. aus dem Rosental erkrankte an schwerer Gelbsucht und wurde von den Ärzten mit sämtlichen Medikamenten behandelt. Im Zuge eines Verwandtenbesuches erklärte er dem Onkel seinen Krankheitszustand.

Dieser riet ihm folgendes Naturrezept aus dem Kärntnerland, das er selbst schon zur Genüge erprobt hatte:

„Kreuzdorn vorsichtig abschälen, Holz samt Bast in kleine Stücke schneiden und trocknen. 2 Teelöffel voll mit einer Tasse heißem Wasser aufgießen und 15 Minuten ziehen lassen. Nach dem Frühstück den Tee schluckweise trinken, also nicht auf nüchternen Magen. Die Anwendung soll etwa 2 bis 3 Wochen dauern." Johann W. hat den Ratschlag seines Onkels gewissenhaft befolgt. Und der Erfolg?

Die überaus guten Leberwerte waren den Ärzten rätselhaft.

Seine Schwester hat diesen Tee ebenfalls nach einer Gelbsucht angewandt und konnte auch eine einwandfreie Heilung erzielen.

Die Kreuzdornstöcke wurden bei uns im Kräutergarten eingesetzt. Heute stehen diese Büsche in diesem Schaugarten des Paracelsushauses in Karlstein. Damit aber war ein Fragenkomplex angeschnitten, der Echo in den Reihen unserer Freunde der Heilkräuter – und weit darüber hinaus – auslöste. Ein Anstoß war gegeben, und die „Kreuzdorn-Walze" kam ins Rollen.

„Kathairein" will reinigen

Dort wo viele Inseln die Küste – reich an Fjorden – begleiten, in den nordischen Ländern Europas, hat man die Heilwirkung des Rhamnus cathartica, des Kreuzdorns, zuerst kennengelernt.

Man sammelte die Früchte in den Monaten September und Oktober, kochte Mus und benutzte es zur Reinigung der Gedärme. Vor allem für Patienten, die an Verstopfung litten.

Der Kreuzdorn wächst auf Hängen, an Waldrändern, Ufern und Torfböden. Ein Strauch mit grauen, oft dornigen Ästen, die mit gestielten, wechselständigen kleinen gelbgrünen Blüten besetzt sind, die in Trugdolden in den Blattachseln stehen.

Die Frucht ist eine kugelige schwarze Steinfrucht. Die Dornen sind zum Teil in Kreuzform in den Gabeln angeordnet. – Davon kommt auch der Name „Kreuz"-Dorn.

Die Reife der Beeren erkennt man an ihrer schwarzen, glänzenden Farbe, nur solche Kreuzdornfrüchte dürfen gesammelt werden. Denn bei Anwendung unreifer Früchte kann dies zu Bauchweh, Durchfall und Erbrechen führen. Trocknen soll man an der Sonne oder bei künstlicher Wärme. Es ist aber darauf zu achten, daß bloß gut getrocknete Ware für den Winter gelagert wird, um jeder Schimmelbildung vorzubeugen.

Kreuzdornbeeren haben viele Anwendungs-Möglichkeiten

Wichtig ist es, sich in Bezug auf Quantum und Dosis genau nach dem angegebenen Leitfaden zu halten. Obwohl bei diesen pharmazeutischen Dosen kaum Nebenwirkungen auftreten, sollen Schwangere die Kreuzdornbeeren nicht anwenden.

Kreuzdornbeeren-Tee, ein mildes, aber sicheres Abführmittel: 2 Teelöffel getrocknete Früchte werden mit 1/4 l kaltem Wasser übergossen, zugestellt, erhitzt, aber nicht gekocht. 5 Minuten zugedeckt ziehen lassen, abseihen. Abends eine halbe Stunde vor dem Schlafengehen 1 Tasse trinken.

Kreuzdornbeeren gegen Verstopfung kauen: Erwachsene nehmen eine halbe Stunde vor dem Zubettgehen 8 getrocknete Beeren.

Kreuzdornbeeren-Müsli, ein sanftes stuhlförderndes Mittel: 1 Eßlöffel voll Apfelmarmelade mit 8 getrockneten pulverisierten Kreuzdornbeeren und 1 Eßlöffel ganzen Leinsamen gut abmischen. Nach dem Abendessen einnehmen.

Kreuzdornbeeren-Sirup: Frische, gänzlich ausgereifte Beeren werden sofort nach dem Sammeln ausgepreßt. 70 g Saft mit 130 g Rohzucker versetzen und zum Sieden bringen. Dabei ist zu achten, daß sich der Zucker gut auflöst. In kleine Flaschen abfüllen, dunkel und kühl lagern.

1 bis 3 Teelöffel pro Tag, aber nicht mehr, kann man kleinen Kindern gegen Verstopfung eingeben.

Kreuzdornbeeren-Wein: 100 g getrocknete Beeren werden in 1 l Weißwein 8 Tage angesetzt, dann abgeseiht. – Täglich 1 bis 2 Stamperl langsam und schluckweise getrunken, gelten als anerkanntes Hausmittel bei Lähmungserscheinungen, bei Wassersucht und vor allem bei Steinleiden.

Dieser Wein wird auch bei Hautausschlägen, verbunden mit unerträglichem Juckreiz, bei Gelbsucht und bei „hartem Stuhl" bettlägriger Menschen angewandt. – Das stammt alles aus den Erfahrungen der Volksheilkunde.

Kreuzdornbeeren-Tinktur: 100 g ausgereifte, frische Beeren in ein Glasgefäß zu 1 l 70%igem Obstbrand geben. Verschlossen 14 Tage in die Sonne stellen, täglich schütteln. Abseihen, dunkel und kühl lagern. – Diese Tinktur dient in erster Linie als Einreibemittel, das vor allem bei Bauchgrimmen eingesetzt wird. Weiters zur Anregung der Lebertätigkeit und bei Hautjucken. Löffelweise eingenommen, schafft es Abhilfe bei Verstopfung.

Kreuzdornbeeren-Honigmilch: Man gibt sie Kindern ein, wenn sie an Appetitlosigkeit oder Hautausschlägen leiden. – 5 getrocknete Beeren in 1/4 l Milch kurz aufkochen, abseihen und temperieren lassen. 1 vollen Eßlöffel echten Bienenhonig beifügen und langsam zu trinken geben.

Noch einiges über den Kreuzdornbusch

Beschäftigt man sich eingehend mit einer Pflanze, dann ist es eine wahre Freude, in das Sein derselben tiefer einzudringen. Es ergeht einem dabei ähnlich wie einem guten Jagdhund. Hat er eine positive Spur aufgenommen, dann ist er kaum mehr zu halten.

Kreuzdornfrüchte fanden in der Färberei Verwendung: Sie enthalten das wasserunlösliche Rhamnetin, das in Verbindung mit bestimmten Metallsalzen lichtechte und beständige Farben bildet. Wolle, Baumwolle, aber auch Leder und Papier konnten damit gelb, orange, rotbraun oder olivgrün gefärbt werden.

Aus dem Saft nicht völlig reifer Beeren wird heute noch mit Zusatz von Alaun, Kalkerde oder Magnesia eine wertvolle natürliche Malerfarbe bereitet: das Saftgrün oder Blasengrün.

Das feste und schwere Holz gilt als dauerhaft: Im schmalen Splint gelblichgrau, im Kern rötlichgelb bis rot gefärbt. War früher vor allem in der Möbeltischlerei gut eingeführt. Das schön gemaserte Holz des Wurzelstockes diente als geschätztes Drechslerholz.

Der Kreuzdorn ist Zwischenwirt eines Pilzes: Nämlich des Haferkronenrostes, Puccinia coronifera. Die Sommersporen bilden kleine, rötlichgelbe, strichförmige Lager, um die sich später kranzartig schwarze Wintersporen legen. Da nur die unmittelbare Nähe Gefahr bedeutet, besteht sicher kein Grund, Panik vor dem Pflanzen und Bewahren des Kreuzdornes aufkommen zu lassen.

HEILSCHNÄPSE UND LIKÖRE

So schätzte ein Pfarrer vor 150 Jahren die guten und schlechten Zeiten ein, wie es in einer waldviertler Pfarrchronik nachzulesen ist: „Heuer hat uns der HERR ein gesegnetes Jahr geschenkt. Die Zwetschkenbäume bogen sich. Da wird der Schnaps wieder rinnen für Leut und Vieh. IHM sei's gedankt." – Ein anderes Mal heißt es: „Das Jahr war schlecht. Die Zwetschkenbäume leer. Das wird ein traurig' Winter werden. ER erbarme sich unser."

Ein vielsagender Bericht. Spielte doch einst im armen Waldviertel der „Selbstgebrannte" seine Rolle.

Dornige Hecken in zierlicher Flasche

Hand aufs Herz, wem würde es nicht Freude bereiten, ein Stück vom Schlehenbusch, von der Wildrosenhecke, vom Wacholderstrauch, von den mannigfachen Wildkräutern und Wurzeln in geistige, wohlschmeckende und zugleich heilende Getränke verwandelt zu sehen. – Kein eitler Wunsch. Hier eine Kostprobe.

Kümmel-Schnaps regt die Verdauung an: 5 gehäufte Eßlöffel Kümmelkörner werden zerdrückt, mit 1 l gutem Obstbrand oder Kornbrand übergossen und 4 Wochen in verschlossener Flasche in einem mäßig warmen Raum aufgestellt. Täglich einmal gründlich durchschütteln. – Den Schnaps nach dem Filtrieren noch 3 Monate im Keller lagern.

Kümmel-Likör gegen Blähungen: 100 g zerkleinerte Kümmelkörner, 250 g Kandiszucker und 1 l Obstbrand durchmischen. In ein weithalsiges Weißglasgefäß geben und 4 Wochen ins Fenster stellen, bis sich der Zucker vollständig gelöst hat. Die Flüssigkeit filtrieren, auf Flaschen umziehen und lagern.

Waldmeister-Schnaps verhindert Grieß- und Steinbildung: 15 bis 20 kurz vor dem Aufblühen stehende Waldmeister-Pflänzchen werden in 1 l Obstbrand 2 Wochen an einem warmen Ort, aber nicht bei direkter Sonne, angesetzt. Danach noch 2 Wochen im Keller ruhen lassen, filtrieren und verwenden. – Dieser Schnaps hat einen feinblumigen, schwach veilchenähnlichen Geschmack. Abends eingenommen, wirkt er der Schlaflosigkeit entgegen.

Meisterwurz-Schnaps hilft bei entzündlichen Prozessen: 150 g des sauberen, geschnittenen Wurzelstockes werden in 1 l Obstbrand angesetzt und 4 Wochen in die Sonne gestellt. Dann 4 Monate in der Flasche belassen, filtriert, dunkel und kühl gelagert. – Ein bewährtes Mittel bei Zahnfleischbluten. Man betupft die entsprechende Stelle mehrmals täglich. Bei Magen- und Verdauungsbeschwerden und bei Blähungen nimmt man 1 Eßlöffel voll ein.

Hagebutten-Likör, ein Stärkungs- und Anregungsmittel: Hagebutten vor dem Frost sammeln, teilen, von den Kernen befreien, waschen und trocknen. 250 g in ein gut schließendes Gefäß füllen und mit 1 l Obstler übergießen. Dicht verschlossen 6 Monate lang ziehen lassen. 250 g Zucker mit 1/4 l Wasser 20 Minuten lang aufkochen. Die Ansatzflüssigkeit filtern, mit der abgekühlten Zuckerlösung mischen und in Flaschen füllen.

Hetscherl-Schnaps vertreibt die Frühjahrsmüdigkeit: Es wird der Frost abgewartet, bevor man 200 g Hagebuttenfrüchte sammelt. Die gereinigten Früchte übergießt man in einem weithalsigen Glasgefäß mit 1 l Obstbrand und gibt 25 g getrocknete Heidelbeeren, ebensoviel Wacholderbeeren und 10 g Melissenblätter dazu. Man verschließt das Gefäß und läßt es 4 Wochen im Fenster stehen. Seiht ab, filtriert und lagert den Schnaps in Flaschen.

Schlehen-Likör bei Völlegefühl: 250 g Schlehen nach dem ersten Frost pflücken, gut verlesen und waschen. Mit 1 l Obstbrand in eine Flasche füllen und 8 Wochen lang im Dunkeln stehenlassen, dann filtrieren. 250 g Zucker 15 Minuten mit 1 l Wasser kochen und dem Fruchtansatz beifügen. In Flaschen füllen und je 1 Vanilleschote beigeben. Ein halbes Jahr lagern.

Himbeer-Likör stärkt Magen und Darm: 1 kg Himbeeren werden zerdrückt, mit 1 l Obstbrand übergossen und in verschlossener Flasche 4 Wochen lang stehengelassen. Dann durch ein weißes Leinentuch filtrieren. 250 g Zucker in 1 l Wasser gründlich aufkochen, mit dem Ansatz mischen und lagern.

Schlüsselblumen-Schnaps, hilfreich bei Erkältungen: 100 g frischgepflückte Blütenköpfe in 1 l Obstler 14 Tage lang im warmen Zimmer ansetzen. Abseihen, 1 Eßlöffel voll kleingeschnittene Zitronenschale dazugeben. Nochmals 14 Tage ziehen lassen, filtrieren und 3 Monate lagern.

Brombeerfrüchte-Schnaps stoppt Durchfall: 250 g reife Beeren mit 1 l gutem Obstbrand übergießen, 2 Wochen in die Sonne stellen, dann im Keller lagern. Die Früchte in der Flasche belassen.

Wacholderbeeren in Slibowitz, äußerlich angewandt: 100 g Beeren zerquetschen und 4 Wochen lang in verschlossener Flasche mit 1 l Vorlaufschnaps im warmen Raum stehenlassen. – Dies bewährt sich vortrefflich zum Einreiben des Rückens bei starken Kreuzschmerzen, bei Rheuma- und Gichtleiden. Etwas Schnaps anwärmen und die schmerzenden Stellen damit massieren. Dann zusätzlich ein angewärmtes Wolltuch mit dem Schnaps leicht anfeuchten und über Nacht auflegen.

Walnuß-Schnaps regt den Stoffwechsel an und stärkt die Nieren: Um Johanni herum – das ist um den 24. Juni –, wenn die Walnüsse eine bestimmte Größe erreicht haben, aber dennoch nicht verhärtet sind, pflückt man 10 grüne Nüsse, zerkleinert sie und gibt sie zu 1 l gutem Obstler in eine Flasche. Fügt ein zerbrochenes Zimtstangerl, 5 Gewürznelken und 1 Eßlöffel voll geriebene Zitronenschale hinzu. Man läßt dies 8 Wochen lang an einem warmen Ort stehen, seiht ab, filtriert und lagert den Walnuß-Schnaps wenigstens 3 Monate lang im Keller. Er wirkt am besten vor den Mahlzeiten eingenommen.

Walderdbeer-Schnaps zur Reinigung der Harnwege: Die im Mai/Juni gesammelten Früchte werden im Schatten getrocknet. Dadurch steigert sich das Aroma. 250 g dieser Trockenbeeren mit 1 l gutem Obstler 4 Wochen lang ansetzen, dann dunkel und kühl lagern. Nicht abseihen, der Schnaps kann mit den Früchten genommen werden.

Walderdbeer-Likör tut kurzatmigen Personen gut: 600 g reife Walderdbeeren pürieren und in ein Glas geben. 1 l Obstbrand und 1/2 Vanilleschote hinzufügen. Alles gut verrühren und das

Glas fest verschlossen 2 Wochen stehenlassen. Anschließend den Ansatz durch ein Tuch laufen lassen. 600 g Zucker löst man jetzt in 2 l Wasser auf und läßt etwa 20 Minuten kochen. Den abgekühlten Sirup mischt man zum Erdbeer-Schnaps. Den fertigen Likör in Flaschen füllen und kühl lagern.

Hollerblüten-Likör, ein wohlschmeckender Gesundheitstrank: 10 bis 20 Blütendolden um die Mittagszeit von der Hollerstaude brechen – natürlich nur bei sonnig-trockenem Wetter. Kaltes Wasser darüberrieseln und dann abtropfen lassen. Die Doldenstengel knapp neben den Blütchen abschneiden. In 1/2 l starkem Obstbrand ansetzen und 7 Wochen lang an einem warmen Ort stehenlassen. Nun aus 250 g Rohzucker und 1/4 l Wasser eine Zuckerlösung herstellen. Der alkoholische Ansatz wird filtriert und mit der ausgekühlten Lösung gut vermischt.

Hollerfrüchte-Schnaps bei Blutarmut nehmen: Nur vollreife Beeren von den Stielen streifen. Zum Ansetzen pro 1/2 l Früchte 1 l Obstbrand verwenden. 4 Wochen stehenlassen. Nicht abseihen, die Früchte mitessen. – Dies wirkt auch antineuralgisch.

Enzian-Schnaps, Schutzmittel gegen ansteckende Krankheiten: 100 g Gelbe Enzianwurzel in kleine Stücke schneiden, 1 Zimtstange zerbrechen, 5 Gewürznelken, 2 Pfefferkügelchen und 1 Teelöffel voll geraspelte Muskatnuß beifügen. Alles mit 1 l Obstbrand in eine Flasche füllen. Gut verschlossen 14 Tage in der Sonne stehenlassen, danach ein halbes Jahr im Keller lagern. Nicht filtrieren, sondern immer nur heruntergießen. – Schluckweise mehrmals täglich davon nehmen.

Kalmus-Schnaps, ein Magenwärmer: 75 g getrocknete und geschälte zerkleinerte Kalmuswurzel, je 1 Eßlöffel leicht angestoßene Kümmel-, Fenchel- und Aniskörner und 3 Gewürznelken werden mit 1 l Obstbrand 14 Tage lang im warmen Raum angesetzt. Dann abgeseiht, dunkel und kühl gelagert. – Dieser bittere Kalmus-Schnaps hilft besonders nach einer fetten Mahlzeit.

„SCHNAPS-IDEEN" IM ALLTAG

Das „Zacherl" wurde unter die Einfahrt gestellt, der „Eisstecken" an die Mauer gelehnt, und hinein ging's in die gute Stube. Pudelhaube und Fäustlinge abgelegt, war man glücklich wieder im Warmen zu sein. Wir waren nämlich ganz schön durchgefroren.

Doch die Gaudi, auf dem spiegelglatten Dorfteich dahinzusausen, wollte dennoch keiner missen.

Rechtzeitig hatte der Vater dafür gesorgt, daß alles klappen konnte: Als Baumaterial diente in der Hauswerkstatt ein altes Kisterl. Mit dem Hohlraum nach unten gestellt, die Breitteile entfernt, die Seitenteile vorne eingekurvt, mit einem dicken Drahtstück beschlagen . . . und ein „Rennfahrzeug" war fertig. Nicht vergessen durften die Verstrebung und das Loch in der Mitte werden. Dort hatte die abgebrochene alte Feile – mit der Spitze nach unten –, die ja dem „Zacherl-Stecken" als treibende Kraft diente, ihren Platz. Damit konnte das „Sport-Zeugl" auch geschultert und getragen werden.

So schaute vor siebzig Jahren die winterliche Sportbetätigung waldviertler Bauernbuben aus, vorausgesetzt ein öffentlich zugänglicher Teich war vorhanden.

Wir freuten uns alle, wenn der „Schwarze Novak" kam

Was ist heute schon ein Schlittschuh-Laufen im Vergleich zum „Zacherl-Fahren" von damals?

Den Stecken zwischen den Füßen, so standen wir oben auf dem „rutschigen" Plateau. Die Feilenspitze bohrte sich unter den kräftigen Stößen der Arme in die glatte Eisfläche, sodaß das glasige Kalte in Splittern durch die Luft flog.

Kurven konnten mit Geschick „gekratzt" werden, und einer wich dem andern aus. Die geröteten jugendlichen Gesichter unter der gestrickten Pudelmütze aus Schafwolle paßten zur selbstbewußten Brusthaltung, die den inneren Stolz kaum verbergen konnte.

Auch einem anderen wichen wir aus, wenn er den kürzeren Weg von den „Häuseln" her ins „Dorf" nahm: es war der „Schwarze Novak", für uns eine Art Heldengestalt, der unsere Bewunderung errang. Er ragte haushoch über alle anderen Dorfbewohner hinaus – nicht nur seiner Körperlänge nach –, sondern weil er soviel Pluspunkte in seiner Person vereinen konnte.
Lang und dürr. Das Gesicht verrußt, als Beigabe zu seiner Arbeit. „Bloßfüßig" in den Lederschlapfen, mitten im Winter, kroch er in den Bauernhäusern in den „Schwarzen Kucheln" herum. Nachts schlief er dann im Roßstall, nicht ohne daß er ein paar Stamperln Schnaps zum Geselchten mit Brot eingenommen hatte. Aber für nichts auf der Welt konnte man ihn zu Tische bringen. Bescheiden war sein freigewählter Platz auf der Ofenbank. Stolz und selbstbewußt holte der Vater die Schnapsflasche aus dem Keller.
Der Novak kam regelmäßig zu Fuß aus Pulkau, wo er seinen Wohnsitz hatte. Wir alle freuten uns. Er ist ein Bestandteil meiner Kindheits-Erinnerungen geblieben. Ein Mann, den ich zu Lebzeiten bewunderte und bis heute stets in gutem Gedenken behielt.

Kräuterschnäpse für Leut und Vieh

Naturprodukte gelten heute irrtümlicherweise als eine Erfindung unserer Tage. Dabei vergißt man aber, daß sie am Anfang der Menschheit gestanden sind. Sicherlich kam im Laufe der Zeit manche Erfahrung hinzu, die wieder neue Produkte schuf.
Kräuter hat es immer schon gegeben. Die Kunst durch Destillieren von Früchten den Branntwein herzustellen wurde von den Arabern weitergegeben.
Aus Kräutern und Branntwein wurden durch Ansatz Kräuterschnäpse gemacht, die sowohl Menschen wie auch Tieren Hilfe bringen konnten.
Übrigens, das Wort „Schnaps" ist noch gar nicht so alt, es stammt erst aus dem 18. Jahrhundert und bezeichnet den „schnellen Schluck", der beim Branntwein-Trinken üblich ist. Der Ausdruck selbst wird auf das „Schnappen" zurückgeführt.

Arnika-Schnaps, unentbehrlich für die Hausapotheke: Die frischen Blütenblätter, ohne Blütenboden, werden noch am gleichen Tag an dem sie gepflückt wurden im Verhältnis 1 : 10 in Alkohol angesetzt. Am geeignetsten finde ich guten Obstbrand, Trebernbrand oder Kornbrand. Die Flasche gut verschließen und 14 Tage lang in die Sonne stellen. Auf das tägliche Durchschütteln nicht vergessen. Für weitere 14 Tage die Flasche in den Keller legen. Danach absehen, filtrieren. In kleinere braunfarbige Glasfläschchen abgefüllt und kühl gelagert, hält sich der Arnika-Schnaps Jahre hindurch gleichwertig.

Man soll beim Sammeln der Arnikablüten wissen, daß sich in den Blütenböden die giftigen Larven der Arnikafliegen befinden. Deswegen nur die Blütenblätter abzupfen und verwenden.

Der Arnika-Schnaps hemmt Entzündungen, fördert die Wundheilung, regt den Kreislauf an und stärkt die Nerven. – *Äußerlich:* bei Wunden, Blutergüssen, Hauterkrankungen wie Furunkulose und Phlegmonen sowie bei Verstauchungen. Stark verdünnt zum Gurgeln bei Hals- und Rachenentzündungen. – *Innerlich:* Bei Angina pectoris, Erkrankungen der Herzkranzgefäße und Magenstörungen.

Aus meiner Arnika-Erfahrung: Bei Verletzungen aller Art wird 1 Eßlöffel Schnaps in 1/8 l Wasser gegeben. Dies wirkt als Umschlag bei Schnitt- und Quetschwunden blutstillend und gleichzeitig auch aufsaugend. – Unverdünnt dient Arnika-Schnaps als vorzügliches Einreibemittel bei rheumatischen Beschwerden, bei Gicht und Hexenschuß. – 8 Tropfen Arnika-Schnaps auf 1 Eßlöffel lauwarmem Wasser 3 Wochen lang früh und abends eingenommen, hilft bei Depressionen, Mutlosigkeit und nach großen Enttäuschungen.

Goldmelissen-Schnaps wirkt stark beruhigend: Die Goldmelisse nennt man auch „Monarde" oder „Indianernessel". Gesammelt werden von Juni bis Oktober die hellscharlachroten bis purpurroten Blütenblätter. – 100 g davon, frisch oder getrocknet, stellt man mit 1 l 40%igem Obstbrand in verschlossener Flasche 14 Tage lang ins Fenster. Absehen und ein sehr aromatischer Auszug ist gebrauchsfertig. Ein kleines Stamperl abends nach der Arbeit eingenommen, erweist sich als stark beruhigend. Vor der Mahlzeit genossen, hilft es bei nervösem Magen.

Nach einer Körperwaschung oder einem Vollbad dient eine Einreibung mit Goldmelissen-Schnaps der Hautpflege. Hält die Poren sauber und wirkt sich gleichzeitig günstig auf die Nerven aus.

Latschenzapfen-Geist, Helfer für die Atemwege: Im Frühjahr 10 grüne Zapfen sammeln – sie müssen im inneren Kern noch weich sein. Man zerkleinert sie, gibt dies mit einigen Nadelspitzen in eine helle Flasche und übergießt mit normalem Obstbrand. 8 Wochen lang an einem warmen Ort stehenlassen, aber nicht direkter Sonnenbestrahlung aussetzen. Danach filtrieren und ein halbes Jahr im Keller lagern.

Ein öliger Schnaps, der bei Erkältungen gute Dienste leistet. Schluckweise einnehmen. Abends die Brust damit einreiben. Oder als Beigabe zu Kamillentee für Mundspülungen verwenden.

Pfefferminz-Schnaps gegen Blähungen, Migräne und Magenbeschwerden: 50 g frische Pfefferminzblätter in 1 l Schnaps ansetzen. 5 Tage an die Sonne stellen, 3 Tage ruhen lassen und dann filtrieren. Das charakteristische Mentholaroma des frischen Krautes wird durch einen bitter-krautigen Geschmack etwas übertönt. Gerade darin liegt die spürbare Wirkung nach jedem Schluck.

Quendel-Schnaps, hilfreich bei Beschwerden der Luftwege: Der Quendel ist ein altbäuerliches Heilkraut, das oft auf Steinplatten oder alten zertretenen Ameisenhaufen zu finden ist. 50 g der zur Blütezeit gesammelten Triebe werden mit 1 Eßlöffel voll zerkleinerter Zitronenschale in 1 l Schnaps angesetzt und 10 Tage in die Sonne gestellt. Nach einer Ruhezeit von 10 Wochen filtrieren. – *Äußerlich angewandt:* Hier erfüllt der Quendel-Schnaps die gleichen Aufgaben wie der Arnika-Schnaps.

DER MEHLBEERBAUM, EIN SONNENKIND

Kaum eine andere Sprache besitzt einen so großen Reichtum an sprichwörtlichen Redensarten zur Bezeichnung der Dummheit eines Menschen wie die deutsche Sprache.

Meistens handelt es sich hierbei um sprichwörtliche Vergleiche, in denen dumm durch einen Zusatz eine Steigerung erfährt.

„Wenn du groß wärst wie du dumm bist, könntest du bequem aus der Dachrinne deinen Morgenkaffee trinken."

„Er ist dumm geboren, dumm geblieben, hat nichts dazugelernt und auch das wieder vergessen."

Zahlreich sind ebenso die redensartlichen Vergleiche: „Der Dumme stellt sich an wie der Esel zum Lautenschlagen" – „wie der Ochs zum Tanzen" – „wie ein altes Weib bei der Hasenjagd".

Das rechte Suchen nach Weisheit

Hat man die Wahrheit einer Sache erfaßt, dann spricht man von Erkenntnis. In jedem Erkenntnisakt stehen sich der Erkennende und das Erkannte gegenüber. Wobei der suchende Mensch von der zu suchenden Sache ein möglichst genau entsprechendes „Abbild", eine Anschauung oder einen Begriff hervorbringen soll.

Der Völkerapostel Paulus sagt: „Unsere Erkenntnis ist Stückwerk." (1 Kor 13,9) – Das verpflichtet uns, stückweise unser Wissen stets zu erweitern.

Weisheit hingegen gilt als menschliche Grundhaltung. Sie ist auf einer allgemeinen Lebenserfahrung und einem umfassenden Verstehen und Wissen um Ursprung, Sinn und Ziel der Welt und des Lebens sowie um die letzten Dinge gegründet.

Aus dieser Grundhaltung heraus entspringen auch die entsprechenden Handlungsweisen. „Das Wissen des Weisen schwillt an wie ein Bach, wie ein lebendiger Quell ist sein Rat." (Sir 21,13)

Nur wer Erkenntnis sucht findet hin zur Weisheit. Und wer die Weisheit hat, der besitzt den wertvollsten Schatz, den es im Leben zu erwerben gibt: sinnvolles Wissen.

Eine Frage darf ich stellen

„Wer kennt die Mehlbeere?"

Ein aufrechter Wuchs und eine gerundete Krone zeichnen diesen Baum aus, den der Fachmann Sorbus aria nennt. Die Mehlbeere hat sechs bis zwölf Zentimeter lange eirunde Blätter, die oben glänzend grün und unten wollig grau sind.

Die im Frühsommer vorhandenen weißen Blüten bilden etwa zehn Zentimeter lange Rispen, die von auffälligen Büscheln scharlachroter Früchte abgelöst werden.

Diese rundlichen bis kugeligen Scheinbeeren erreichen eine Größe bis fünfzehn Millimeter und die braunen Samen drei bis fünf Millimeter. Das gelbe Fruchtfleisch weist Äderchen auf, schmeckt fade und mehlig. Die Mehlbeeren enthalten Vitamin C, Provitamin A, Pektin und Zucker. Sie werden zur Marmelade-, Mus- und Weinbereitung verwendet. In der Volksheilkunde finden sie Einsatz bei Durchfall und Katarrhen im Verdauungstrakt.

Getrocknete Mehlbeeren geben ein vorzügliches Futter für Stubenvögel ab.

In Notzeiten wurden gemahlene Mehlbeerfrüchte als Zusatz zum Brotbacken verwendet.

Angst vor der eigenen Oberflächlichkeit

Je mehr man sich mit Hecken befaßt, desto mehr erkennt man sein Unwissen. Man wird von der Fähigkeit im Kennen und Erkennen tatsächlich enttäuscht. Schuld daran ist die eigene Oberflächlichkeit, die man leider viel zu oft walten läßt.

Die Mehlbeere kommt vorwiegend in Baumform vor. Sie erreicht eine Höhe von fünf bis fünfzehn Meter.

Viele Menschen verwechseln die Mehlbeere dem Namen nach mit dem Weißdorn. Dieser heißt im Volksmund nämlich mancherorts ebenfalls „Mehlbeere".

Wie siehst du den Weißdorn?

Man findet ihn mehr als Strauch denn als Baum vor. Im folgenden soll der Unterschied einmal klar herausgestrichen werden.

Die Blätter des Weißdorns sind drei- bis fünflappig, oberseits dunkelgrün, unterseits heller. Aus den Zweigenden des Strauches quellen die weißen Doldentrauben der Blüten hervor. Hekkenrosen und Schlehen sind oft seine Nachbarn. Ein mächtiger Ansturm astralischer Kräfte bewältigt sich seiner, und der schwere, betäubende Duft bekommt bald einen faulig-fischigen Beigeruch.

Der Sommer läßt reifen, der Herbst zeitigt die nach oben getragenen leuchtendroten, eiförmig-kugeligen Scheinfrüchte – vom Volke oft „Mehlbeeren" genannt –, deren reiche Fülle die Weißdornhecke ein zweites Mal weit sichtbar macht.

Die Spitze der Früchte ist deutlich von Kelchzipfeln gekrönt. Die Frucht enthält unter der dünnen, fleischigen Außenschicht je nach Art ein oder zwei, aber auch drei sehr harte Samen.

Das war und ist der Weißdorn. Er darf auf keinen Fall mit dem Mehlbeerbaum verwechselt werden.

Um letzteren geht es mir hier.

Fröhlich spielen Licht und Wärme mit den Blättern

Die Mehlbeere braucht schwach sauren, lockeren und daher oft steinigen Lehmboden, gedeiht aber auch auf Steinschutt.

Der hohe Strauch oder meist vielstämmige Baum mit tiefgehenden Wurzeln liebt Luftfeuchtigkeit und sonnige, lichte Waldränder. Er kommt in Eichen-Hainbuchenwäldern, Buchen- und Kiefernwäldern, im Saum von Gebüschen und an südexponierten Hängen vor. Es behagt ihm auch im Gebirge, in felsigen Gegenden, wo Licht und Wärme mit seinen Blättern spielen.

Eines der ersten Kennzeichen findet sich im Blattwerk: markant sind der doppelt gezähnte Rand, die vorspringende Blattnervatur von zehn bis vierzehn Paaren und der filzige, silbrige Belag an der Blattunterseite, der von weitem einen blühenden Baum vortäuschen kann. Wird der Baum vom Wind geschüttelt, dann steht er in der Landschaft wie ein riesiger Leuchter, auf den weiße Kerzen gesteckt sind. Sie werfen ihren Lichtschein gutwillig hinein in belastete, trübselige Herzen und fordern sie zum Frohsein auf.

Es gibt zahlreiche Bastarde der Mehlbeere. Sie unterscheiden sich an der Blattform und der Farbe der Früchte.
Typisch für die Mehlbeere, sie hat keine Dornen.
Die Herbstfärbung der Blätter geht vom schwach bis intensiv Gelben gelegentlich auch ins Rötliche über.
Umweltliebende Menschen, sie sollen in den eigenen Gärten, an Wegrändern und auf Böschungen den Mehlbeerbaum als Bienenweide und Vogelfutterbusch pflanzen.
Das gelbweiße, sehr zähe Holz ist für Drechslerarbeiten, Instrumentenbau und Wagner-Erzeugnisse bestens geeignet.
Die mehligen Früchte gaben der Mehlbeere den Namen.

Mehlbeerfrüchte reifen nach den ersten Herbstfrösten

Die Frucht scheint im reifen Zustand wie leicht mit Mehl bestaubt. Nachdem sie einige Tage dem Frost ausgesetzt war, ist sie genießbar und schmeckt dann angenehm süß.

Mehlbeerfrüchte enthalten Vitamin C: Sie können mit anderen saftigen Früchten wie Holunderbeeren und Brombeeren zu Gelee, Marmelade und Kompott verarbeitet werden.

Mehlbeer-Essig, ein guter Durstlöscher: 5 volle Eßlöffel reifer Mehlbeeren werden in 1 l Obstessig 8 Tage lang im warmen Raum angesetzt. Nicht vergessen, täglich einmal durchzuschütteln. Nach Ablauf der Ansatzzeit abseihen, dunkel und kühl lagern.

Mehlbeer-Essig ist vitaminreich und kann vielfach verwendet werden, sei es in der Küche zum Würzen der verschiedensten Speisen oder mit Wasser verdünnt als gesunder Durstlöscher an heißen Tagen. Mit Honigbeigabe ergibt dies ein wohlschmeckendes Getränk, das auch von Kindern gerne genommen wird.

Körperpflege mit Mehlbeer-Essig: Nach Bädern zu Abreibungen herangezogen, wirkt er der Faltenbildung entgegen, reinigt gleichzeitig die Haut und erhält sie kleinporig. Mehlbeer-Essig kann weiters zur Gesichtspflege empfohlen werden.

„KREN REISSEN" UND „HAARE LASSEN"

Der Meerrettich stammt aus Osteuropa und kam um 1200 nach Westen. Der in Österreich weitverbreitete Name „Gren" oder „Kren" ist slawischen Ursprungs.

Das Wertvolle der Pflanze bleibt den Augen des Wanderers verborgen. Nur weiße Blüten in büscheligen verlängerten Trauben künden vom unterirdischen Dasein der Wurzel. Vollgeprägt von Substanzen, die zu seinem kräftigen Geruch und Geschmack führen und starke Hautreizmittel sind.

Außerhalb Österreichs ist die Pflanze unter dem Namen Meerrettich bekannt. Es geht dabei um den über das Meer zu uns gekommenen Rettich. – Wie ja „Meer" in Pflanzennamen oft auf die fremde Herkunft hinweist.

Meerrettich aus „Mährrettich" – Mähre, altes Pferd – abzuleiten, kann nicht ohne weiteres verneint werden. Mit „Roßkuren" hatte man damit nämlich oft durchschlagenden Erfolg zu verzeichnen. Man verstand darunter eine intensive Kur mit reichlicher Anwendung von Heilmitteln, Hausmitteln.

Das Wort „Kren" in Redewendungen

Im täglichen Sprachgebrauch begegnet uns „Kren" immer wieder in Österreich, und hier vor allem in Wien. Gibt jemand „seinen Kren dazu", dann mischt er sich ungebeten in etwas ein, das ihn gar nichts angeht.

„Oan Kren machen", das erwartet man sich nur von einem „Umstandskrämer", einem „Patzenlippl".

„Kren reißen" liegt einem bescheidenen, einfachen Menschen nicht, weil er kein „Hochstapler" ist und diese dazu neigen.

Meerrettich oder „Bauernsenf" in der Volksheilkunde

Der Kren ist durch seinen Gehalt an kräftigen ätherischen Ölen und dem Glykosid Sinigrin eine wertvolle Heilpflanze. Frisch geriebene Wurzeln in kleinen Mengen regelmäßig eingenommen, helfen bei Magen- und Darmerkrankungen. In Verbindung mit Honig wirkt Kren auch hustenreizlindernd und schleimlösend.

Kren-Breiauflagen: Sie nehmen Nervenschmerzen, Ischias, Fuß-, Knie-, Rücken- und Armneuralgien, ja sogar schmerzhafte Beschwerden des Magens wie Gastralgien. Bei Magengeschwüren können ebenfalls beachtliche Erfolge vermeldet werden.

Breiauflagen zubereitet mit Gerstenmehl, Apfelessig und frisch gerissenem Kren: Die Breiauflage verbleibt so lange oben, bis auf der bedeckten Hautstelle ein Brennen auftritt. Um einer Hautrötung vorzubeugen, reibt man den Körperteil vorher leicht aber intensiv mit Schweineschmalz ein.

Den Harn keimfrei machen: Es werden 4 volle Eßlöffel frischgeriebener Kren mit 1/2 l 5%igem Apfelessig übergossen und gut durchgerührt. In 1/2 l abgekochtem Wasser 20 g Traubenzucker auflösen. Erkalten lassen, mit der ersten Flüssigkeit zusammengießen, kühl lagern. Man nimmt davon täglich 3 bis 4 Eßlöffel ein. Diese Kur muß aber 1 Woche lang gewissenhaft durchgeführt werden, um einen Erfolg verzeichnen zu können. Dann 1 Woche pausieren und im Bedarfsfalle die Kur wiederholen.

„Kren-Ketten", kein Aberglaube: Lag ein fiebernder Mensch im Hause, fädelten unsere Großmütter millimeterbreite frischgeschnittene Krenscheiben auf einen Zwirnsfaden und hängten dem Patienten diese „Krenkette" um den Hals. Durch Verdunstung der ätherischen Öle wurde die Zimmerluft bereichert. Das wieder wirkte sich durch Einatmung günstig auf den Patienten aus.

Bei Insektenstichen greift man zum Kren: Frisch geriebener Kren auf Bienen- oder Wespenstiche gelegt und mit einem leichten Verband versehen, nimmt fast schlagartig die Schmerzen, vorausgesetzt man hat den Stachel vorher entfernt.

Kren-Bäder bei Frostbeulen: Sie wirken heilend und wohltuend zugleich. Das gilt auch bei Erfrierungen an Händen und Füßen. Pro Handbad 2 Eßlöffel und pro Fußbad 4 gehäufte Eßlöffel geriebenen frischen Kren in das warme Badewasser geben und darin 15 Minuten die Körperteile baden. Diese Kren-Bäder 1 Woche lang 2mal täglich durchführen und nach mehrtägiger Pause wiederholen. Im Anschluß an das Bad reibt man mit Olivenöl ein, dem ein wenig feingepulvertes Salz beigemischt wurde.

Kren-Wein heilt Magengeschwüre: Hält man die vom behandelnden Arzt vorgeschriebene Diät und Lebensweise ein, so kann „Kren-Wein" ein gutes Zusatzbehandlungs-Mittel sein. – 50 g frischgerissenen Kren in 1 l Weißwein 8 Tage lang im mäßig warmen Raum ansetzen. Abseihen, dunkel und kühl lagern. Täglich früh und abends je 1 Gläschen davon trinken.

Kren-Essig beschert eine saubere, fleckenlose Haut: 50 g geriebenen frischen Kren in 1 l 5%igem Apfelessig 8 Tage lang im mäßig warmen Raum ansetzen. Abseihen, dunkel und kühl lagern. Morgens und abends gibt man 3 Eßlöffel voll davon in 1/8 l lauwarmes Wasser, weicht einen Waschlappen darin ein, drückt leicht aus und reibt mehrmals hintereinander die betreffenden Stellen ab. Es geht dabei vor allem um Sommersprossen, Leberflecken und Akne. Nach der Behandlung einziehen lassen.

Wenn das Urinieren Schwierigkeiten bereitet: Man nimmt 1 vollen Eßlöffel Kren und röstet ihn in ein wenig Butter. Schlägt das ganze in ein Leinenfleckerl ein und gibt es über die Blase. Der Effekt wird noch verstärkt, wenn man beim Nachlassen der Temperatur eine Wärmflasche auf die betreffende Stelle legt.

Um der Zahnfäule vorzubeugen: Es werden 50 g feingeriebener frischer Kren, 25 g geschroteter Fenchelsamen und 25 g Pfefferminzblätter in 1 l Obstbrand 3 Monate im warmen Raum angesetzt. Täglich gut durchschütteln. Dann abseihen, filtrieren. – 3 Eßlöffel voll in 1/8 l lauwarmes Wasser geben und damit Zähne sowie Zahnfleisch gut durchbürsten oder den Mund damit spülen. Morgens und abends soll dies durchgeführt werden.

Kren gegen Kopfschmerzen: Ein Tüchlein wird vorerst mit Apfelessig gut befeuchtet. Dann vermischt man frischgeriebenen Kren mit einigen Tropfen kaltgepreßtem Olivenöl, streicht es auf das Essigtüchlein und legt es 10 Minuten auf den Nacken. Sehr rasch schwinden so die Kopfschmerzen.

Die Brennessel, ein verachtetes Kraut

Der altdeutsche Botaniker Otto Brunnfels nahm Veranlassung, gerade in der Brennessel die Macht Gottes zu bewundern, da „dieser einem ansonsten so verachteten Kraute die Fähigkeit verliehen habe, sich selbst zu wehren und sie damit so, zur Demütigung der Stolzen und Großen, den prächtigen Lilien und Narzissen vorgezogen habe".

Einer unserer größten deutschen Meister, Albrecht Dürer (1471–1528), schätzte die Brennessel als Heilpflanze so hoch ein, daß er dies in einem prachtvollen Gemälde bekundete, wo ein Engel eine Brennessel zum Throne des Höchsten bringt.

Daß die Brennessel zu den besten Blutreinigungsmitteln unter den Heilpflanzen zählt, ist hinlänglich bekannt. Hier geht es mir um die Brennessel als Haarpflegemittel.

Das Wort „Haar" vielseitig in deutschen Redensarten gebraucht: Von der „Haarspalterei" – dem Herumtüfteln – bis zum Nachgeben-Müssen, dem „Haare-Lassen", oder „sechs Haare in sieben Reihen" läßt sich die Aufzählung verfolgen. Fallen die Haare aber aus, kommt es zur „Glatzenbildung" und „Kahlköpfigkeit", dann greift man flehend zur Brennessel.

Die Zeit des Brennesselwurzel-Grabens: Kaum sprießt das erste Grün, da werden auch schon die Brennesselspitzchen sichtbar. Sie verraten uns, wo die Wurzel zu graben ist. Man soll sie herausbuddeln, unter fließendem kalten Wasser gründlich reinigen, trocknen und kleinschneiden. Vor Feuchtigkeit geschützt lagern.

Brennessel-Essigwasser: 5 volle Eßlöffel kleingeschnittene Brennesselwurzeln werden in 3/4 l Apfelessig gekocht. 1 Stunde ziehen lassen, abseihen. Mit 1/4 l Obstbrand in eine Flasche gefüllt 1 Monat lang kühl ruhen lassen. – Abends die Haare bis zum Haarboden damit anfeuchten. Mit den Fingerspitzen gut durchrubbeln. Dies aktiviert die Haarwurzeln, durchblutet die Kopfhaut, verhindert Schuppenbildung und stoppt den Haarausfall.

DER KRÄUTERWURZELN TRAGENDE KRÄFTE

*E*in Hals streckt sich mir entgegen, federlos und abgegriffen. Ein rotgelbes Schnattermaul schnappt nach meinen Hosenbeinen. Diese zittern, und das aus zwei Gründen: Nicht nur der Mastgans wegen, die in ihrem Holzstäbchenkäfig auf Martini hin „geschoppt" wurde; mit fingerdick-bauchigen Kukuruz-Schrotnudeln, in Wasser getaucht.

Mir erbarmte das arme „Viech", als ich diese Tortur mitansehen mußte. Meine Mutter hatte mich auch Barmherzigkeit gegenüber Tieren gelehrt.

Aber noch ein anderer Zitter-Grund lag vor. Ich trug nämlich einen „Maulkorb" und stand in der Einfahrt des Zahnziehers im Judenviertel von Schaffa, in Südmähren. Als zwölfjähriges Bürscherl war ich den stundenlangen Weg dorthin gegangen.

Zappelnd und schreiend hatte sich dann alles vollzogen . . . die Zahnwurzel war gezogen, auch der Zahn war weg.

Pflanzenwurzeln erfüllen eine großartige Aufgabe

Die Menschen hasten dahin, sie bedenken vieles nicht. – Was ist eigentlich eine Wurzel? Der blattlose Teil einer Sproßpflanze, der sich in der Erde befindet. Sie hat zwei Hauptaufgaben zu erfüllen: Erstens Wasser und Nährstoffe aufnehmen, der gesamten Pflanze eine standfeste Verankerung in der Erde garantieren und ihr einen Standort zuweisen, wo sie sich entfalten kann.

Zweitens sind die Wurzeln auch eine Speicherkammer, eine Art Vorratslager, in denen wertvolle Wirkstoffe gehortet werden. Danach greift die Heilkunde. Sie hebt die tragenden Kräfte der Kräuterwurzeln und setzt sie im Alltag ein, um zu heilen. Verschiedenste Arten der Anwendung gibt es hier: innerlich als Tee oder Pulver, in Wein, Essig oder Alkohol angesetzt und ausgezogen; äußerlich als Bad, Waschung, Auflage oder Abreibung.

Unter die Erdoberfläche lerne schauen, nicht nur bei der Rübe, der Kartoffel, der Karotte, sondern auch bei manch anderem.

Die Dornige Hauhechel bricht den Stein

Ein herrlicher Schmetterlingsblütler, dieser Halbstrauch, der mit seiner Wurzel tief in die Erde eindringt. Sie wird federkiel- bis fingerdick, ist ästig verzweigt, außen dunkelbraun, innen weißlich, holzig und zähfaserig. Geruchlos, besitzt sie dabei aber einen widerlich-herben, kaum süßlichen, etwas reizenden Geschmack, an den man sich erst einmal gewöhnen muß.

Ein kräftiges harntreibendes Mittel: Der Wurzel wohnt eine starke eröffnende Kraft inne. Sie bewahrt den Körper bei Wassersucht, Blasenkatarrh, Grieß- und Steinbeschwerden in Niere, Blase und Galle vor Selbstvergiftung.

Hauhechel-Wein, ein einmaliges, erprobtes Hausmittel: 75 g getrocknete und zerkleinerte Hauhechelwurzel in 1 l Weißwein trockener Sorte über Nacht ansetzen. Dann 3 kleinere Zimtrindenstücke, 1 Gewürznelke und 1 Teelöffel geraspelte Zitronenschale beigeben und 3 Minuten aufkochen. 1 Stunde ziehen lassen, abseihen, 1 Monat dunkel und kühl lagern. Davon 3mal täglich vor den Mahlzeiten ein kleines Schnapsgläschen trinken.

Die Seifenkrautwurzel, Helferin bei Bronchialleiden

Die vielköpfige, federhalter- oder daumendicke Wurzel geht bis einen dreiviertel Meter tief in die Erde. Der Geruch ist schwach und der Geschmack anfangs süßlich, dann kratzend-bitter. – Die Wurzel wird vor oder nach der Blüte gesammelt, gereinigt und mehrmals gespalten. Die Trocknung soll entweder an einem schattigen, luftigen Ort oder im Backofen bei 45°C erfolgen.

Seifenkrautwurzel, ein großartiges Brustkraut: Wegen seiner schleimverflüssigenden und schleimlösenden Wirkung ist das Seifenkraut besonders für Erkrankungen der Atemwege geeignet.

Seifenkrautwurzel-Tee richtig zubereitet: In 1/2 l kaltem Wasser wird 1 voller Eßlöffel getrocknete und zerkleinerte Wurzel über Nacht angesetzt. Am nächsten Morgen nur erwärmen, nicht kochen, abseihen. Tagsüber warm trinken. Man nimmt 1 Woche lang früh und abends je 1 Tasse.

Klettenwurzeln fördern die Ausscheidung der Harnsäure

Die zweijährige Krautpflanze überwintert mit einer scharf riechenden, bis 60 Zentimeter langen, spindelförmigen und ästigen Wurzel. Diese wird im Frühjahr oder Herbst des zweiten Jahres gegraben, gereinigt und bei künstlicher Wärme getrocknet. Man bewahrt die Droge kleingeschnitten vor Licht und Feuchtigkeit geschützt auf. Zu den Hauptinhaltsstoffen zählen Schleim-, Gerb- und Bitterstoffe. Schwarz gewordene Wurzeln sind wertlos.

Klettenwurzel-Präparate begünstigen den Stoffwechsel: Sie werden als Blutreinigungsmittel bei juckenden, nässenden und borkigen Hautausschlägen sowie bei Verdauungsstörungen verordnet. Ihre entzündungshemmende Wirkung empfiehlt sie bei Gastritis und Magengeschwüren, aber auch zum Gurgeln bei Mundbläschen und zum Betupfen von Lippenausschlägen. In äußerlicher Anwendung weiters bei Hautausschlag, Flechten und Wunden bewährt.

Klettenwurzel-Tee, Zubereitung: 1 Eßlöffel zerkleinerte und getrocknete Wurzel mit 1/4 l kaltem Wasser 6 bis 8 Stunden ansetzen. Gut anwärmen, 15 Minuten ziehen lassen, abseihen. Tagsüber 3 Tassen schluckweise trinken oder den Tee äußerlich für Spülungen, Umschläge und Waschungen verwenden.

Klettenwurzel-Saft, Herstellung: Man zerstößt die gereinigte und zerkleinerte frische Wurzel in einem Mörser. Übergießt mit soviel kaltem Wasser, daß alle Wurzelteile bedeckt sind und läßt 8 bis 10 Stunden ziehen. Preßt nun den Saft durch ein Leinentuch. Im Kühlschrank gelagert, ist er 2 bis 3 Tage haltbar. – Davon mehrmals täglich 1 Eßlöffel voll eingenommen, bringt besonders bei Gicht und Rheumaleiden Hilfe. Der hohe Inulingehalt der Wurzel macht den Saft auch für Zuckerkranke verträglich, da er den Zuckerstoffwechsel nicht belastet.

Ein Geheimtip für Klettenwurzel-Sammler: Die günstigste Zeit zum Graben der Wurzel hängt vom Stand des Mondes ab. Und zwar soll dies bei abnehmendem Mond im April oder Oktober erfolgen. Im April ist sie sehr saftig und dient der Saftgewinnung, im Oktober hingegen zum Dörren und Aufbewahren.

Hilfreiche Salbe gegen Wunden, Geschwüre, Verbrennungen und Flechten: 1 Eßlöffel Schweine-Darmfett, 1 Teelöffel Schaftalg, ebensoviel Bienenwachs und 2 Eßlöffel Klettenwurzel-Saft werden erhitzt. Gut aufprasseln lassen, temperieren. Hat die Masse Körperwärme erreicht, wird 1 Teelöffel Bienenhonig eingerührt. In kleine Tiegel füllen, verschließen, dunkel und kühl lagern.

Klettenwurzel-Saft mit Olivenöl verrührt: Das ergibt ein wertvolles Massageöl für die Kopfhaut, bei Hautwimmerln am Kopf, bei Kopfgrind, unreiner Kopfhaut und Haarausfall.

Klettenwurzel-Tinktur, ein unentbehrliches Hausmittel: 3 Eßlöffel Wurzelsaft, 1 Teelöffel Staubzucker und 6 Eßlöffel hochprozentigen Weingeist in ein Fläschchen füllen und an einem warmen Ort 8 Tage stehen lassen. Täglich 3mal 5 Tropfen auf einem Eßlöffel Sauermilch eingenommen, gilt als sehr hilfreich bei Magengeschwüren, Bronchialleiden, Steinleiden und Podagra.

Die Eibischwurzel war von alters her geschätzt

Eine Pflanze, die sich mit ihrer fleischigen, weißen, ausdauernden Wurzel im Boden fest behauptet, aber auch mutig kerzengerade in die Höhe strebt. Die Stengel tragen dreilappige und samthaarige Blätter, in deren Winkeln sich mittelgroße Blüten von hellrötlicher bis weißer Farbe befinden. Sowohl die Wurzel als auch die Blätter und Blüten werden gesammelt: die Wurzel im Frühjahr oder Herbst, die Blüten während der Blütezeit, die Blätter hingegen nachdem die Blüte vorüber ist.

Auf die richtige Zubereitung achten: Alle Teile des Eibischs enthalten Schleimstoffe, die für die Atemwege und auch für den Verdauungstrakt äußerst wertvoll sind. Es darf daher nicht gekocht werden, sondern die Pflanzenteile in kaltes Wasser geben, zustellen und nur gut erwärmen. 15 Minuten ziehen lassen, abseihen und immer warm trinken.

AUF HOLZ KLOPFEN IST GESUND

Die alten Baumriesen, ehrfurchtgebietend erheben sie sich in ihrer Höhe über alle anderen Pflanzen der Erde. Im Rauschen der Zweige, im Gesang des Windes in ihren Wipfeln scheint es als würde der göttliche Odem hier in kundtuender Wucht über den Menschen niederbrausen.

Zeitlos dünken viele der moosbedeckten, verwitterten Stämme. Die Jahreszeiten kommen und gehen, Menschengeschlechter versinken, aber die gewaltigen Recken trotzen der Vergänglichkeit. Eine demütige Scheu empfindet der Mensch in Wäldern und Hainen. Die bekümmerte Seele richtet sich hier wieder auf. Der Geist rüstet sich mit Mut und Tatwillen, wirft jede Kleinkrämerei ab.

Sagenbäume oder Lebensbäume, ein altes Volksgut

Im Waldviertel – ganz sicherlich auch anderswo – gab und gibt es eine Anzahl alter Bäume. Sagenumwoben, genießen sie eine beachtliche Verehrung.

Nicht selten sind sie Künder ortsgeschichtlicher Ereignisse und stehen in hohem Ansehen.

Sie werden manchmal als „Lebensbäume" ganzer Ortschaften betrachtet, als Lebensnerv der Dorfsippe. Groß ist daher die Empörung, wenn solche Bäume aus Eigennutz der Axt zum Opfer fallen. Passiert in der Familie ein Unglück oder trifft sie ein harter Schicksalsschlag, fängt man zu denken an. „Sagenbäume sind Schicksalsbäume", bekommt man dann zu hören.

Nie würde ich dem Aberglauben den Steigbügel halten

Andererseits darf man auch nicht alles leichtfertig abtun. Es gibt keine isolierte Handlung im Leben des Menschen, die man einfach herausreißen könnte, ohne jeden Bezug zu betrachten. Alles ist eben ein Kreis mit Rotationswirkung. Alles ist Verknüpfung, mehr oder weniger eine Folgehandlung.

Diese unsere innere Einstellung prägt die Wertschätzung, mit der wir beurteilen und nach der wir einstufen.

Hoher Stellenwert auch für den einzelnen Baum

In unserer die Umwelt gefährdenden Zeit wird dem Baum – jedem einzelnen – wieder ein hoher Stellenwert beigemessen, der nicht nach Umsatzzahlen und Kassaklingeln gewertet werden kann.

Ohne zum Baumkult der Germanen zurückzukehren, hat im Christentum die Liebe zur Natur und die Achtung vor jedem Wesen einen Bezug auf die Umwelt und den Mitmenschen. Dieses christliche Feingefühl ist es, das der Axt und Säge Einhalt gebietet und die alten Baum-Recken schont und leben läßt.

Die uralte Föhre und der Baumgeist

Es lebte einmal eine Bäuerin, die war ungemein neidisch und geizig. Ging sie mit ihrer Magd aufs Feld, dann nahm sie sich zum Frühstück zwei große Butterbrote mit. Der Magd aber gab sie nur ein Stück trockenes Haferbrot.

Neben dem Weg ins Feld stand eine uralte Föhre, in der ein Baumgeist hauste. Der verwandelte sich einmal in ein altes Bettelweibel und setzte sich bei dem Baum an den Weg. Bald darauf kam die Bäuerin mit ihrer Magd. Die Bäuerin ging hochnäsig an dem Weibel vorbei, das Mädel aber bot ihm die Hälfte von seinem Armeleute-Brot an.

Die Bäuerin, die das bemerkt hatte, gab der Magd am nächsten Morgen nur mehr ein halbes Stück Brot. Als beide wieder am Föhrenweibel vorbeikamen, teilte die Magd abermals ihr Brot mit der Armen am Weg.

Am folgenden Tag gab die Bäuerin der Dirn überhaupt nichts mehr und sagte, zum Verschenken habe sie kein Brot. Als nun beide am Bettelweibel vorüberkamen, fing das Mädchen aus Mitleid zu weinen an und zeigte dem Weibel die leere Schürze.

Einige Zeit später ging die Bäuerin zu ihrem Gevatter auf einen Freitrunk, und als sie dann etwas schläfrig quer „übers Feld" heimkehrte, stand sie auf einmal statt bei der alten Föhre vor einer Hütte, die ihr ganz fremd war. Sie meinte, sie habe sich im Weg geirrt und trat in die Hütte ein, um anzufragen.

Da sah sie Buben und Dirndeln tanzen, andere an einer langen Tafel fein schmausen, und eine schöne Frau trug zum Essen und Trinken auf. Sie winkte der Bäuerin mitzuhalten. Das ließ sich die Neidige nicht zweimal schaffen und aß und trank auch für zwei. Wenn sie glaubte, daß sie nicht beobachtet wurde, schob sie rasch Brateln, Mehlspeisen und Zuckerln in ihre aufgebundene Schürze.

Dann verabschiedete sie sich und stand wieder vor der Tür der Hütte. Als sie sich einmal herumdrehte, war die Hütte verschwunden und es stand die alte Föhre da, als ob nichts gewesen wäre. Da wurde es der Geizigen doch etwas unheimlich, aber sie tröstete sich mit der Freude über das viele Bescheidessen, das nichts gekostet hatte. Als sie nun zu Hause in der Speisekammer die guten Sachen aus der Schürze herausnehmen wollte, wurde sie zuerst springgiftig, dann aber erfaßte sie ein schauerlicher Ekel, denn die Schürze war voll trockener Kuhfladen, Roßäpfel und Geißbemchen. Sie rief gleich nach der Magd und befahl ihr, den Mist vor die Föhre zu werfen.

Die Dirne trug auch die Schürze voll damit fort. Als sie nahe bei dem Baum war, wo wieder das Weibel saß, hörte sie auf einmal ein Klimpern. Verwundert schaute sie in die Schürze hinein und sah lauter funkelnagelneue Maria-Theresien-Taler.

Voll Freude wollte sie dem Föhrenweibel wieder die Hälfte geben; das aber stand auf einmal als schöne Frau da und sagte, sie solle das Geld behalten, denn es sei ihr Brautschatz.

Dann stand die Magd wieder mutterseelenallein beim Baum.

Um dieselbe Zeit war aber die geizige Bäuerin vor Ekel gestorben, nachdem ihr lauter Unflat aus dem Mund herausgekommen war.

Die Magd heiratete später und hing dann, zum Seelentroste der Verstorbenen, ein Heiligenbild an die Föhre. Seither hat das Föhrenweibel nichts mehr von sich hören lassen.

Baumsagen sind altes Volksgut. Behütet und bewahrt, haben sie bis heute nichts an ihrer Aussagekraft eingebüßt.

Auch Märchen und Sagen beinhalten einen tiefen Sinn. Sie sind alles andere als inhaltslose, naive Erzählungen.

Bei unserer Sage vom „Bildstöckelbaum" geht es darum, vor dem Neid und der Habsucht zu warnen. Gleichzeitig knüpft sie an die altdeutsche Vorstellung an, daß Bäume, wie auch Gewässer, Sitz von Feen und Nixen seien.

Alles Echte, Gewachsene, ein Produkt der Natur, hat sich heute seinen höheren Stellenwert in der Gesellschaft wieder zurückerobert. Denn lange Zeit schien es, als hätte alles Chemische, Synthetische, ein Erzeugnis aus der Retorte, den Wettlauf gewonnen. – Gott sei's gedankt, daß es anders kam.

Die Kraft des Holzes, Wirklichkeit und Aberglaube

Das Holz lebt und arbeitet. Es knistert heimelig im Kamin. Läßt sich gut bearbeiten und hat eine schöne Maserung.

Holz strömt aber auch eine wohltuende, heilende Kraft aus. Seine Berührung ist daher gesund.

Anders verhält es sich, wenn einer „dreimal auf Holz klopft", das ist Ausdruck des abergläubischen „Berufens", daß ein Unternehmen gut ausgehen möge.

Holz im Garten

Das Material für die Gartengestaltung – auf die heute wieder größter Wert gelegt wird – sind die Pflanzen, die Erde, die Steine und besonders das Holz. Wer kann sich schon ohne diesen lebendigen Werkstoff einen Garten vorstellen.

Holz ist jeder Baum und mancher Pfosten, die Pergola und die Laubwand und so vieles andere mehr.

Ein Element der Wärme und der Gemütlichkeit stellt auch das Holzpflaster dar. Mit Holzplatten und Holzscheiben ausgelegte Gartenwege und Gartenflächen können faszinierend schön sein.

Holz ist lebendig, gemasert, gemustert.

Das Holz hat keine Konkurrenz zu befürchten, denn es bleibt unübertroffen in seiner Struktur.

HOLZ PRAKTISCH GESEHEN

Geburt und Tod. Wiege und Sarg. – Einzug und Abgang, sie finden im Holz ihren unzertrennlichen und treuen Begleiter. Und an der Wand die Darstellung des gekreuzigten Christus, aus Holz geschnitzt. Es ist mehr als nur ein Symbol christlichen Glaubens, denn das Kreuz hält die Hoffnung in trostlosen Stunden lebendig. Es macht die Liebe tatkräftig, um zu ertragen, wenn Lasten drücken.

Holz ist ein Stück Natur. Es spricht seine Sprache. Eine Sprache, die man mit dem Herzen hören kann.

Irgendwo ist es gewachsen. Aus einem Samenkorn wurde ein Baum, in dessen Wipfel die Vögel des Himmels ihre Wohnstatt aufschlugen und dort immer wieder Zuflucht suchten. In seinem Schatten hielten Müde Rast. Und so manche Baumesfrucht konnte den Kreaturen Gottes Kraft und Stärkung schenken.

In unserem Jahrhundert begann ein Wettlauf mit dem Fortschritt der Technik. Es schien, als würde der Kunst-Stoff das Rennen gewinnen und das Holz überholt sein. Aber die hervorragenden Qualitäten des Holzes werden wieder geschätzt. Es gibt deren so viele, daß Holz sogar als „Hausmittel" angesehen werden kann.

Die guten Eigenschaften des Holzes neu beleuchtet

Ja, das Holz birgt viel Wertvolles in sich. Nur wenig davon ist uns bekannt. Holz ist wahrhaftig „in". Es erlebt eine Renaissance. Holz ist feuchtigkeitsregulierend. Erfährt keine elektrostatische Aufladung. Riecht angenehm. Steht mit der kosmischen Strahlungswelt in Harmonie. Holz ist atmungsaktiv. Dämmt die Wärme und ist regenerationsfähig, im wahrsten Sinne des Wortes.

Das Hausmittel Holz der Vergessenheit entrissen

In den Kindheitserinnerungen älterer Menschen taucht wieder manches auf, was im Laufe der Jahre dem Alltag entschwand, aber einst gute Dienste leistete.

So vieles geriet einfach in Vergessenheit.

Ein wenig zurückdenken, sich an die „Mittel im Haus" erinnern, sich auf sie besinnen, kann uns niemals schaden. Ganz im Gegenteil, es läßt abwiegen und Umschau halten.

Ich denke dabei an die Birkenbesen: Im Spätherbst bei einem Gang durch den Wald wurde das Reiser geschnitten. Im Winter die Besen selbst gebunden, nahm man sie das ganze Jahr über gerne zur Hand. Stall, Hof und Scheune wurden damit gesäubert.

Ich vergesse die Holzschuhe nicht: In ihnen fror man niemals. Sie mußten dann geduldig im Vorhaus warten, bis man wieder in sie hineinschlüpfte.

Birkenholz für Holzschuhe: Birkenholz ist zerstreutporig, fein, langfaserig, mittelhart und schwerspaltig. Das Holz glänzt weißlich bis schwach rötlich und scheint auf Querschnitten wie mit Mehl bestaubt. Das spezifische Gewicht beträgt 0,64 kg.

Wegen seiner guten Atmungsfähigkeit eignet sich Birkenholz bestens für die Herstellung von Holzschuhen und Holzpantoffeln. Sie geben eine gesunde Fußbekleidung ab und sind besonders in Haus und Garten gut zu tragen.

Die Atmungsfähigkeit jenes Materials, aus dem unsere Fußbekleidung hergestellt wird, ist nämlich nicht gleichgültig. Sie nimmt auf eine gesunde Durchblutung unserer Füße – auf die ja die Last des gesamten Körpers drückt – beachtlichen Einfluß.

Birkenrinde als Schuheinlage: Birkenrinde besitzt eine starke Wasserbeständigkeit. Menschen, die gicht- und rheumaanfällig sind, sollen sich Birkenrinde als Schuheinlage anfertigen.

Dickere Birkenäste oder jüngere Birkenstämme, die nicht zu dick und auf keinen Fall borkig sind, werden im auslaufenden Winter abgeschnitten und die Rinde mit Bast vorsichtig abgezogen.

Man legt die Rinde flach auf Papier oder Pappe und beschwert sie. Nach einigen Tagen schneidet man die gewünschten Fußformgrößen heraus. Beschwert sie weiterhin solange, bis sie gänzlich getrocknet sind.

Nun werden die einzelnen Formen oben und unten mit leicht angewärmtem, weichem Bienenwachs eingerieben und in die Schuhe gelegt. Die äußere Rindenseite kommt nach oben.

Solche Einlagen haben sich auch bei übermäßigem Fußschweiß bewährt. Ihre Wirkung ist korkartig und gesundheitsfördernd.

Holzkämme: Sie besitzen gegenüber Kunststoff-Kämmen den großen Vorteil, daß sie unempfänglich für die lästigen und gesundheitsstörenden Aufladungen der gekämmten Haare sind. Sie verursachen keine elektrostatischen Ladungen, die sich wieder negativ auf den Organismus auswirken könnten. – Holzkämme erzeugen beim Frisieren kein Knistern und keine Funkenbildung. Ganz im Gegenteil, das Kämmen mit ihnen wird als Wohltat empfunden, weil dank der sorgfältig gearbeiteten Zahnspitzen eine gesunde Massage der Blutgefäße und der Nervenenden in der Kopfhaut ermöglicht wird.

Holzlöffel: Ein großer Holzlöffel, eine Holzplatte in Ruderform geschnitten oder eine Holzschaufel eignen sich vorzüglich zum Einrühren von Ölbeigaben ins Badewasser. – Badeöle sollen nicht direkt mit Metall in Berührung kommen. Deswegen auch nur emaillierte Wannen verwenden.

Honig verträgt sich besser mit Holz als mit Metall. – Das Aufstreichen von Salben und Auftragen von Kräuterbrei-Auflagen soll man mit einem Holzlöffel oder einer Holzspachtel vornehmen. – Die Mehlschaufel sollte ebenfalls aus Holz sein.

Holzasche: Als Rückstand der Verbrennung fester Stoffe ergibt sich die Asche. Sie stammt aus der Mineralsubstanz des Brennmaterials. Daher unterscheidet man Pflanzen-, Kohlen- und Knochenasche. – Strohasche, Laubasche, Kräuterasche und vor allem Holzasche weisen einen hohen Gehalt an Carbonaten, Chloriden und Sulfaten, an Natrium, Kalium, Mangan sowie Kalzium auf. – Deswegen eignen sie sich als Badezusätze oder für Fuß- und Handbäder und üben dabei gleichzeitig eine beruhigende Wirkung auf den Gesamtorganismus aus.

Knochenasche hingegen besteht ihrer Zusammensetzung nach hauptsächlich aus Kalziumphosphat. Sie wirkt übermäßiger Weichheit der Haut entgegen.

Steinkohlenasche ist wegen der Eisenoxide und Sulfate nicht für die Körperpflege verwendbar.

Holzasche-Fußbad: 5 bis 6 Eßlöffel gesiebte Holzasche dem warmen Fußbadewasser hinzufügen. Gut abrühren und die Füße darin in Ruhe waschen. Mit lauwarmem Wasser nachspülen. Mittels eines feucht-kalten Tuches, auf das ein Guß Arnika-Tinktur gegeben wurde, gründlich nachreiben. – Dieses Holzasche-Fußbad hat sich bei Einschlafschwierigkeiten, großer Müdigkeit, bei müden Augen und bei Augenentzündungen als ableitende Behandlung bewährt. Es erweist sich auch als stärkend für schwächliche, blutarme, nervenkranke oder ältere Leute.

Holzasche als Hautreinigungsmittel: Arg verschmutzte Hände nach Wald- und Gartenarbeit mit reichlich Schweinefett einreiben – die Hände müssen trocken sein. Der Schmutz löst sich während des Reibens und verfärbt das Fett. Dann in ziemlich heißem, reinem Wasser gut abwaschen. Das Wasser wechseln und mit Hilfe von Holzasche nachreiben. Die Hände kalt abspülen.

Holzkohle: Sie ist eine schwarze, sehr poröse, durchlässige, leichte Kohle, die durch trockene Holzdestillation gewonnen wird. Im Mikroskop läßt sich noch die Zellstruktur des Holzes erkennen. Sie ist stark wasseranziehend, bindend.

Holzkohle, fein pulverisiert: Dies gilt als wertvolles Mittel bei Darmstörungen und gegen Durchfall. Aber auch bei Vergiftungen und Gärungserscheinungen im Darm hat pulverisierte Holzkohle den Ruf eines einfachen Hausmittels. Da die Giftstoffe von der großen Oberfläche der Kohle aufgenommen werden, gelangen diese nicht mehr in die Blutbahn. – Bei Bedarf nimmt man 1 Eßlöffel voll Pulver ein und trinkt etwas Wasser nach.

Lindenholzkohle als Medikament: Lindenholzkohle ist als pulverisierter Lindenholz-Kohlenstaub in der Apotheke erhältlich. – 1 Eßlöffel voll in einer Tasse Milch oder Wasser anrühren. Bei Krankheiten des Magens, der Verdauungsorgane und der Gedärme diese Flüssigkeit 1- bis 2mal pro Tag trinken. Das schwarze Getränk entgiftet und räumt lästige Gase aus.

DER FAULBAUM LIEBT DEN WALDRAND

*B*estaunenswert ist die vorzügliche Beobachtungsgabe unserer Ahnen. Mit der Natur verbunden, hat sich ihnen so manches unauslöschlich eingeprägt, was auch in der Namensgebung seinen Niederschlag fand und heute noch davon kündet.

Unserer raschlebigen Zeit tut es gut, wieder ein wenig neugierig zu werden. Spuren zu sichern, die uns in ein tieferes Verständnis führen können. Nur der Mensch, der eindringt in die Geheimnisse, die ihn umgeben, wird auch sich selber erst so richtig entdecken. Und der Freude zu begegnen, die in uns selber wohnt, das ist der Weg zum eigenen Glück.

Die Nase hat ihn verraten und den Namen geprägt

Der Faulbaum präsentiert sich als drei Meter hoher Strauch oder sieben Meter hoher schmächtiger Baum. Stets unbewehrt, dornenlos ist er. Mit glatter, in der Jugend grüner, später graubrauner, längsrissiger Rinde und verkehrt eiförmigen, zugespitzten Blättern, die beidseitig entlang der Adern behaart sind.

Die kleinen, grünlich-weißen Blüten stehen in zwei- bis siebenblütigen blattachselständigen Trugdolden und erscheinen von Mai bis Juni. Die Steinfrüchte sind anfangs grün, dann rot und zur Reife schwarz.

Der Name „Faulbaum" geht auf den fauligen Geruch und Geschmack der Rinde zurück, die an altes, morsches oder modriges Holz erinnern. Der Faulbaum wird in manchen Gegenden auch „Stinkbaum" oder „Stinkbeere" genannt. Diese beiden Benennungen sind auf dieselben Eigenschaften der Pflanze zurückzuführen. – Die Bezeichnung „Pulverholz" ist ebenso geläufig. Sie läßt auf die Verwendung der dickeren Äste des Holzes zur Herstellung von Holzkohle als Bestandteil des Schießpulvers in früheren Jahrhunderten schließen.

Der Botaniker und Fachmann jedoch nennt dieses Gewächs Frangula alnus. „Frangere" heißt brechen und bezieht sich auf das brüchige Holz. „Alnus" ist der Gattungsname der Erle, obwohl der Faulbaum zu den Kreuzdorngewächsen und nicht zu den Birkengewächsen – wie die Erle – zählt.

Behindernde Sträucher im Forst

Was soll dies besagen, wenn man in Forstbetrieben von Läuterungshieben spricht?

Die Läuterung bezweckt die rechtzeitige Entfernung aller jener Holzwüchse, die „unwirtschaftlich" sind. Ferner geht es dabei um die ersten pfleglichen Maßnahmen für die Erhaltung oder Herbeiführung eines geeigneten Mischwuchses.

Unter behindernden Sträuchern versteht der Forstmann vor allem Haselnuß, Hartriegel, Faulbaum, Weißdorn und Trauben-Holunder. Nicht zuletzt auch die Schlinggewächse wie Waldrebe, Hopfen und Klimmendes Geißblatt.

Der Faulbaum zählt zu den Laubbäumen. Er braucht staunassen, schweren Lehm- oder Tonboden und liebt das Licht. Besiedelt gerne Waldränder, aber auch Erlenbrüche, Birkenmoore, Auenwälder, lichte Laub-, Laubmisch- und Nadelwälder mag er.

Zu einer Eigenart des Faulbaumes gehört es, daß er unter höheren Bäumen häufig Strauchkolonien bildet, die dem Lichte zustreben und dem Forst zur offenen Landschaft hin einen wertvollen Schutz bieten. Dies ist für das Leben des Waldes von größter Bedeutung. Forstbetriebe wissen dies auch richtig zu schätzen und sie schonen deshalb den Faulbaum in Kolonien am Waldrand.

Sinnvolle Überlegungen

Der Naturfreund bedenkt, daß der Zitronenfalter seine Eier auf den Blättern des Faulbaumes ablegt. Die schlüpfenden Raupen finden hier Nahrung, Wachstum und die Möglichkeit sich zu verpuppen. Deswegen verdanken wir es dieser Pflanze, daß jener Falter als einer der ersten Frühlingsboten wieder fröhlich Jahr für Jahr weiterflattern darf.

Und Menschen, die sich um Heilung kümmern, werden im Faulbaum einen Helfer finden.

In der Faulbaumrinde steckt heilende Kraft

Zahlreiche grauweiße Lentizellen der Rinde sind für den Faulbaum charakteristisch. Ein Entlüftungsgewebe, das die sonst glatte, graubraune und glänzende Rinde trägt und zum Markenzeichen des Baumes geworden ist.

Ernte und Aufbereitung der Faulbaumrinde: Man gewinnt sie durch Abschälen oberirdischer Achsen, so nennt es der Fachmann. Er versteht darunter Äste und Zweige. Die Arbeit aber sollte bereits im Frühjahr geschehen, „wenn die Säfte steigen". Weil zu dieser Zeit das Abschälen der Zweige besonders einfach ist.

Man trocknet das Erntegut bei schönem Wetter in der Sonne oder im zugigen Schatten. Ein eventuelles Nachtrocknen in der Nähe des Herdes ist empfehlenswert.

Die Lagerung muß unbedingt ein Jahr betragen, erst nach dieser Frist darf die Faulbaumrinde für medizinische Zwecke freigegeben und gebraucht werden, weil frische Rinde brechreizerregend wirkt. Nach einem Jahr aber sind durch Fermente die störenden Frangularoside abgebaut und dadurch die unliebsamen Begleiterscheinungen ausgeschaltet. Nun kann die Droge angewandt werden.

Heilwirkung, Zubereitung und Anwendung: Faulbaumrinde gilt als mildes, aber gleichzeitig durchgreifend wirksames Abführmittel. Diese Eigenschaft kommt erst im Dickdarm zur Geltung. – So wird der Tee zubereitet: 1 Teelöffel geschnittene und gut abgelagerte Rinde mit 1/4 l kaltem Wasser übergießen, 12 Stunden stehenlassen, öfters umrühren. Dann abseihen, leicht erwärmen und kurz vor dem Schlafengehen langsam und schluckweise trinken. – Wer es aber eilig hat, der übergießt die Rinde mit kaltem Wasser, kocht kurz auf und seiht ab.

Dieser Tee, auf eine der beiden Arten zubereitet, läßt den Stuhl normal abgehen, ohne ihn wässerig zu machen oder die Darmschleimhaut zu reizen und die Beckenorgane zu stark mit Blut zu überfüllen. – Überlegungen, die nicht sinnlos sind.

Unter ärztlicher Aufsicht kann Faulbaumrinden-Tee sogar schwangeren Frauen empfohlen werden.

Als Hausmittel angewandt: In der Volksheilkunde wird Faulbaumrinden-Tee für ein breites Verwendungsgebiet herangezogen. Er findet Einsatz als Mittel bei Gallen- und Leberleiden, bei Bleichsucht, bei grindiger Haut und bei Fieber. Ganz besonders hat er sich des weiteren bei Hämorrhoiden bewährt.

Dauerbehandlungen sind nicht ratsam: Wird die Faulbaumrinde lange genug gelagert, sind zwar keine Nebenwirkungen zu befürchten, man soll sie aber dennoch nicht „immer und ewig" anwenden. Im Gegenteil, man muß versuchen, anhaltende Stuhlbeschwerden anders zu behandeln. Und zwar durch fleißiges Einnehmen von Leinsamen. Eine Umstellung in der Ernährung kann viel dazu beitragen, daß jahrelange Stuhlschwierigkeiten behoben werden. Ballaststoffreiche Nahrung, Vollwertkost, viel frisches Obst und Gemüse, das alles kann eine Kehrtwende herbeiführen.

Eine erprobte Teemischung: Sie soll besonders dann angewandt werden, wenn man immer wieder unter hartem Stuhl verbunden mit Blähungen und Völlegefühl zu leiden hat. – 40 g Erdbeerblätter, 25 g Faulbaumrinde, 20 g Kümmelfrüchte, 10 g Kalmuswurzel und 5 g Tausendguldenkraut. 2 Teelöffel der Mischung mit 1/4 l kaltem Wasser 12 Stunden lang ansetzen. Abends kurz erwärmen, abseihen und vor dem Zubettgehen schluckweise trinken.

Wurzeln und Rinden, bewährt bei Stuhlschwierigkeiten: Man kann sich folgende Mischung entweder in der Apotheke zubereiten lassen, oder – falls man sich selbst gerne mit Pflanzen befaßt – diese auch selbst herstellen: Attichwurzel 20 g, Engelwurz 20 g, Hauhechelwurzel 20 g, Nelkenwurz 20 g, Enzianwurzel 10 g und Faulbaumrinde 10 g. – Von der Mischung setzt man 2 Teelöffel voll mit 1/4 l kaltem Wasser 3 Stunden an und kocht dann kurz auf. Nach 15 Minuten Ziehen seiht man ab und trinkt 3 Wochen lang früh und abends je 1 Tasse.

FRÜHLINGS-ERWACHEN UM DICH HERUM

Jahr für Jahr im Frühling erleben wir mit Freude wie die Zeit der kahlen Zweige vorübergeht. Doch die laublos nackten Bäume und Sträucher haben ihren besonderen Reiz.
Gerade dort, wo sie frei stehen, kommt das Wunderwerk der Schöpfung erst so richtig zur Geltung: Die Schönheit ihrer Gestalt, die Kraft der Stämme und das Filigran des Gezweigs. Die zarten Farben des Geästs werden erkennbar. Bei voller Belaubung ignoriert man es einfach, weil so vieles verdeckt wird, kaschiert ist. Es zeigt sich oft ganz anders als es wirklich ist.
Das schöne Violettrosa der Erlen, das edle Silbergrau der Eschen und Buchen, oder das duftige Gelbgrün der Weiden, hast du das schon einmal bewußt auf dich einwirken lassen?

Der süße Honig wächst im Geäst

Bald ändert sich die winterliche Silhouette der Bäume. Allenthalben wird es in den Bäumen und Sträuchern dann wieder lebendig. Sie beginnen zu treiben, doch unterschiedlich, alles nach seiner Art. Manche früher, andere später. Die einen zuerst mit den Blüten, die anderen mit dem Laub.
Zu den ganz frühen Blühern gehören Hasel, Weide und Erle. Ihre Pollen bedeuten oft die einzige Nahrung der Bienen für ihre Brut.
Die weiblichen Blüten der Salweide sondern Nektar ab, der zusammen mit dem Pollen der männlichen Blüten eine wichtige Nahrungsquelle für die ersten Insekten des Vorfrühlings ist. Dazu gehören Bienen, Hummeln und überwinternde Tagfalter, wie der Kleine Fuchs, das Tagpfauenauge und der Zitronenfalter.
Kaum viel später und ebenfalls vor dem Laubaustrieb blühen Kornelkirsche und Schlehe.
Früh dran mit schwellenden Knospen und ersten grünen, zum Kälteschutz oft behaarten Blättchen, tanzen eine Reihe von Gestalten in den Frühlingsreigen: der Vogelbeerbaum oder die Eberesche, die Roßkastanie, die Birke und die Lärche.

Der Trauben-Holunder hat es ebenfalls eilig, will nicht länger warten, weil bereits Weißdorn und Pfaffenhütchen nachdrängen. Traubenkirsche und Berberitze wollen keineswegs zurückstehen.

Der Schwarze Holler mit seinen rahmweißen tellergroßen Blütendolden läßt sich aber Zeit. Er will noch abwarten.

Einige, sich ihrer Hoheit und Würde wohl bewußt, gedulden sich weiterhin. Die Lindenarten sind erst durch das Leuchten der Johannisfeuer zum Blühen zu bewegen. Dann entsinnen sich auch die Rotbuchen, Eichen, Eschen und legen ihren Schmuck an. Zaghaft stehen die Robinen da. Sie scheinen mit unserem Klima immer noch nicht recht vertraut geworden zu sein.

Der Herrgott tut für dich SEINE Apotheke auf

Wie tot und abgestorben wirken die Äste und Zweige der Laubbäume im Winter. Das stimmt aber nicht, denn sie stecken voll des Lebens und der Kraft. Bringt man einen solchen Zweig ins Warme und versorgt ihn mit Wasser, so erwacht er bald zum Leben. Die im Holz gespeicherten Reservestoffe werden aktiviert. Die Knospen beginnen zu schwellen und öffnen sich.

Bei den meisten Gehölzarten reicht aber die Kraft des Zweiges nicht aus, die Blätter voll zu entfalten. Nur bis zum Blühen gelangt dieser gerade noch. Es fehlt nämlich an Nachschub organischer Reservestoffe aus Stamm und Wurzel.

Die Kräfte der Bäume und Sträucher können auch in heilender Art dem Menschen zugute kommen. Die Volksheilkunde weiß darüber so manches auszuplaudern, „wie der HERR den Menschen nahe sein will", und das auch in unseren Tagen.

Winterfreuden gipfeln nicht selten in Frostbeulen-Schmerzen: Unterkühlungen der Gliedmaßen – oft schon bei Plusgraden nahe dem Nullpunkt – und gleichzeitige Feuchtigkeitseinwirkung können die Ursache von Frostschäden an den Gliedmaßen, der Nase oder den Ohrmuscheln sein. Als Folgewirkung treten dann die Frostbeulen auf, die einem durch ihr lästiges Jucken die Nervenruhe vollends rauben können.

Eichenrinden-Pulver besorgen: In 1 l kochendes Wasser rührt man 4 Eßlöffel voll davon ein und läßt 20 Minuten ziehen. – Die Frostbeulen mehrmals pro Tag damit abwaschen.

Tagsüber kann mit Pfefferminzöl nachbehandelt werden: In 250 g kaltgepreßtem Olivenöl werden 30 g oder 3 volle Eßlöffel feingeschnittene, getrocknete Pfefferminzblätter 14 Tage lang im verschlossenen Glasgefäß in einem warmen Raum angesetzt. Danach abseihen, den Rückstand auspressen und das gesamte Minzeöl in dunklen Fläschchen gut verschlossen aufbewahren. Damit Einreibungen durchgeführt, erweisen sich als ausgesprochen hilfreich. Sie lindern Schmerzen und fördern die Durchblutung. – Bei ärgeren Frostschäden aber soll man nicht selber herumkurieren, sondern unbedingt den Arzt aufsuchen.

Die männlichen Haselnußkätzchen: Sie sind eine wirksame natürliche Schweißabsonderungs-Hilfe. Man sammelt die Kätzchen zur Blütezeit, das ist von Februar bis April, und trocknet sie sogleich. – Tee im Heißaufguß zubereiten: 2 Teelöffel voll für 1/4 l kochendes Wasser, 15 Minuten ziehen lassen und abseihen. Bei Influenza abends 1 Tasse trinken und tüchtig durchschwitzen. Morgens den Körper mit Arnika-Tinktur abreiben.

Eichenrinde: Einmal in der Woche morgens 1 Tasse Eichenrinden-Tee getrunken, wirkt vorbeugend gegen Magen-Darmschleimhaut-Entzündungen, nervöse Darmbeschwerden, Nieren- und Leberleiden, sowie Durchfall und Strumaleiden.

Eichenrinden-Tee äußerlich angewandt: Dieser hat sich bei Hauterkrankungen, Hämorrhoiden, Kropfbildung, Nachtschweiß, Nagelgeschwüren, Drüsenschwellungen, harten Geschwülsten und bei Rheuma- und Gichtleiden bewährt. – Je nach Leiden für Auflagen, Umschläge, Abwaschungen oder Abreibungen verwenden.

Weidenrinde: Sie ergibt als Abkochung ein gut brauchbares Gurgelwasser bei Mandelanschwellung, Zäpfchenverlängerung, entzündetem Zahnfleisch und Zahngeschwüren und wirkt überdies schmerzlindernd. – 2 Teelöffel getrocknete und zerkleinerte Weidenrinde mit 1/4 l kaltem Wasser über Nacht ansetzen. Morgens kurz aufkochen, abseihen. Tagsüber langsam und schluckweise trinken. Der Tee wirkt auch heilend bei akutem Gelenksrheumatismus und bei schmerzhafter Arthrose.

Die Wirkungsweise der Weidenrinde

Der in der Weide enthaltene Wirkstoff Salicin wird vom menschlichen Körper in die entzündungswidrige Salizylsäure umgewandelt, die in ihrer Wirkung jener des Cortisons ähnlich ist, aber ohne nachteilige Folgen. Gleichzeitig entzieht sie den Bakterien den lebensnotwendigen Nährboden und macht so ihre antibiotische Kraft geltend. – Weidenrinden-Tee erweist sich als schmerzlindernd, fiebersenkend und schweißtreibend. Darüber hinaus besitzt er aber auch stark beruhigenden Charakter.

Weidenkätzchen-Tee: Die silbergrauen Kätzchen, nachdem sie aus der braunen Hülle geschlüpft sind, sammeln und in der Nähe des Herdes ziemlich rasch trocknen. Vor Feuchtigkeit und Licht geschützt können sie auch gelagert werden. 1 Eßlöffel voll davon mit 1/4 l kochendem Wasser übergießen, 15 Minuten ziehen lassen, abseihen. – Der Tee ist vielseitig verwendbar. Mit Honig gesüßt vor dem Schlafengehen getrunken, hilft er gegen Schlafstörungen. – 2 bis 3 Tassen pro Tag ohne Honig genommen, zeigt Erfolg bei Menstruationsbeschwerden. – Als 3-Wochen-Frühjahrskur kann dies bei sexueller Erregbarkeit oder übermäßigen sinnlichen Gefühlen empfohlen werden. Besonders wertvoll in der Pubertät, denn es schützt vor dem nächtlichen Samenfluß.

Ein seltsamer Frühlingsbote

Zusammen mit den Schneeglöckchen, Märzenbechern und Krokussen erscheint schon nach der Schneeschmelze eine zarte, hübsche Wiesenblume, die aber giftig ist. Es handelt sich um die „Frühlingslichtblume", auch „Frühlingszeitlose" genannt.

Ihre tiefgeschlitzten, rosaroten Blütenkelche leuchten in der noch winterkargen Natur. – Die Blüten soll man weder berühren noch pflücken.

DIE SIEBEN LEBENDIGMACHER DES FRÜHLINGS

Das Grünwerden in der Natur verbinden wir mit einem Appell an uns zum Reinemachen. Auch eine innere Reinigung unseres Körpers tut not.

Sieben Kräuter gelten im engen Zusammenhang mit dem Osterfest im Volksglauben als Frühlings- und Auferstehungs-Kräuter: die Brennessel, das Gänseblümchen, die Schafgarbe, die Gundelrebe, der Löwenzahn, die Schlüsselblume und das Veilchen.

Die Brennessel reinigt von Harnsäure-Ablagerungen

Die „Brennende Nessel" flößt Respekt ein, weil sie, wie bereits der Name sagt, „brennt". Sie besitzt nämlich spröde Brennhaare. Diese tragen an den dünnen Enden Knöpfchen mit verkieselter Spitze. Beim Berühren brechen sie ab, dringen in die Haut ein. Das heilsame Nesselgift fließt in die winzige Wunde. So entstehen die Nesselquaddeln.

Das Heilkraut brennt auch den Organismus von allen Giften aus, die sich im Winter angehäuft haben. Geruch und Geschmack der Pflanze sind eigenartig, jedoch nicht unangenehm. Die Brennessel wirkt erfrischend und befreiend infolge einer gesunden Ausschwemmung. Wobei die schädliche Harnsäure abgeht, die vorrangig schuld an allen rheumatischen Erkrankungen wie Gicht, Podagra, Polyarthritis . . . ist.

Laß die Brennessel nicht hoch werden. Wähle ein Plätzchen, wo sie sauber wachsen kann, und schneide sie immer wieder ab. Denn sie eröffnet im Frühjahr den Reigen der heilenden sieben Grünen. Sammle die Brennessel immer frisch. Schneide oder wiege sie ganz klein. Greife sie mit bloßer Hand an. Ertrage das Brennen.

Das Gänseblümchen fördert die Entschlackung

Du mußt dich bücken, das auf alle Fälle, aber du kannst es nicht übersehen, wenn es blüht, das Gänseblümchen. Tut es das noch nicht, dann mußt du genau schauen, damit du die kleinen, saftigen Blätter, in einer Rosette fest an den Boden gepreßt, entdeckst. Es freut dich jedesmal, wenn du ihn erspäht hast, den kleinen Drückeberger. Der – ohne zu übertreiben – ein Glücksbringer ist, trägt er dir doch so wertvolle Vitamine zu. Du findest das Wiesenblümchen überall und zu jeder Jahreszeit. Es liebt Grasflächen und lehmhaltigen Boden.

Nimm einen Kräuterstecher oder ein Stück Eisen, dessen Spitze du breit und scharf gemacht hast, und stich die Gänseblümchen aus dem Boden. Säubere sie unter fließendem Wasser, ohne einzuweichen, und dann freu dich über den „Vogerlsalat". Mit Öl und Zitrone oder Apfelessig mariniert, hast du den besten frischen Salat aus Gottes offener Küche zur Hand. – Du kannst die Blätter auch wiegen oder schneiden wie die Brennessel und als Gemisch zu anderen Salaten geben.

Der Geschmack dieses Frühjahrskräutels ist zusammenziehend, säuerlich und etwas bitter, der Geruch hingegen schwach angenehm. Das Gänseblümchen, ein ausgezeichneter Vitaminspender, wirkt leicht abführend, erfrischend und blutreinigend, regt die Darmtätigkeit an und bringt den Stoffwechsel in Schwung.

Die Schafgarbe verbessert die Blutzirkulation

Warum sagen wir denn nicht „Tausendblatt", sondern Schafgarbe? – Weil die Schafe sie wollen. Jene Tiere, die von den Menschen „blöd" genannt werden. Und wir „gescheiten" Menschen lassen die Pflanze im Frühling stehen. – Die Schafgarbe hat wirklich die Form eines vielfach gefingerten und gefiederten Tausendblattes. Das Kraut ist vom Geschmack her herb-bitter und von eigenartig feinem und würzigem Geruch.

Die Schafgarbe entfaltet eine günstige Wirkung auf Leber, Milz, Galle und den gesamten Oberbauch. Sie reinigt aber auch den Geschlechtsapparat von Mann und Frau. Baut böse Säfte ab, erleichtert die Herzarbeit, bringt die Tätigkeit der Drüsen in Schwung und leitet ab, sodaß dadurch Stauungen im Unterleib verhindert werden. Wöchentlich ein Schalerl Schafgarbentee trinken. Probiere es einmal!

Die Gundelrebe bewegt den Gesamtstoffwechsel

Der „Rankende", so wird der Efeu genannt, weil er auf Bäume klettert. Und sein „irdischer" Bruder, der „Erdefeu", die Gundelrebe oder der Gundermann, kriecht eben am Boden dahin. Er heischt nach Licht und Wärme. Seine nieren- bis herzförmigen Blätter und frischen Triebspitzen sollst du sammeln. Würzig-aromatisch-bitter sind sie und schmecken vorzüglich zu gemischten Wildkräutersalaten. Du kannst sie auch wiegen und zerkleinern. Dieses Kraut wirkt stoffwechselanregend, harntreibend und entzündungswidrig. Es nimmt das dumpfe Gehämmer in der Schläfengegend, hat eine starke schmerzlindernde Kraft und spendet dem Körper wertvolle Spurenelemente.

Der Löwenzahn regt die Bauchspeicheldrüse an

Die Blätter des Löwenzahns eilen den Blüten voraus. Bohren sich bereits heraus aus der spitzen Rosette und streben nach oben.

Sind sie schön grün, dann stich sie sobald wie möglich aus. Milchig-herb-bitter schmecken sie und tun der Bauchspeicheldrüse, allen Säften des Körpers, die sie regelt und in Bewegung setzt, gut. – Du verziehst den Mund, wenn du an die Löwenzahnmilch denkst, die du als kleiner Bub vernaschen wolltest und dann lange Zeit davon geheilt warst? Das soll dich aber nicht abschrecken.

Im Frühjahr hole ihn dir, den Löwenzahn. Meinst du, daß es so verkehrt ist, zu hoffen oder zu befürchten, daß dich sein Genuß zu einem „Löwen" macht? Und doch! Er gibt dir wieder ein bisserl Mut, er schenkt dir Freude, und beides brauchst du. Wir alle benötigen diese beiden Begleiter und Helfer durchs Leben, besonders zur Lenzenszeit.

Die Schlüsselblume entlastet den Kreislauf

Die milden, würzigen Kräuter haben wir uns bis zuletzt aufgehoben. Die Himmelschlüssel-Blätter, pflücke sie bevor sich die goldenen Schlüssel des Himmels im sanften Frühjahrswinde wiegen, da sind sie am wertvollsten. Treten die Blüten einmal hervor,

dann zwicke sie ohne Stengel ab. Füge sie den Salaten bei, oder hacke sie gemeinsam mit den anderen Kräutern.
Die Schlüsselblume lockert den Schleim in den Atemwegen. Schützt die Schleimhäute des Magen-Darm-Traktes, beruhigt und stärkt das Herz und wirkt gleichzeitig leicht stuhlfördernd. – Das alles vertreibt die Frühjahrsmüdigkeit.

Das Wohlriechende Veilchen schont die Nerven

Wer braucht es dir zu sagen, daß es das Veilchen ist, das trotz seiner Demut mit den stolz erhobenen, dunkel aufleuchtenden Köpfchen so verräterisch angenehm duftet. Beim leisesten Windhauch mit dem Köpfchen eifrig nickt. Wenn du es findest, bleibe stehen und atme tief.
Vor allem die Blätter sammle zuerst. Sie sind fast geruchlos, und der Geschmack ist angenehm mild.
Schmerzendes Kopfweh und Migräne nimmt das Veilchen hinweg. Es beruhigt das Herz, schenkt einen guten Schlaf, reinigt die Atemwege und stärkt die Nerven. – Das sind die löblichen Eigenschaften des Wohlriechenden Veilchens.
Auch hier gibt es eine zweifache Verwendungsmöglichkeit: als Salatbeigabe oder zum Garnieren von Desserts.

Auferstehung wird zur Verpflichtung

Der Frühling ist die schönste Zeit des Jahres, und da dürfen wir nicht „tramhappert" und „lätschert" dahinwackeln. Ganz im Gegenteil, freudig, mutig und hoffnungsvoll sollen wir sein. – Freude, Mut und Hoffnung bleiben auch in unserem Körper nicht wirkungslos. Sie kurbeln den Kreislauf an, der das allgemeine Wohlbefinden fördert.
Mit Ostern kommt Leben ins Haus. Die Zugvögel kehren wieder zu ihren altgewohnten Nistplätzen zurück. Auch in unserem Körper werden Regungen wach. Säfte kreisen und durchfluten den Leib, Empfindungen bewegen unsere Seele. Da bietet dir der Schöpfer Hilfe an. Greife zu!

OSTERKRÄUTER, TIPS FÜR DIE KÜCHE

Weil ich nicht am Äußeren haften bleibe. Weil das Innen und Außen erst ein Ganzes ergeben . . . deswegen ist für mich die Anwendung von Osterkräutern mehr als überlieferter Volksbrauch, sie verhilft zur zeitlosen Lebensweise.

Brennessel, Gänseblümchen, Schafgarbe, Gundelrebe, Löwenzahn, Himmelschlüssel und Veilchen, das sind wohl Gesundheitshelfer. Die aber deiner Erkenntnis bedürfen, um wirken zu können.

Kräuter-Anwendung und vernünftige Lebensweise

Der Schöpfer steht mit SEINER unendlichen Macht und Liebe hinter allem Geschaffenen. ER streckt jedem Bedrängten SEINE helfenden Hände entgegen. Erwartet aber, daß jeder Mensch die Gabe der Vernunft benützt, die ihm als schützender, bewahrender und erhaltender Begleiter mit auf den Lebensweg gegeben wurde.

Glücklich jeder Mensch, der die Stunde erlebte, wo er „vernünftig" wurde. Und der immer wieder aufs neue versucht, bewußt „vernünftig", „menschen-würdig" zu leben.

Des Menschen Vernunft ist also kein gleichbleibender Zustand, sondern man muß stets abwägen, muß Erkenntnisse sammeln, sich nach den gegebenen Umständen und Erfordernissen ausrichten und sich dementsprechend verhalten.

Fehlt eine vernünftige Lebensweise, dann können Kräuter und Pflanzen auch keine Wunder wirken. Denn gegen die Dummheit . . . ist selbst der liebe Gott machtlos. Und das Kräutlein, das da helfen sollte, müßte ER uns erst schicken, was ER sicher unterläßt, es würde ja SEINER Weisheit widersprechen.

Ein bewußtes Frühjahrs-Denken ist notwendig

Um fit zu werden, spielt neben der körperlichen Frühjahrsentschlackung die ganze geistige Einstellung ihre Rolle.

Diese muß einer geistigen Entschlackung gleichkommen. Sie kann nur erfolgen, wenn ein bewußtes Frühjahrs-Denken rechtzeitig einsetzt.

Grundstein zum Gesundsein

Die Enge des Winters macht der Breite des Frühlings Platz. Der begrenzte Wohnraum weicht zurück, die Weite der erwachenden Natur stellt sich an meine Seite. Ich muß breit werden in meinem Denken, muß jede einschränkende Trennwand niederreißen.

Ich bin ein körperhaftes Sein, das denken und lieben kann. Das in seinem Dasein nicht zeitlich abgeschlossen ist. Nicht für die Zeit geschaffen, sondern für die Ewigkeit vom Schöpfer gewollt.

Diese Tatsache nimmt jede Einengung von mir. Legt den Grundstein zum „Heil-Sein". Führt mich zur „Gesundung". Treibt mich hinaus in die freie Natur. – Dieses Denken stellt über meine Haut Verbindung mit der Außenwelt her, die mich fängt, meine Enge sprengt und so eine grenzenlose Weite auftut. Diese Weite trägt mich auf Schwingen hin zur spürbaren Nähe des Schöpfers. Nur eine offene Seele findet irdisches, sinnvolles Glück, das zeitlos wird und von der Heilung zum Heil führt.

Original Frühjahrskuren

Teekur: Von jedem der sieben Frühjahrskräuter nimm den gleichen Teil für insgesamt 2 Teelöffel voll zerkleinertes Gemisch. Überbrühe sie mit 1/4 l kochendem Wasser, lasse 15 Minuten zugedeckt ziehen, seihe ab. Du kannst den Tee auch mit Honig süßen und eventuell 1 Eßlöffel reinen Zitronensaft dazugeben. Ein geeigneter Tee für die Frühjahrskur ist nun fertig. – Trink ihn früh, mittags und abends, aber regelmäßig 6 Wochen lang, dann wirst du den Erfolg spürbar erleben.

Suppenkur: 1 Eßlöffel voll des oben angeführten Kräutergemisches in einen Teller Suppe geben. – Die übrige Jahreszeit hindurch kannst du die Suppe mittels pulverisierten getrockneten Kräutern würzen. Eine Möglichkeit, die ich nicht nur als Rat weitergeben möchte, sondern mehr noch: ich bitte eindringlichst darum. Dieses Kräutergemisch hat nämlich breitesten Wirkungsbereich.

Du brauchst die Frühjahrskur nicht nur mit Tee durchzuführen, sondern du kannst auch Tag für Tag mit Kräutersuppe, Kräuter-topfenkäse und Kräutersauermilch abwechseln. Dies erfüllt den gleichen Zweck der Blutreinigung und der Förderung deiner körperlichen, geistigen und seelischen Auferstehung.

Frühjahrs-Essig: 75 g der feingeschnittenen Kräutermischung zu gleichen Teilen mit 1 l gutem Weinessig übergießen. 8 Tage verschlossen bei einer Temperatur von wenigstens 20° C stehenlassen und täglich einmal durchschütteln. Dann abseihen, den Rückstand gut auspressen. – Diesen Kräuteressig kannst du kühl und dunkel ein ganzes Jahr lang aufbewahren. Er eignet sich in erster Linie als erfrischendes Getränk. Gib dazu 1 bis 2 Teelöffel voll in 1/4 l Wasser. Es wirkt durststillend und belebend.

Man kann auch 2 bis 3 Eßlöffel des Essigs auf 3 l Wasser für Fußbäder bei müden Füßen und nach anstrengenden Märschen heranziehen. Auch Handbäder erweisen sich als wertvoll.

Osterkräuter-Wein: Du übergießt 20 bis 100 g Kräutergemisch – je nach gewünschter Intensität – mit 1 l gutem naturbelassenen Weißwein. Läßt 8 Tage stehen, seihst ab und hast einen guten, gesunden Trunk zur Hand. Trinke ihn „klein-gläschenweise", das heißt, nur wenig, dafür aber öfters.

Frühjahrs-Öl: Nimm wieder zwischen 20 und 100 g der Kräutermischung – in diesem Falle würde ich getrocknete Ware vorziehen, um nicht die Bildung von Schimmelpilzen zu fördern – und übergieße sie mit 1 l kaltgepreßtem Olivenöl. Laß das ganze 8 Tage in der Sonne stehen, seihe dann ab und presse den Rückstand aus. Zuletzt fülle das Öl in kleine braune Fläschchen. Lagere sie dunkel und kühl. – Dieses Frühjahrs-Öl dient zum Einreiben der Füße, der Hände und des Gesichts. Es wirkt belebend und tut auch deinem Teint gut.

Frühjahrs-Tinktur: Du fügst 1 l hochprozentigem Alkohol 125 g frische Frühjahrskräuter-Mischung hinzu und stellst das verschlossene Glasgefäß 14 Tage lang ins Wohnzimmerfenster. Schließlich seihe ab und gib dem Rückstand 1 l destilliertes Wasser bei. Laß 3 Stunden stehen und filtriere es. Gib diesen Auszug zur ersten Flüssigkeit und laß das ganze nochmals 14 Tage im Fenster stehen. Fülle danach in Fläschchen und lagere dunkel und kühl. So ist die Tinktur einsatzfähig. – Eine tägliche Einnahme von 2mal 15 Tropfen erweist sich als stoffwechselanregend, appetitfördernd und aufbauend. Äußerlich dient die Tinktur wie das Frühjahrs-Öl zum Einreiben des Körpers.

Kräuter-Sauermilch: Du erhältst sie, indem du 1/4 l Sauermilch 1 Eßlöffel voll der Frühjahrskräuter beigibst. – Man kann die Kräuter im Frühjahr auch einfrieren oder trocknen und pulverisieren, um sie das ganze Jahr hindurch für die Sauermilch zur Verfügung zu haben.

Kräuter-Topfenkäse: Fettopfen mit Rahm, einer kleinen Prise Salz, reichlich Kümmel oder Schnittlauch und den sieben gewiegten Kräutern abrühren, und ein gesunder Brotaufstrich oder eine Beigabe zu Pellkartoffeln, gekochten Kartoffeln, ist fertig.

Bewegung ist halbe Gesundheit

Bewegung bringt Schwung in das Getriebe.
Bewegung öffnet Poren und Drüsen, fördert die Hautatmung.
Bewegung reduziert Wasser und Fett im Körper, macht schlank.
Bewegung regelt Körperdurchblutung, Kreislauf und Blutdruck.
Bewegung fördert die Bildung gesunder Mundflora durch Atmen.
Bewegung an frischer Luft behebt den Magensäuremangel.

Ein Gang durch die Natur

Gehe bewußt hinein in das Frühjahrs-Werden, mit offenem Herzen und nach Luft lechzender Lunge. So manches Kräutlein grüßt dich da und will dir helfen.

Das Scharbockskraut: Mit seinen glänzend sattgelben Honigblättern bietet es dir Vitamin-C-Gemüse.

Das Lungenkraut: Als reichlicher Träger von Schleimstoffen und Kieselsäure heilt es festsitzenden Husten aus.

EIN BLICK AUF RUDERALPFLANZEN

Wildpflanzen sind keine Entdeckung der sogenannten Biowelle. Tausende Jahre lang haben sich Menschen von ihnen und den Wildtieren genährt und eine entsprechend genaue Kenntnis ihrer gesundheitlichen Wirkungen erfahren. Pflanzen waren nämlich immer schon Nahrungs- und Heilmittel zugleich.

Den ersten Heilkräutern im Jahr begegnen wir an Wegrändern, auf Anschüttungen und Schutthalden. Man spricht sie häufig unter dem Sammelnamen „Ruderalpflanzen" an.

Der Korbblütler Huflattich mag Rohbodenstellen

Aus einem ausdauernden Wurzelstock steigt mit der zaghaften Frühlingssonne ein gelbleuchtender Blütenkorb auf geschupptem, blattlosem Stiel empor.

Echte Sonnenkinder lächeln dem Wanderer nun entgegen. Sie öffnen ihre Blüten bei aufgehender Sonne und gehen bei Nacht und bei bedecktem Himmel schlafen.

Erst nach der Blütezeit entwickeln sich die grundständigen, derben, sehr großen, rundlich-herzförmigen, gezähnten Blätter, die auf der Unterseite stark filzig sind.

Die gelben Korbblüten des Huflattichs sehen dem Löwenzahn etwas ähnlich, sind aber nicht so groß und erscheinen bereits in den Monaten Februar bis April.

Den Huflattich trifft man vorwiegend auf lehmigen, kalkreichen, wasserstauenden Böden an. Er ist ein Wasserzug-Zeiger. Das heißt, man findet ihn stets nur auf ausgesprochenen Störzonen, die eventuell bis 300 Meter unter der Erde liegen können.

Huflattichblätter, ein altes Hausmittel

Von den ältesten Naturärzten bis zu Pfarrer Kneipp herrscht über den Huflattich ein einhelliges Lob.

Bei Kopfschmerzen: Frische Blätter pflücken und mit der filzigen Unterseite auf die Stirne legen. Eventuell einen einfachen Verband anbringen. Den Vorgang des öfteren wiederholen. – Zerknittert man die Blätter vor der Auflage, dann wirken sie umso rascher.

Bei Venenentzündung: Frische Huflattichblätter sammeln, kleinhacken, Milchrahm und etwas Roggenmehl dazugeben. Daraus rührt man eine salbenartige Masse und bestreicht mehrmals am Tag die entzündeten Stellen.

Bei geschwollenen, schmerzenden Füßen: Grüne Huflattichblätter leicht zerknittern, auflegen und einen Strumpf darüberziehen. Nach 5 Stunden erneuern. – Eines soll man beachten: nur Beharrlichkeit in der Behandlung führt hier zum Ziel.

Wasser in den Füßen: Frische Huflattichblätter kleinschneiden. 2 Doppelhändevoll in die Fußbadewanne geben. Kochendes Wasser darübergießen. Nach dem Temperieren die Füße darin baden. Eintrocknen lassen und mit Arnika-Tinktur nachreiben.

Neuralgien oder Nervenschmerzen: Sie können infolge von Erkältungen auftreten, aber ebenso durch Bewegungen, Stoffwechselkrankheiten oder Alkoholmißbrauch ausgelöst werden. Ruhe ist hier grundsätzlich notwendig, Kälte oder Zugluft meiden. – Bewährt haben sich auch hier Umschläge mit zerquetschten Blättern des Huflattichs, die von Mai bis Juli gesammelt und frisch angewandt am wirksamsten sind. – Die Blätter zerstampfen, fingerdick aufstreichen, mit einem Leinentuch abdecken und eine halbe bis eine Stunde einwirken lassen. Diese Behandlung kann mehrmals täglich mit frischen Blättern wiederholt werden.

Die äußerst schmerzhafte Gürtelrose: Sie erfordert ärztliche Betreuung. Nach Absprache mit dem Arzt kann jedoch eine Huflattich-Auflage empfohlen werden. 1 Handvoll Blätter kurz in kochendes Wasser legen und abtropfen lassen. Die schmerzenden Stellen damit bedecken.

Infolge von Erkältungen stellt sich nicht selten Husten ein: Hier ist Huflattich-Tee richtig am Platz. 1 vollen Eßlöffel zerkleinerte Blüten oder Blätter mit 1/4 l kochendem Wasser übergießen, 15 Minuten ziehen lassen, abseihen. Etwas Honig und Zitronensaft hinzufügen und täglich 3 Tassen warm und langsam trinken.

Der Kreuzblütler Hirtentäschel blüht das ganze Jahr über

Das zweijährige Kraut mit seiner sehr tiefgehenden, dünnen Pfahlwurzel wird bis 50 Zentimeter hoch. Die Blätter sind dunkelgrün und dicht mit Haaren besetzt. Die sehr kleinen, weißen Blütchen bilden auf abstehenden Ästchen rispig verlängerte Trauben. Charakteristisch sind die taschenförmigen Fruchtknoten, die dem Kraut zum Namen verhalfen. Sie gleichen den Taschen, die Hirten früher aus Rohfellen nähten und bei ihren Herden trugen.

Das Hirtentäschel ist eines der häufigsten Wildkräuter. Man findet es überall, sowohl auf bebautem als auch auf unbebautem Land, besonders aber auf Äckern, an Wegrändern, auf Schutt und sogar zwischen Pflastersteinen.

Kreislaufregulierender Tee: Die Pflanze kann das ganze Jahr über gesammelt werden, doch die günstigste Erntezeit sind die Frühjahrsmonate. Man zieht das Kraut mitsamt der Wurzel aus dem Boden. Reinigt es und hängt es gebündelt im Schatten zum Trocknen auf. Dann erst werden die Wurzeln abgeschnitten.

2 Teelöffel Hirtentäschelkraut mit 1/4 l kochendem Wasser übergießen, 15 Minuten ziehen lassen, abseihen. Das Trinken von täglich 3 Tassen erweist sich als besonders wertvoll bei niedrigem Blutdruck, aber auch bei übermäßigen Unterleibsblutungen und Frauenleiden zeigt es seine Wirksamkeit.

Zur Unterstützung für Zuckerkranke: Junge, zarte Blätter der Grundrosette abzupfen, Salaten und Suppen beimischen.

Bei Krampfadern: Frisches Hirtentäschelkraut zerquetschen, auf Krampfadern auflegen und mit einer Mullbinde umwickeln. 1 Stunde lang einwirken lassen, dann wiederholen.

Bei Nasenbluten: Aus dem Hirtentäschelkraut den frischen Saft pressen, einen kleinen Wattebausch darin tränken, in das Nasenloch stopfen und einige Zeit drinnen belassen.

Tee bei Hämorrhoidalleiden: Getrocknetes Hirtentäschelkraut und Kamillenblüten zu gleichen Teilen mischen. 2 Teelöffel davon mit 1/4 l kochendem Wasser übergießen, 15 Minuten ziehen lassen, abseihen. Täglich 3 Tassen schluckweise einnehmen.

Die Weiße Taubnessel, große Helferin am Wegesrand

Der Lippenblütler mit den Scheinquirlen, die im oberen Stengelteil sitzen, wächst gerne auf Schutthalden, an Ufern und Zäunen. Kann wie manch anderes heilende Kraut als „Gottes Hand" betrachtet werden, die sich „allerorts" dem leidenden Menschen entgegenstreckt und auf seine Antwort wartet.

Mischtee bei Frauenleiden: Getrocknetes Blüten-Blätter-Gemisch der Weißen Taubnessel und Schafgarben-Blätter-Blüten werden zu gleichen Teilen zusammengefügt. Daraus einen Tee im Heißaufguß zubereiten und 2 bis 3 Tassen täglich trinken. Hilfreich für Frauen und Mädchen, die schon Tage vor der Periode heftige Leibschmerzen verspüren. – Beim Weißfluß junger Mädchen ist die gleiche Teekur zu empfehlen. Zusätzlich aber sind warme Waschungen in gleicher Zubereitung anzuraten.

Taubnessel als Frühstückstee: Die abgezupften weißen Blüten gelten, im Heißaufguß zubereitet, als vorzüglicher Frühstückstee, der stark entkrampfend und begütigend wirkt.

Taubnessel als Gemüse: Die jungen Sprossen und Blätter der Weißen Taubnessel werden mit Spinat und Brennessel zu gleichen Teilen gemischt. Dazu kommen noch die Sprossen und Blätter von Petersilie. Man kocht alles auf, drückt es aus und macht das Gemüse wie Spinat fertig, wobei das Kochwasser mitverwendet wird.

Taubnesselwurzel als Salat zubereitet: Die Wurzel im Spätherbst – nachdem die Pflanze sich im Stadium des Absterbens befindet – graben, bei laufendem Kaltwasser reinigen und weichkochen. Mit Essig, Öl und Gewürzen als Salat angemacht und gegessen, reinigt dies den Darm und wirkt Depressionen entgegen.

Nothilfe bei Harnstauungen: Verblüffend ist der Erfolg einer Tasse Weißen-Taubnessel-Blütentees bei plötzlich auftretender Harnstauung. Kurze Zeit nach dem Trinken setzt bereits der erlösende und befreiende Harnfluß ein.

WEISSE TRAUBEN AUF TIEFGRÜNEM GRUND

Sich im „Dschungel-Wirrwarr" von Hecken und Stauden zurechtzufinden ist gar keine so leichte Aufgabe. Aber gerade deswegen lohnt es sich, Anstrengung und Bemühen walten zu lassen, um dazuzulernen.

Zwei Jahreszeiten kommen uns da zu Hilfe: die Zeit der Fruchtreife und das Stadium des Blühens.

So schrieb ich treffend im Buch „Laßt mich vom Leben reden":
„Unten am Bachrand explodiert das Leben. Die Traubenkirsche gibt dabei den Ton an. Setzt mit ihrem hellen Grün einen kräftigen Akzent. Kennt keine Scheu.

Schwer hängen die weißen Blüten traubenförmig herunter. Und die Bienen können sich nicht genug daran gütlich tun. Machen ihr mit ihrem Gesumme den Hof.

Des Mondes Sichel schwebt im Mai durch den Abend voller Amselmusik, abgelöst durch die friedliche Nacht. Selbst ihr Dunkel besiegt der Hagedorn, der am Feldrain steht. Durch das helle Weiß seiner Doldenrispen mutet er an wie ein freundlicher Geist, der von drüben kommt.

Alles Geschöpf lebt um mich herum. Alle Wesen verwirklichen den Sinn des Schöpfers. Loben IHN durch ihr Sein. Alles plaudert, erzählt und kündet. – Wer soll mich da noch zurückhalten, vom Leben zu reden?"

Die Traubenkirsche, eine Blütenzier

Dieses Rosengewächs begegnet uns in der heimischen Flora in zweierlei Gestalt: in Hoch- oder Strauchform und als Baum oder Gebüsch. Letztere Art aber scheint die häufigere zu sein.

Am Wasser, vor allem in Au- und Bruchwäldern, und im feuchten Niederwald der Tieflagen wächst die Hochform als verbreiteter Baum und erreicht eine Höhe bis zu fünfzehn Meter. Eine Unterart hingegen bleibt vorwiegend strauchartig und wird nur bis zu drei Meter groß. Wir treffen sie meist in Gebirgslagen an.

Interessant ist auch die Bezeichnung „Ahlkirsche". In der Steiermark nennt man die stinkende Jauche „Aal". Auf den fauligen Geruch des Traubenkirschenholzes bezogen, stimmt dies auch. Alle Traubenkirschen-Arten haben braune Äste, die im Jugendstadium borstig behaart sind. Die länglichen bis eiförmigen zugespitzten Blätter mit scharf gesägtem Rand stehen wechselständig. Auf ihren rötlichen Stielen befinden sich ein bis drei meist grünliche, abgeflachte Nektardrüsen. Die weißen Blüten sind in überhängenden Trauben angeordnet. Ein Anblick, der das Herz eines jeden Naturfreundes höher schlagen läßt.

Die schwarzglänzenden, kugeligen Steinfrüchte reifen in den Monaten Juli bis August und schmecken bittersüß. Das Fruchtfleisch ist eßbar, die Samen der Steinkerne aber sind giftig.

Die Traubenkirsche war ursprünglich in Europa und Asien beheimatet. Wegen ihrer ausgezeichneten Fähigkeit als Bodenbefestiger wird sie zusehends für Hecken an Fluß- und Bachufern, aber auch an Waldrändern als Strauchform angesiedelt. Wenn sie im Mai blüht, erfreut sie Auge und Gemüt, denn sie trägt eine sehr freundliche Note in die Landschaft hinein.

Der herbbetäubende Duft der Traubenkirschen-Blüten lockt viele Insekten an, darunter Honigbienen, Hummeln und Wildbienen. Die kleinen, kompakten Pollenhöschen sind dunkelbraun.

Die Traubenkirsche und ihre Anwendung

Die grubig gefurchten Kerne der Traubenkirsche wurden schon in alten Pfahlbauten-Siedlungen gefunden.

Für Heilzwecke sammelt man auch heute noch die Rinde der mehrjährigen Zweige. Die beste Zeit dafür ist der Herbst oder das Frühjahr. Man darf fremde Bäume und Sträucher aber nicht beschädigen und verstümmeln, das ist klar. Eine gute Gelegenheit zur Rinde zu kommen ist die des Baumausputzes und Baumschnittes oder gefällte Bäume und Sträucher zu benützen. Die Rinde mit Bast sofort abschälen, im Luftzug oder in einer Darre bei Temperaturen bis zu 40° C trocknen.

Bei der Verwendung ist aber Vorsicht geboten: Die Gefahr einer Vergiftung kann nicht abgestritten werden, würde man die vorgeschriebene Menge außer acht lassen. Dies gilt als Regel, die man im allgemeinen bei der Volksheilkunde unbedingt einhalten soll.

Die Traubenkirsche in der Volksheilkunde: Sie gilt heute immer noch als Hausmittel. Der Inhaltsstoff Prunasin ist an und für sich giftig, wirkt aber in kleineren Gaben heilend. – Junge Ästchen und abgeschälte Rinde werden zu diesem Zweck gut getrocknet und entsprechend zerkleinert. 2 Teelöffel davon in 1/4 l kaltem Wasser 3 Stunden lang ansetzen, dann kurz aufkochen. Nicht länger als 3 Wochen lang trinken, dann wieder ebensolange aussetzen. Während der Kur täglich früh und abends jeweils 1 Tasse – aber nicht mehr – langsam und schluckweise einnehmen. Dies wurde in den bäuerlichen Gegenden seit alters gegen chronische und hartnäckige Gicht verwendet.

Traubenkirschen-Rinden-Tee für Epileptiker: Bei Fallsucht hat sich Traubenkirschen-Rinden-Tee als sehr wirksam erwiesen. Wichtig ist es jedoch, daß man sich ganz genau an die Vorschriften hält. Wegen des Inhaltsstoffes Prunasin, einem Blausäureglukosid, darf bei Anfällen nur täglich 1 Tasse verabreicht werden, ansonsten könnte es zu Kopfschmerzen, Erbrechen oder Durchfall kommen. In kleiner Dosis, nach folgender Zubereitung eingenommen, wirkt dieser Inhaltsstoff aber überraschend gut heilend, und manchem an dieser Krankheit Leidenden konnte Hilfe gewährt werden. – 2 Teelöffel zerkleinerte und getrocknete Traubenkirschen-Rinde in 1/4 l kaltem Wasser zustellen, 5 Minuten aufkochen, abseihen, langsam und schluckweise trinken.

Traubenkirschen-Holz: Der Splint ist gelblichweiß und der Kern braungelb. Das Holz riecht nach bitteren Mandeln. Es findet bei Schnitzarbeiten und bei der Herstellung von Schußwaffenschäften Verwendung. Liefert auch gute Faßkufen und wird ebenso als Drechslerholz benützt, vor allem für Pfeifenrohre.

Traubenkirschen-Rinde: Man gebraucht sie des weiteren zum Färben von Kräuterlikören. Kleingeschnittene Rindenstückchen gibt man im frischen Zustand 14 Tage lang in Kräuterschnäpse oder Liköre und nimmt sie dann wieder heraus. Mit abgekochtem und ausgekühltem Wasser werden sie ausgewaschen, die Flüssigkeit filtriert und der ersten beigefügt. – Auf diese Weise kann man die Farbe der hausgemachten Schnäpse und Liköre dunkler und ruhiger erscheinen lassen. Eine Methode, die durchaus erlaubt und ratsam ist. Auch die Farbe spricht bei Schnäpsen ihre Sprache.

Traubenkirschen-Früchte haben ebenfalls Bedeutung: Sie werden gerne von Vögeln gefressen und so die Art verbreitet. Nicht nur zu Notzeiten wurden die Früchte zu Saft, Mus und Marmeladen verarbeitet, sondern man verwendet sie heute noch gelegentlich.

Traubenkirschen heben unser Landschaftsbild

Dieses Gehölz stellt an den Boden keine großen Ansprüche. Die Traubenkirsche bevorzugt zwar feuchtere Standorte, gedeiht aber auch auf trockeneren Böden. Ein geeigneter Standort zum Beispiel sind die Ränder schmaler Bächlein in einem offenen Wiesengrund, zwischen lockerem Erlbestand oder in ähnlicher Umgebung auf Böschungen, die hin zum Waldrand führen.

Die Vermehrung ist nicht schwierig, sie läßt sich durch Aussaat durchführen. Die vom Fruchtfleisch gereinigten Samenkörner werden im Herbst bereits in den Boden gelegt, alles andere besorgt die Natur von selbst.

Weil die Traubenkirsche schadlos zeitweilige Dürre, leichte Spätfröste und sogar kleine Überschwemmungen übersteht, kann man sie als industriefestes Pioniergehölz einsetzen, um Ödland, Halden oder Ufer zu begrünen. Sie eignet sich ebenso zum Abdecken von unschönen Mauern oder Holzwänden.

Die Pflanze ergibt aber auch einen hübschen Blickfang in jedem geräumigen Garten. Die hängenden weißen Blütentrauben verleihen ein Gefühl des Gelöstseins und der inneren Freiheit.

MÄDESÜSS, EIN ADRETTES UFERGEWÄCHS

Die bekannte Heilpflanze liebt naturbelassene Wassergräben. Sie wird auch „Wiesenkönigin" genannt. Und in der Tat, sie bringt es zustande – dank ihrer königlichen Erscheinung – das Bild einer Wiesenlandschaft zu prägen, ihr einen erhabenen Stempel aufzudrücken.

Die „Rüsterstaude" – ein weiterer gebräuchlicher Name dieses Rosengewächses – mag Sonne oder auch Halbschatten an feuchten, sumpfigen Stellen und bevorzugt normalen humosen Boden.

Diese stattliche Pflanze erreicht eine Höhe zwischen dreißig Zentimeter und zwei Meter. Sie blüht von Juni bis August und vermehrt sich durch Aussaat oder Stockteilung.

Eine Wildblume, die lächeln kann

Sie ist eine dekorative Staude mit kurzem Erdstamm und fiederschnittigen, gezähnten Blättern, oberseits dunkelgrün, unterseits hellgrün, meist weißfilzig behaart.

Das Mädesüß kommt weitverbreitet vor, man trifft es ebenso bei uns wild an. Sein Bestand geht aber überall dort rapid zurück, wo man trockenlegt, Bachufer zerstört oder das Bachbett mit Rinnsalsteinen versieht. Hier vergewaltigt man den Lebensraum.

Meistens verschwinden dann auch sukzessive die Grasflächen. Der Pflug wird eingesetzt und neues Ackerland entsteht. – Ich bin ein durchaus positiv denkender, wirtschaftlich eingestellter Mensch, aber wenn die Pflugschar „siegreich" alte Wiesentäler erobert und man darunter Fortschritt zu verstehen meint, werde ich nicht nur skeptisch, sondern zutiefst traurig.

An feuchten Plätzen, besonders in den Erlen- und Eschenbeständen der Flußniederungen, in Birkenwäldern und ebenso an Wassergräben, in Streuwiesen und Röhrichten siedelt sich die Wiesenkönigin gerne an.

Der Name „Mädesüß" dürfte sich seinem Ursprung nach aus dem Niederländischen oder Norddeutschen ableiten lassen. Die stark duftende Pflanze wurde nämlich in den nordischen Ländern als aromatischer Zusatz für Bier, Wein und mit besonderer Vorliebe für Met verwendet – das älteste aus vergorenem Honig gewonnene alkoholische Getränk der Germanen.

Den Botanikern des Mittelalters war die Pflanze ebenfalls gut bekannt. Sie geriet dann aber für einige Zeit in Vergessenheit. Erst im 19. Jahrhundert wurde ihre medizinische Bedeutung wieder aktuell.

Auf unseren Wiesen wächst Gesundheit

Der Name „Wiesenkönigin", der dem Mädesüß gerne gegeben wird, hat seine klare Bedeutung: Die Pflanze liebt Teilstücke der Wiesen, die nicht der Mahd zum Opfer fallen. Hier kann sie sich so richtig entwickeln. Sie bevorzugt die Gemeinschaft ihresgleichen und gilt deswegen als gesellig. Bildet große Bestände, beherrscht teilweise nicht zu dichte Schilfgürtel und bringt Duft und Glanz in Augehölze.

Das Mädesüß mag sowohl kalkreichen als auch kalkarmen Boden. Es findet sich in wechselfeuchten bis nassen, meist nährstoffreichen Wiesen und Wiesenstellen und auch in Moorwiesen gut zurecht. Die Pflanze ist ein Gleibodenzeiger.

Vorwiegend werden die Blüten gesammelt

Dies geschieht in den Monaten Juni bis August, zu einer Zeit, da sie sich völlig geöffnet haben und zur Gänze aufgeblüht sind.

Man gebraucht auch die Wurzelstöcke, hier fällt die Zeit des Ausgrabens in die Monate Oktober bis November oder in den April. – Im Herbst ist die Pflanze leichter zu erkennen, weil die alten Triebe zwar eingedorrt, aber noch sichtbar sind. Im Frühjahr hingegen muß man die Stellen des Vorkommens des Mädesüß gut kennen, um es ausfindig zu machen.

Vielfach werden des weiteren die Blätter in der Volksheilkunde herangezogen. Man sammelt sie im Frühjahr zur Zeit des Austriebes. Getrocknet wird das jeweilige Sammelgut im Schatten bei günstigem Luftzug oder bei Temperaturen bis 35° C.

Das Mädesüß ist reich an Salizylsäure

Schon die Keltenpriester, die Druiden, verehrten das Mädesüß der vielen Anwendungsmöglichkeiten wegen in Haus und Medizin. Die Pflanze enthält wertvolle ätherische Öle, die bis zu 70 % Salicylaldehyd aufweisen. Es ist daher kein Wunder, daß man schon frühzeitig den Wert der Pflanze in der Hauptanwendung für Muskel- und Gelenksrheumatismus erkannte, sie aber auch bei Harnwegs- und Nierenentzündungen mit Erfolg einsetzte.

Hoch angesehen war Mädesüß am Englischen Hof: Zur Zeit der Königin Elisabeth der Großen war es Sitte, die Fußböden mit Kräutern zu bedecken. Maßgeblich waren dafür zwei Gründe: Erstens, um dadurch eine warme Unterlage zu haben. Zweitens, um schlechte Gerüche und Infektionen zu vermeiden. – Das „Blumenschenken" zu gewissen Anlässen, heute weitverbreitet, beruht eigentlich auf diesem Grundprinzip. Man wußte einst, vielleicht mehr als heute, die gesundheitliche Wirkung des Duftes zu schätzen, den Kräuter und Blumen uns ins Haus bringen.

Alte Kräuterkundige waren jener Meinung: „Daß der Duft des blühenden Mädesüß' das Herz froh mache und die Sinne erfreue, ohne Kopfschmerzen zu verursachen." Das war auch der Grund, warum man von alters her Mädesüß zum Aromatisieren von Getränken verwendete. In England zum Beispiel verstand man es, daraus ein gutes Bier zu brauen, das einen sehr erfrischenden Geschmack hat und heute noch von Ruf und Namen ist.

Mädesüß-Wein, seit eh und je beliebt: 5 bis 6 Stück frischgepflückte Mädesüßblütenrispen werden in eine Literflasche gegeben und mit gutem, naturbelassenem Weißwein übergossen. 8 Tage im kühlen Raum stehenlassen, dann abseihen und filtrieren. Dunkel und kühl lagern.

Ein Dessertwein, der dem Gastgeber seines angenehmen Duftes und seines guten Geschmackes wegen bei Aufwartungen alle Ehre macht. Dazu kommt noch jener Vorteil, daß er nicht nur ausgezeichnet mundet, sondern auch das Gemüt hebt. – Mädesüß-Wein ist ein richtiger „Medizinalwein", der, mehrmals löffelweise oder in kleinen Stamperln eingenommen, den Gemütszustand bessert und vor Depressionen schützt. Er soll vor allem dann genossen werden, wenn man überfordert ist, Sorgen hat, oder einem einfach alles über den Kopf wächst.

Mädesüß, auch „Spierstrauch" genannt, ein erprobtes Hausmittel: Die Pflanze gilt in der Volksheilkunde als hilfreich gegen Wassersucht, Rheumaleiden und bei Erkältungen mit Fieber.

Die richtige Teezubereitung: 2 Teelöffel voll getrocknete Blüten und Blätter, einzeln oder im Gemisch, werden mit 1/4 l kochendem Wasser übergossen. 15 Minuten ziehen lassen, dann abseihen. Langsam und schluckweise trinken.

Ebenso können gereinigte und getrocknete Wurzeln verwendet werden: 1 vollen Eßlöffel davon mit 1/4 l kaltem Wasser übergießen, 3 Stunden stehenlassen, erhitzen, 5 Minuten lang aufkochen und nach 5 Minuten langem Ziehen abseihen.

Vom Mädesüß-Tee, wie immer er zubereitet wird, täglich 2 Tassen warm und schluckweise trinken. Man soll beachten, daß Überdosierung Magenbeschwerden und Übelkeit verursachen könnte.

Mädesüß-Tee, wertvoller Helfer: Vor allem ist es der Blüten- und Blättertee, der starke harntreibende Eigenschaften besitzt und bei Harnblasen- und Nierenschmerzen Einsatz findet.

Vom Bachufer in den Hausgarten

Gartenteiche sind Zufluchtsorte vieler Insekten und Lurche. Sie bieten ihnen die Möglichkeit, sich vermehren zu können. – Daß beim Umsetzen solch löblicher Ideen in die Wirklichkeit gute Absichten und eine Wasserfläche allein nicht genügen, dürfte einleuchtend sein. Die Bepflanzung des Teichufers ist von allergrößter Wichtigkeit. Neben Schilfrohr, Kalmus und Wasserlilie darf das Mädesüß auf keinen Fall fehlen. Seine rahmweißen Blütenwedel grüßen nicht nur von weitem, sie verströmen auch einen angenehmen, einladenden und aufheiternden Geruch.

NIMM DIR ZEIT UND LERNE SCHAUEN

Arme haben in unseren Breiten heute andere Gesichter als einst. Es sind nicht mehr die eingefallenen Wangen, die großen Augen, die mageren Hände, jederzeit bereit zuzugreifen, das zu nehmen, was ihnen geboten wird, und es rasch in den Mund zu stecken, um es gierig verschlungen im hohlen Bauch verschwinden zu lassen.

Die Armen von heute sind anders: Wangen rund, Augen zugekniffen, Hände gepolstert, in abweisender Haltung, als ob sie jemand herausfordern wollte. Sie sind dabei immer nur auf eines bedacht, ihren eigenen Vorteil nicht zu übersehen.

Arme haben heute andere Gesichter. Sie übergehen einfach, was um sie herum geschieht. Beachten die kleinen aber beständigen Wunder in der Natur nicht mehr, die sich um sie ereignen.

Die Armen von heute sind bedauernswerte Geschöpfe.

Der Teufel war los im Kirchturmstüberl

Viele zählen ihn zu den Schwalben, mit denen er aber nur Gestalt und Lebensweise gemeinsam hat. Er gehört der Familie der Segler an. – Gemeint ist der Mauersegler.

„Im Turmstüberl ist der Teufel los." So schien es wenigstens zu sein. Ein Gepolter, Geklirre und Geflatter war zu vernehmen.

Ich ging der Sache nach. Und was fand ich vor? Wie wild flog ein junger Mauersegler im Raum herum. Er stieß immer wieder mit der Schnabelspitze gegen die Fensterscheiben.

Ein zweiter lag wie tot am Boden. Sein kleiner Körper aber war noch warm. Ich nahm ihn zu mir, steckte ihn zwischen Hemd und Weste an meine Brust. Dann griff ich nach dem „wilden Gesellen". Husch. Ich hatte Glück, es gelang. Ich trug ihn hinunter in den Hof und ließ ihn frei. Er flog davon.

Da wurde es an meiner Brust lebendig. Rasch handelte ich, und schon hielt ich den kleinen Spitzbuben ebenfalls in meiner Rechten. Auch er segelte ins Weite.

Wie waren diese beiden Jungvögel in die Turmkammer gekommen, obwohl der Aufgang zum Kirchturm gut abgeschlossen war? – Ganz einfach für sie: Bevor wir ein elektrisches Geläute bekamen, benötigten wir Glockenseile, die durch kleine Löcher in den dicken Trennpfosten die drei Stockwerke direkt durchliefen und im Läutestüberl ihr Ende fanden. Die junge Brut, ihrem Futtertrieb folgend, landete schließlich dort, wo es von Fliegen nur so wimmelte, in der untersten Turmkammer.

Mauersegler sind ein luftig' Volk

Die Vögel verbringen den größten Teil ihres Lebens in der Luft. Sie setzen sich nie freiwillig auf die Erde. Ursprünglich bewohnten sie Felsen und Höhlungen in Bäumen, jetzt leben und nisten sie in kleinen Kolonien auf hohen Gebäuden wie Kirch-, Schloß- und Glockentürmen.

Ende April, Anfang Mai bezieht der Mauersegler nach der Rückkehr aus Südafrika seinen Nistplatz. Er sucht dasselbe Nest mehrere Jahre hindurch immer wieder auf. Findet er seine Nisthöhle schon von einem anderen Vogel besetzt, so wirft er dessen Nest und gegebenenfalls auch die Brut einfach hinaus.

Er nistet nur einmal im Jahr, von Mitte Mai bis Mitte Juni. Sein Nest ist ein flaches Häufchen aus Halmen, Haaren, Wolle, Federn und trockenen Blättern. Diese Materialien fliegen im Wind, und der Mauersegler kann sie auch im Flug fangen.

Das feine Material in der Nestmulde verfestigt er durch Speichel, der an der Luft erstarrt.

Seine hohen, schrillen Rufe, mit denen er vor allem abends oft in Rudeln durch Straßen und um Kirchtürme jagt, sind charakteristisch für ihn und unterscheiden ihn deutlicher als alles andere von den sanft zwitschernden Schwalben.

Sein ganzes Leben ist so sehr aufs Fliegen ausgerichtet, daß er am Boden mit seinen sehr kleinen Füßen ziemlich hilflos ist. Er hat sogar Schwierigkeiten, von dort wieder mit den langen, sichelförmigen Flügeln in die Lüfte zu kommen.

Sein Ruf machte ihn zum Totenvogel

Liebenswürdig und doch verschrien, das ist der Steinkauz. Er zählt zu den kleineren Eulen unseres Heimatlandes. Hier wird er auch „Wichtel" genannt. Er fällt besonders durch seine starrfixierenden, grellgelben Augen auf.

Nicht selten erschallt bei Nacht sein Ruf „kiwitt-kiwitt", den der Volksmund als „komm-mit, komm-mit" ausgelegt hat. Was bei anderen Eulen die Fächerung des Gefieders ist, um den Feind zu erschrecken, das ist beim Kauz sein Knixen.

Der Vogel mit den vielen Namen – Minervens-Vogel, Scheunenkauz, Leicheneule und Toteneule – scheut vor dem Menschen nicht zurück. Eher fürchtet sich der Mensch mit seinem törichten Aberglauben vor dem Vogel.

Wenn der Steinkauz sich einmal nachts an das erleuchtete Fenster setzen sollte, so geschieht das nur, um die dort vom Licht angelockten Insekten zu erjagen. Sicherlich aber nicht, um dem Kranken, für den das Licht in der Kammer als Nachtwache brennt, den Tod zu verkünden.

Diese bekannte kleine Eule kennzeichnet auch ihre Flachstirnigkeit. Der Steinkauz verdient die Gunst des Menschen, zumal er sich durch Insekten- und Mäusevertilgung nützlich macht.

Habicht und Sperber sind die Feinde des Kauzes

Das Wiesel stellt seinen Eiern nach. Alle Tagvögel sind ihm feindlich gesinnt, gleichsam als ob sie sich für die ihnen während ihres Schlafes von den Nachträubern zugefügten Angriffe rächen wollten. Sie gebärden sich wie von Sinnen, wenn sie einen Steinkauz erblicken und verfolgen ihn mit großem Geschrei, allen voran Krähen, Elstern und Häher.

Das gesamte Kleingeflügel überkommt dieselben Anwandlungen und gibt diese durch lebhaftes Geschwätz und Geschrei – welches man wohl als Schelten deuten kann – zu erkennen.

Der Vogel gilt heute noch in Palästina als Glücksbringer. Im Alten Griechenland war er der Athene als heilig geweiht.

Der Steinkauz ist kein menschenscheuer Vogel, man kann ihn auch bei Tag erblicken, hauptsächlich jedoch abends, wenn er sich auf Nahrungssuche begibt. Ansonsten ruht er tagsüber im Versteck der Zweige, in Mauernischen oder er sitzt auf dem Dachfirst an schattiger Stelle. Der Kauz nistet gerne in alten Scheunen, Schuppen, Heuablagen, Kirchtürmen, Ruinen und Burgen.

Der Turmfalke, ein Mäusevertilger

Er ist unser beliebtester Falke und hält sich meist im offenen Gelände auf, aber auch Steinbrüche und Felswände verschmäht er nicht und ist dort häufig zu finden.

Kirchtürme jedoch sind sein Lieblingsplatz zum Horsten. Da er sehr gesellig ist, bildet er nicht selten – wenn man ihn in Ruhe läßt – ganze Nistkolonien, wo 20 bis 30 Paare nebeneinander horsten. Er macht sich durch sein „Kli-Kli-Kli-Kli" bemerkbar.

Ein zuverlässiges Bestimmungsmerkmal des Turmfalken im Felde ist das Rütteln. Bei dem er, einem großen braunrostfarbenen Falter gleich, an einer Stelle in der Luft hängt.

Hat er jedoch ein Beutetier erspäht, bricht er sein Rütteln ab, legt die Flügel an den Leib und im Sturzflug geht es dem Boden zu. Erst knapp über der Erde breitet er die Flügel aus. Bremst ab, stürzt aber dennoch jäh auf die überraschte Wühlmaus.

Zum täglichen Sattwerden braucht der Turmfalke drei Wühlmäuse. Er schlägt jedoch auch andere Wirbeltiere und größere Insekten. Wühlmäuse, Mäuse und Ziesel stellen bis zu 86 Prozent seiner Nahrung dar.

Rüttelt der Terzel in der Luft

Der männliche Falke – in der Jägersprache Terzel genannt – ist auf Mäusesuche. Die satte Rostfarbe des Rückens, mit schwarzen Tropfenflecken, der graue Kopf und der ebenso gefärbte lange Stoß mit breiter schwarzer Endbinde leuchten bei seinem Flug in der Sonne auf.

Vergönn' dir dieses Schauspiel in der Natur!

ELEKTROZAUN VERDRÄNGT DIE HECKEN

Der Grenzfluß zwischen den Vereinigten Staaten von Amerika und Kanada ist der Niagara River. Er gilt als Abfluß des Eriesees zum Ontariosee. Mit bloß 55 Kilometern Länge wäre dieser Fluß kaum beachtenswert, gäbe es die zahlreichen Stromschnellen nicht. Sie sind ein einmaliges Naturschauspiel, das unter dem Namen Niagarafälle weltberühmt wurde.

Ich habe weit wichtigere Dinge zu tun

Einst kam ein Forscher übers Meer nach Nordamerika, um die gewaltigen Niagarafälle zu sehen. Als er noch einige Meilen davon entfernt war, hörte er ein Getöse wie rollenden Donner.
Da sah er einen Mann, der auf einem nahen Feld arbeitete. Er trat an ihn heran und fragte: „Rührt dieser Donner vielleicht vom Niagarafall her?"
„Ich weiß es nicht", antwortete dieser, „aber es kann schon sein. Und wenn es auch so wäre, was ist denn dabei?"
Erstaunt fragte ihn der Reisende: „Wohnen Sie denn nicht hier?"
„Bin hier geboren und aufgewachsen", versetzte der Mann kurz.
„Und doch wissen Sie nicht, ob dieses donnernde Geräusch von jenem Wasserfall herrührt?"
„Nein", war die Antwort, „ich habe den Wasserfall nie gesehen. Mich beschäftigen andere Dinge. Ich muß auf meine Landwirtschaft achten." Sprach's, wandte sich wieder seiner Feldarbeit zu und ließ den neugierigen Fremden stehen.
Es gibt auch ein reines Nutzdenken, das sich gegen Gottes herrliche Natur richtet und alles unbedeutend findet, was keinen Gewinn in blankem Geld einbringt. Von dieser Abwertung sind auch Heckenzäune betroffen. Sie sind vielerorts im Hintertreffen, weil ihnen Elektrozäune vorgezogen werden. – Gerade in diesen Tagen erlebte ich eine große Freude: In der Steiermark bei Kindberg sah ich auf freiem Feld eine Gärtnerei, die zur Gänze mit einem urwüchsigen Weißdorn-Heckenzaun umfriedet war.

Wo sich Wald und Steppe die Hände reichen

Feldhecken sind Lebensgemeinschaften für sich, und dies noch höchst artenreich dazu. Sie gelten nicht nur als Zierde der Landschaft, sondern werden zu äußerst wertvollen Kleinlebensräumen. Die Vielfalt der Pflanzen- und Tierarten einer alten Feldhecke hängt damit zusammen, daß sich hier gewissermaßen zwei Großlebensräume begegnen: Wald und Steppe. – Wobei man unter „Steppe" heute einen vielschichtigen Begriff zu verstehen hat, nämlich unsere Kulturlandschaft von Feldern und Wiesen.

Tatsächlich finden sich in der Hecke viele Pflanzen- und Tierarten ein, die einerseits der Lebensgemeinschaft des Waldes und andererseits denen des freien Feldes, der Wiesen und Trockenrasen, gelegentlich auch der Heiden und Felslandschaften zuzurechnen sind.

Abgesehen von den Gehölzen, zu denen bei einer guten Hecke auch verschiedene Baumarten gehören, siedeln sich in ihrem Schatten auch Wald- und Waldrandkräuter an.

Hier fanden die Menschen wahrhaftig in großer Auswahl für beinahe jedes Leiden ein Kräutchen und dazu noch Wildsalate, Wildgemüse und Gewürze, die bereits von jeher als vorbeugende Heilmittel dienten.

Altes, erprobtes Wissen neu entdecken

Heute, da wir wieder begonnen haben, bewußt und gesund leben zu wollen, ist uns die Entdeckung dieses alten, erprobten Wissens doppelt wertvoll. Es können hier nur einige der wichtigsten, vielseitig nützlichen Kräuter und Hausmittel aufgezählt werden.

Preßsaft aus dem Löwenzahn: Man versucht, die gesamte Pflanze mittels eines Distelstechers aus dem Boden zu heben. Wichtig ist, daß man einen beachtlichen Anteil an Wurzeln miteinbeziehen kann. Unter fließendem kalten Wasser reinigen, die Gesamtpflanze zerkleinern, mixen oder durch den Fleischwolf drehen, dann den Brei gut auspressen. Den Saft kann man in den Kühlschrank stellen, muß ihn aber täglich frisch zubereiten. 3mal am

Tag jeweils 1 Eßlöffel voll davon einnehmen, 3 Wochen lang. Die Hauptwirkung richtet sich zweifellos auf Leber und Gallenblase, sowie auf den gesamten Stoffwechsel. Aber auch bei Fettsucht, frühzeitiger Verkalkung, Rheuma, bei allen arthritischen Beschwerden, Gicht und nicht zuletzt bei Leberbeschwerden hat sich diese Kur als hilfreich erwiesen.

Tee aus dem Hirtentäschelkraut: Dieses Mittel besitzt vorzügliche blutstillende Eigenschaften bei Gebärmutterblutungen und Blutungen aus Nase und Stirnhöhle. Bei Lungenschwäche hat sich der Tee aus Hirtentäschelkraut ebenfalls als sehr nützlich erwiesen. Die zusammenziehende Wirkung kommt einem bei Venenschwäche zugute. Die Verstärkung der Darmbewegungen und der Darmspannung führt zu einer besseren Darmtätigkeit bei Stuhlverstopfung. Die regulierende Wirkung auf den Kreislauf macht sich ferner bei Kreislaufschwäche wohltuend bemerkbar.

In all diesen Fällen ist der Tee die geeignetste Darbietungsform: Man nimmt 2 Teelöffel frisches oder getrocknetes und zerkleinertes Hirtentäschelkraut, übergießt es mit 1/4 l kochendem Wasser, läßt 15 Minuten ziehen, seiht ab. Die Tagesdosis beträgt 2 Tassen, in besonders akuten Fällen eventuell auch 3 Tassen.

Das Hirtentäschel zählte im Mittelalter zu den meistgebrauchten Heilpflanzen. Es wurde leider, so wie nicht wenige andere, in der Folgezeit fast zur Gänze vergessen. Im letzten Krieg erinnerte man sich dann wieder seiner auf der Suche nach einheimischen blutstillend wirkenden Mitteln.

Heute weiß man auch, daß mit einer 3- bis 6wöchigen Hirtentäschel-Teekur, wobei man 3mal täglich jeweils 1 Tasse vor den Mahlzeiten nimmt, Blutniederdruck behoben werden kann.

Johanniskraut-Saft bei Gesichts- und Armnervenschmerzen: Der aus der frischen, blühenden Pflanze gepreßte natürliche Saft ist besonders wirksam. Er hat sich auch bei Ischiasneuralgien bewährt. Man nimmt mehrmals täglich 1 Eßlöffel voll mit der 6fachen Menge Wasser verdünnt ein.

Verwendet man anstatt des Wassers Kamillentee, dann kann sich dies nur vorteilhaft gegen Entzündungen auswirken.

Johanniskraut-Tee: Man benötigt 1 Eßlöffel Blüten-Blätter-Gemisch für 1/4 l kaltes Wasser. Zustellen, kurz aufkochen, abseihen und täglich 1 bis 2 Tassen trinken.

Das Kraut wird gesammelt, wenn es voll erblüht ist, um das Fest des heiligen Johannes des Täufers herum, das ist am 24. Juni. Die Pflanze mit Blütenständen ohne verholzte Stengelteile an einem luftigen, schattigen Ort trocknen.

Um Johanniskraut-Öl herzustellen: Dazu zupft man 25 g frische Blüten ab, setzt sie mit 100 g Mandelöl in einem verschlossenen Weißglas 14 Tage an einem sonnigen Ort an. Seiht dann die Blüten ab, preßt sie gut aus und füllt solange immer wieder frische Blüten nach, bis der Ölauszug eine tiefrote Farbe besitzt.

Der Quellenehrenpreis oder die Bachbunge: Diese Heilpflanze wächst in unserer Heimat nur an nassen Orten. Aus den Blattwinkeln treiben die schief abstehenden, lockeren Blütentrauben mit den hübschen azurblauen Einzelblüten hervor.

Wildkräuter-Salat: 2 Teile junge Blätter und Sprossen der Bachbunge werden mit 3 Teilen Brunnenkresse zubereitet.

Viele Tiere erhalten Nahrung und Wohnung

Von den Insekten tummeln sich Hummeln und Wildbienen, Käfer und Falter, Schwebefliegen und noch viele andere in der Hecke. Vor allem aber bietet die Feldhecke zahlreichen Vogelarten einen idealen Lebensraum. Da erblickt man alle vier heimischen Grasmücken, Rotkehlchen und Amsel, Goldammer und Grünling, Gelbspötter und Heckenbraunelle, Rebhuhn und Fasan, Neuntöter und Elster. Sie alle finden hier Nahrung. Das dichte Geäst und Dornengestrüpp gewährt ihnen Schutz und Brutmöglichkeit.

Das grüne Irland, bekannt durch seine Hecken-Einfriedungen oder Hage, könnte wieder Vorbild werden, damit bei uns Elektrozäune nicht die letzten Hecken zum Sterben verurteilen.

DER FELSENBIRNE AUF DER SPUR

Große Helfer in der Umwandlung des Ödlandes in Kulturfläche sind unbestritten die Pionierpflanzen. Sie bereiten die Erstbesiedlung vor. Das heißt, die Eroberung von neuentstandenen, noch unbelebten Lebensräumen. Ihre Aufgabe, Wegbereiter neuen Lebens zu sein, kommt ja bereits in dem Wort „Pionier" zum Ausdruck, eben Bahnbrecher, Vorläufer zu sein.

Zur Neubesiedlung von Vulkanböden und Felseninseln im Meer sind es vor allem die primitivsten Pflanzen, die Algen, Flechten und Moose, die eine sehr wertvolle Erstlingsarbeit leisten.

In unseren Breiten geht es bei der Urbesiedlung vor allem um Ödland, das durch Schuttablagerung oder Anhäufung von Geröll entstanden ist, aber auch um die Neuerrichtung von Böschungen, Hängen und die Abgrenzung von Wegrändern.

All diesen Anforderungen entspricht ganz und gar das Rosengewächs Echte oder Gemeine Felsenbirne. Sie zählt zu den typischen Pionierpflanzen, die als Erstbesiedler den Boden für andere Gewächse aufbereiten.

Ein beliebter Strauch, der Auge und Herz erfreut

Die Gemeine Felsenbirne oder Felsenmispel ist die einzige heimische Felsenbirne und wächst auf kalkhaltigem Substrat in lichten Wäldern. Sie wagt sich sogar an felsige Abhänge heran, kriecht sozusagen in die Felsspalten hinein. Scheut auch die subalpine Region nicht, steigt in den Alpen häufig bis 2000 Meter empor.

In Süd- und Mitteldeutschland ist die Pflanze verstreut zu finden, teilweise auch im österreichischen Alpen- und Voralpenland. In Südtirol kommt sie sehr häufig und in ganz Italien verbreitet vor.

Die Felsenbirne ist ein sehr schöner, etwa drei Meter hoher Strauchbaum mit dornlosen, langen Zweigen und ovalen, dunkelgrünen Blättern. Das Laub verfärbt sich im Herbst orangerot.

Bevor sich die ersten Blätter entwickeln, von April bis Mai, zeigen sich auch die großen schneeweißen Blüten mit ihren schmalen, langen Kronblättern – die sich sternförmig öffnen – und ihren fünf Griffeln. Sie stehen in halb aufrechten, traubig-rispigen Blütenständen. Die Fruchtreife fällt in die Monate Juli bis August. Somit können Felsenbirnen zu den Frühobstsorten gerechnet werden. Die schwärzliche, bläulich bereifte, kahle, kugelige Scheinfrucht erreicht einen Durchmesser von zehn Millimeter, so wie eine große Erbse. Sie wird von den Kelchblättern gekrönt. Dadurch hat sie eine Form, als wäre sie mit einem schmucken Krönlein versehen.

Die Frucht ist eßbar, sie kann frisch und roh verzehrt werden, läßt sich aber auch zu Kompotten verarbeiten und gilt in jeder Form genossen als wohlschmeckend.

Die Gemeine Felsenbirne war ursprünglich häufig auf Kalkfelsen des Hügellandes und im Vorgebirge verwildert anzutreffen. Sie gilt auch heute noch als anspruchsloses Gewächs. Am dekorativsten wirkt sie ohne Zweifel in Einzelstellung. Eine Tatsache, die bei der Pflanzung nicht außer acht gelassen werden soll.

Vermehrt kann diese Baumart durch Aussaat oder krautige Stecklinge werden, die man im Frühjahr in normale Gartenerde steckt. Diese können noch im Herbst ins Freiland gepflanzt werden.

Auch eingestreut in Gehölzgruppen, wo sie sich übrigens daheim fühlt, kann man die Felsenbirne nicht übersehen.

Volksnamen und deren Herkunft

Es ist interessant, den verschiedenen Volksnamen nachzuspüren, weil sie auch die lokale Verbreitung signalisieren.

Der Standort an felsigen, steinigen Stellen hat das Seine zur Namensbildung „Felsenbirne" beigetragen.

Da die jungen Blätter weißfilzig sind, wird die Felsenbirne in Oberbayern „Edelweißbaum" genannt, ebenso in Nordtirol und am Vierwaldstätter See in der Schweiz.

Die Namen „Alpenmispel" oder „Felsenmispel" hängen mit der Form der Früchte zusammen, die an „Mispeln" erinnern.

„Rosinenbaum" ist Feinschmeckern zuzuschreiben, die – einmal an den Geschmack gewöhnt – sie nicht mehr missen möchten.

Ein Zierstrauch, der fasziniert

Die Felsenbirne erfreut sich wachsender Beliebtheit in Gärten und Parks, und zwar aus einem ganz einfachen Grund: Sie fällt als Zierstrauch das gesamte Jahr über auf. Zeitig im Frühjahr ist das Gehölz ganz und gar in einen weißen Flor eingehüllt. Im Sommer entwickeln sich daraus prächtige Früchte, die nicht nur schön anzusehen sind, sondern auch in der Küche als schmackhaftes, gesundheitsförderndes Kompott Verwendung finden.

Im Herbst trägt die Felsenbirne lange noch ihr schön gefärbtes Laub zur Schau, bevor der Herbstwind ihr den letzten Schmuck raubt und sie entblößt dastehen läßt.

Felsenbirnen werden in mehreren Arten gezogen

Vom Rosengewächs Felsenbirne haben sich in Europa vor allem Arten aus Nordamerika durchgesetzt. Die ursprüngliche Form „Gemeine oder Echte Felsenbirne" ist kaum in Kultur anzutreffen, obwohl sie ein anspruchsloses Gehölz ist. Vielmehr hat sich im Laufe der Jahrhunderte eine Auslese entwickelt, die standortbedingt unterschiedlich war. So gibt es heute von der Gattung in Eurasien und Nordamerika 25 Arten.

Die Blüten werden von Insekten bestäubt. Vögel verbreiten die Samen. Die Früchte aller Arten sind eßbar. Gelegentlich werden sie wie Korinthen für Gebäck verwendet.

Die Kanadische Felsenbirne, ein kleiner Baum

Sie wird zwei bis acht Meter hoch, ist oft auch strauchartig. Die länglich-ovalen, am Rande gezähnten Blätter sind im Frühjahr an der Unterseite leicht filzig, verkahlen aber später.

Im Herbst verfärbt sich das Laub prachtvoll orangerot. Aus den fünfzipfeligen, schneeweißen Blüten, die schon im April den ganzen Baum bedecken, entwickeln sich purpurfarbene Früchte von der Größe der Johannisbeere.

Die Kanadische Felsenbirne ist anspruchslos an Boden und Klima und gedeiht in Regionen bis 1700 Meter Höhe.

Die Kupfer-Felsenbirne, ein robustes Ziergehölz

Der Baum mit breiter, lockerer Krone erreicht eine Höhe bis zu zehn Meter und erfreut sich wegen seines kupferfarbenen Austriebes, den ansehnlichen Blütentrauben und der intensiv rotorangen Herbstfärbung großer Beliebtheit.

In seinem Garten saisonbedingte interessante Aspekte erleben zu können, wird zum Trend der Zeit. Gerade da ist die Kupfer-Felsenbirne als robustes Ziergehölz die richtige Wahl.

Früher hielt man sie fast als Nutzpflanze. Ihre Früchte wurden getrocknet und wie Korinthen gegessen.

Diese Art der Felsenbirne gedeiht sowohl auf mäßig saurem als auch auf kalkhaltigem Boden. Sie ist heute verwildert anzutreffen und gibt eine gute Bienenweide ab.

Die Kahle Felsenbirne, eine veredelte Art

Dieser fünf bis zehn Meter hohe Strauch oder Baum mit zierlich überhängenden, dünnen Zweigspitzen prangt im Mai in ungeheurer Blütenfülle, die allerdings nicht lange anhält. Die weißen, vier Zentimeter langen Blüten hängen am mehrjährigen Holz in zwölf Zentimeter langen Trauben. Ab Juni bilden sich aus ihnen zierende violette und sehr schmackhafte Früchte. Sie sind süß und saftig, und man kann aus ihnen Kompott zubereiten. Im Herbst leuchten die Blätter in einem feurigen Scharlachrot.

Dieses anspruchslose Gehölz liebt saure Böden.

Köstlicher Felsenbirnen-Likör

1 kg reife Früchte mit 4 zerkleinerten Bittermandeln, 1 Eßlöffel Zimtpulver und dem Saft einer Zitrone in 1 l Obstbrand ansetzen. 6 Wochen an die Sonne stellen, dann filtrieren. Aus 250 g Zucker und 1 l Wasser einen Sirup bereiten und mit dem Fruchtansatz vermischen. In Flaschen füllen und 2 Jahre lagern.

STACHELBEEREN, BESSER ALS IHR RUF

Die Pflanzenuhr gibt den Verlauf der natürlichen Jahreszeiten mit erstaunlicher Pünktlichkeit wieder. Sicherlich müssen Schwankungen hingenommen werden, die durch die geographische Lage, Höhenrücken und Flachland verursacht werden.
Schneeglöckchen und Huflattich kündigen den Vorfrühling an. Zu Frühlingsbeginn blühen die Himmelschlüssel, und die Stachelbeersträucher entfalten ihre Blätter.
Geht auf den Feldern das Sommergetreide auf und werden die Frühkartoffeln gelegt, dann blühen in den Gärten die Stachel- und Johannisbeeren, die Kirschen und die Forsythien.
Neigt sich der Hochsommer dem Ende zu, werden die Stachelbeeren reif und ihre Ernte setzt ein.

Der Weg der Stachelbeere zu uns

Die Stachelbeere zählt zur Gattung der Stachelbeergewächse. Ihre Heimat liegt in den Gebirgen Südamerikas. Es sind dies durchwegs Sträucher, deren Beeren als Früchte ausgebildet sind.
Als wichtigste Arten gelten neben den eigentlichen Stachelbeeren die Johannisbeeren.
Einige Angehörige dieser Gattung – besonders amerikanische Arten – werden gerne als Ziersträucher kultiviert.
Auch in Asien und Europa gab es schon seit urdenklichen Zeiten Wild-Stachelbeeren. Im Verlauf des Mittelalters wurden sie in Gärten gebracht und dort zu Kulturformen gezüchtet. Diese sind erstmals in einer niederländischen Miniatur abgebildet.
Mitte des 18. Jahrhunderts kannte man bereits fünf Sorten, die später durch britische Züchtungen bereichert wurden.
Die europäischen Kulturen kamen um 1900 durch die aus Amerika eingeschleppte Stachelbeerpest – eine Pilzkrankheit – weitgehend um. Erst anfangs des 20. Jahrhunderts konnten die Verluste durch Neuzüchtungen wieder wettgemacht werden, sodaß heute besonders in England ausgedehnte Kulturen florieren.

Mit angenehm schmeckenden süßsauren Beeren

Zahlreiche volkstümliche Namen sind Zeuge dafür, wie beliebt dieses Beerenobstgewächs einst war: Ogrosl, Grosselbeere, Stechbeere, Kräuselbeere, Rauchbeere und nicht zuletzt Klosterbeere. – Dieser Name sagt aus, daß man die Stachelbeere früher vor allem in den Klostergärten häufig antreffen konnte.

Stachelbeeren gedeihen in normalem Boden an sonnigem oder halbschattigem Standort. Die Vermehrung der Sträucher erfolgt durch Ableger oder Stecklinge.

Die Zeit der Fruchtreife fällt in die Monate Juli und August. Unreife Beeren sollen auf keinen Fall genossen werden, da sie nicht nur Brechreiz verursachen, sondern auch zu Magenschleimhaut-Entzündung führen können.

Seit dem Mittelalter gehören Stachelbeeren als selbstverständlich zu den Bauerngärten. Weil sie noch im Halbschatten gedeihen – freilich mit etwas geringerem Fruchtertrag – erlauben sie das optimale Ausnutzen der im Schatten von Obstbäumen, Hausmauern, Büschen und Sträuchern stehenden Teile des Hausgartens, die auch für andere Bepflanzungen weniger ertragreich sind.

Wertvolle Früchte im Garten nicht unterschätzen

Stachelbeeren haben je nach ihrer Art Früchte verschiedener Farbe. Die grünen, gelben, weißlichen oder rötlichen Beeren können artgebunden auch unterschiedliche Größen und Formen haben: rund, rundlich oder walzenförmig sein.

Die oft mit drüsigen Borsten besetzte Beerenfrucht enthält viele Samenkörner und wird allgemein ihres erfrischenden Geschmackes wegen gerne gegessen. Die Oberfläche der Früchte kann glatt, wollig oder stachelig sein.

Es gibt auch die wild vorkommende Urart der Stachelbeere, sie heißt Kräuselbeere und hat ganz kleine Beeren. Man trifft sie gelegentlich noch in Bauerngärten an. Normalerweise werden heute nur mehr die veredelten Sorten gezogen, deren Ursprung auf das 16. Jahrhundert zurückgeht.

Wirkung und Anwendung

Der Vitamin-C-Gehalt der Stachelbeerfrüchte ist sehr hoch. Der Kaliumgehalt gilt als beachtlich. So läßt sich die blutreinigende und ausschwemmende Wirkung wohl verstehen. Der gleichzeitige Eisen-, Phosphor-, Kalzium- und Natriumgehalt befähigt die Beeren zur Anregung der Blutbildung. Die Früchte erweisen sich als günstig bei Mangelerscheinungen an Mineralsalzen, bei erhöhtem Cholesterinspiegel, Darmträgheit und Übergewicht.

Die reifen Früchte gepreßt oder dieselben pur genossen, werden gerne für Obstkuren angewandt. In der Winterzeit kommt der Segen der Tiefkühltruhe zum Tragen. Die Früchte friert man in kleinen Portionspackungen ein und läßt dann jeweils die Tagesportionen auftauen.

Eines soll man beim Genuß der Stachelbeeren beachten: Sie können gefährlich werden, wenn man unreife Früchte in größerer Menge verzehrt und anschließend gleich Wasser nachtrinkt. Da geraten die Früchte im Darm in Gärung. Die sich entwickelnden Gase blähen übermäßig auf, was sogar zur Darmlähmung führen könnte. – Die reifen Früchte sind nicht nur völlig unschädlich, sondern ganz im Gegenteil, sie haben erfrischenden Geschmack und bergen hohen Gesundheitswert in sich.

Der bedeutende Zellulosegehalt in Verbindung mit Schleim, starken Fruchtsäuren und Fruchtzuckern verleiht der Beere eine leicht darmreinigende Kraft. Der bereits erwähnte hohe Kaliumgehalt läßt die blutreinigende, harntreibende Wirkung wohl verstehen. Eine Aktivität, die nicht ignoriert werden soll, weil gerade das Abgehen von Schadstoffen aus dem Körper sehr notwendig ist.

Für Frauen wichtig zu wissen

Nicht selten leiden Frauen an Unterleibsstauungen mit Pfortader-Kreislaufstörungen und Darmträgheit, wenn nicht gar an chronischer Stuhlverstopfung. In diesen Fällen kann ich nur eines raten: Stachelbeeren so reichlich wie nur irgend möglich zu essen und sich dies zur Gewohnheit zu machen.

Dabei dürfen die Früchte nur ausgereift verwendet werden. Man merkt das auf sehr einfache Weise: Haben sie ihre typische Farbe der ihnen eigenen Art erreicht und beginnen da oder dort schon Einzelfrüchte von der Staude zu fallen, so kann geerntet werden. Immer auf ein sorgfältiges Kauen der Stachelbeer-Früchte achten. Je mehr die Teile zerkleinert sind, desto wirksamer werden sie für die Gesundheit. Man kann sie aber auch mixen oder durch den Fleischwolf drehen. – Die Früchte niemals kühl oder gar kalt genießen. Das schadet der Magenschleimhaut. Am verträglichsten sind sie bei guter Zimmertemperatur.

Stachelbeerschaum für heiße Tage

150 g Früchte von Blüte und Stiel befreien. In 1 Tasse Wasser ein Päckchen Vanillezucker geben, die Stachelbeeren darin weichkochen und durch ein Sieb streichen. Das Stachelbeermus – das man übrigens auch so essen oder Mehlspeisen beigeben kann – mit 15 g Haferflocken und etwas Honig vermischen. Etwas Schlagobers steifschlagen und unterheben.

Stachelbeersträucher in Gartenformen gezüchtet

Alle Gartensorten haben eines gemeinsam: die mit Stacheln besetzten Zweige – die oft noch harte, borstige Haare tragen –, die handförmigen Blätter und die gelblichgrünen Blüten.
Die Beeren hängen einzeln oder in Paaren an den Zweigen. Sie besitzen die Größe von Kirschen und je nach Sorte weißliche, gelbgrüne, grüne oder rötliche Farbe und sind von durchleuchtend geschwungenen Streifen durchzogen. Manchmal sind sie mit kleinen Stoppelhaaren besetzt.
Die Höhe der Stauden kann unterschiedlich sein. Über die einzelnen Sorten geben Gärtnereien Auskunft. – Gut bewährt haben sich Stachelbeer-Bäumchen. Sie haben aber einen Nachteil, sie können bei vollem Ertrag an der Veredelungsstelle abbrechen. Dem muß durch rechtzeitiges Abstützen vorgebaut werden.

SANDDORNSTRAUCH, DER GROSSE HELFER

Wo die Sonne hinbrennt, sich die Wärme staut und der Wind, der Spitzbub, gerne durchzieht, dort hält er sich auf, dort fühlt sich der Sanddorn ganz daheim.

Dieser Strauch scheint neugierig zu sein. Er schaut gerne den eilenden, dahinsprudelnden Wellen der Gebirgsbäche zu. Sie überschlagen sich, eine will der andern zuvorkommen. Unterspülen Steine, beißen und nagen am zerklüfteten Ufer. Hier zeigt der Sanddorn – ansonsten ein bescheidener, sparriger Strauch oder kleiner Baum –, daß er standhaft ist. Fest und tief im Boden verankert, hält er diesen zusammen. Deshalb zählt er auch mit Recht zu den vorrangigen Bodenbefestigern. Er strebt nach Beständigkeit und Zusammengehörigkeit.

Der Sanddorn fürchtet sich selbst vor der Macht des Meeres nicht. Wo der Wind die Dünen auftürmt und wilde Wogen bis ans Ufer jagen, dort ist er genauso bodenständig wie in den österreichischen Alpen und im Alpenvorland. In der Schweiz kommt er sehr verbreitet vor, fehlt aber auch an der Nord- und Ostseeküste nicht.

Viele Namen hat das Volk ihm gegeben

Der ausdauernde Strauch zählt zu den Ölweidengewächsen und blüht von März bis Mai. Sein torniges Wesen und seine Liebe zum Sand sagt ja schon sein bekanntester Name „Sanddorn" aus. Aber auch Andorn, Hafdorn, Meerdorn, Seedorn, schmaler Stechdorn, Stranddorn und Weidendorn künden von seiner nicht gerade einschmeichelnden Art. „Korallenbeerstrauch" – hier tanzt der Name aus der dornigen Reihe – nimmt einen anderen Gesichtspunkt unter die Lupe: er spielt auf die orangegelbe Färbung der reifen Beeren an. Ein Aspekt, der für unsere Gesundheit höchste Beachtung verdient. – Viele Vögel halten beim Sanddorn gerne ein Stelldichein, sodaß der Name „Fasanbeere" berechtigt ist. Die spitzen Dornen des Strauches vereiteln nicht zuletzt unliebsame Bekanntschaften mit Wiesel, Marder und Iltis. Das kann den friedfertigen gefiederten Freunden nur recht sein. – Daß der Sanddorn auch „Rote Schlehe" genannt wird, ist leicht verständlich, denn seiner wertvollen Beeren wegen ist er dem Schwarzdorn durchaus ebenbürtig.

Der Sanddorn erfreut sich wachsender Beliebtheit

In den letzten Jahren hat man den hübschen Beerenstrauch neu entdeckt: als reizvollen, aber gleichzeitig wertvollen Zier- und Nutzstrauch mit seinen bestechenden Scheinbeeren, die reich an Vitaminen sind. Sie stellen nicht nur eine Augenweide dar, sondern vermitteln auch dem Organismus wertvolle Aufbaustoffe.

Die Sträucher haben dünne Zweige. Das Laub ist fünf bis acht Zentimeter lang und schmal. An ihrer Oberseite sind die Blätter graugrün, unterseits silbrig wie die Weiden. Die kleinen, grünlichen Blüten erscheinen noch vor dem Laubaustrieb.

Ich kann die Pflanzung des Sanddorns nur aufs wärmste empfehlen, muß gleichzeitig aber darauf hinweisen, daß es wichtig ist, männliche und weibliche Sträucher zusammen zu pflanzen, um Ertrag erwarten zu können. Der Sanddorn ist nämlich eingeschlechtig und zweihäusig. Das heißt, die männlichen und weiblichen Blüten stehen auf verschiedenen Pflanzen.

Die leuchtend orangefarbenen, eiförmigen Beeren werden etwa einen Zentimeter groß und sitzen dicht an den Zweigen. Diese Scheinbeeren umschließen einen drei Millimeter langen, nußartigen Kern. Die saftig-fleischigen Sanddornbeeren schmecken sauer-aromatisch und riechen etwas herb.

Der Sanddorn braucht einen sonnigen Platz, nach Möglichkeit auf sandigem Boden. Wichtiger als Sand ist die Wasserzügigkeit des Untergrundes, der auch steinig sein darf. Staunässe verträgt er nicht. Ganz vorteilhaft ist es, vor der Pflanzung ein Meter tiefes Loch mit einem Durchmesser von 80 Zentimeter zu graben. 10 Zentimeter hoch wird in die Pflanzgrube grobes Geröllgestein gegeben und die Pflanze in grobe Komposterde gesetzt.

Düngung ist keine erforderlich, allenfalls Steinmehlgaben oder gelegentlicher Düngerguß mit einem Kaltansatz von Brennessel,

Schafgarbe und Löwenzahnwurzel-Blätter-Gemisch. Alle drei Kräuter werden zu gleichen Teilen kleingeschnitten und 3 Tage dunkel und kühl angesetzt, danach abgeseiht. Den zurückbleibenden Kräuteransatz gibt man auf den Kompost.

Die Vermehrung des Sanddorns erfolgt durch Stecklinge oder Wurzelausläufer. Die Stecklinge werden im Frühjahr geschnitten und in einen Frühbeetkasten in Sandboden gesteckt, wo sie sich dann leicht bewurzeln. Schon im Spätsommer kann ins Freiland auf den endgültigen Standort ausgepflanzt werden.

Der Sanddorn als Vermittler wertvoller Heilkraft

Die Beeren bleiben nach dem Laubabwurf noch an den Sträuchern. Die beste Erntezeit liegt in den Monaten September und Oktober. Da die Ernte aber der spitzen Dornen wegen sehr mühsam ist, kann ich folgendes empfehlen: ein sauberes Tuch unter den Strauch legen, die Beeren abschütteln, dann einsammeln.

Zubereitung von haltbarem Sanddorn-Saft: Die Beeren werden durch die Fruchtpresse getrieben. 1 kg Früchte ergeben etwa 750 g Saft. Den Brei durch ein Sieb oder grobes Tuch passieren. Dieser Rohsaft wird nun 10 Minuten lang mit Zuckerzusatz – 200 g Zucker auf 500 g Saft – gekocht, in gut gereinigte Flaschen gefüllt und sofort verschlossen.

Zubereitung von sterilisiertem Saft: Den Rohsaft in Flaschen füllen und 15 Minuten lang bei 75° C sterilisieren. – Dieser Saft hat den Vorteil, daß er zuckerlos zubereitet wurde.

Sanddorn-Saft, ein unentbehrliches Naturheilmittel: Er hat seine Hauptsaison in der vitaminarmen Zeit des Winters und des beginnenden Frühjahrs. Hier sind 6-Wochen-Kuren mit 2 Wochen Pause und Wiederholung angebracht. 3mal täglich 1 Eßlöffel voll des Saftes vor den Mahlzeiten eingenommen, und der Vitamin-Tagesbedarf ist gedeckt. – Sanddorn-Saft wirkt vorbeugend gegen Zahnfleischbluten und Bleichsucht. Er behebt körperliche Schwäche, Kopfschmerzen, Unlustgefühle, körperliche und geistige Müdigkeit und Mangel an Konzentrationsvermögen. Deswegen ist Sanddorn-Saft sehr wichtig für Kinder, die zerfahren und unaufmerksam sind. Er regt weiters den Appetit an und hat sich als wertvolle Unterstützung des Kreislaufes bewährt.

Sanddorn-Saft mit Honig: Den Saft anwärmen, aber nicht kochen, nur unter 40 °C. In gleicher Menge Honig zufügen, gut abmischen und kühlstellen. Stets frisch verwenden, nicht zu lange aufbewahren. – Dies hilft bei Schwächezuständen, nach Krankheiten und vor allem schwächlichen Kindern.

Sanddorn-Sirup: 1 kg Sanddorn-Saft mit 1 kg Rohzucker bis zur nötigen Dicke einkochen. In sterilisierte Flaschen füllen. – Ist Kindern zu empfehlen, die unter Infektionsanfälligkeit leiden.

Sanddorn-Marmelade: Sanddorn-Beeren mit wenig Wasser kochen, bis sie aufplatzen. Man zerdrückt sie, streicht sie durch ein Sieb. Auf 1 kg Fruchtmark fügt man 500 g Zucker bei und kocht bis zum Dickwerden ein. Noch heiß in Gläser füllen, in die vorher einige Tropfen Kognak oder Jamaikarum gegeben wurden. – Kann von Schwangeren und stillenden Müttern täglich eingenommen werden, 1 Teelöffel voll pro Mahlzeit. Mit rohem Apfelbrei gemischt, ist dies sehr wertvoll, es begünstigt die Verdauung.

Sanddorn-Schnaps: Die Beeren nach dem ersten Frost ernten und im Mischverhältnis 1 : 4 in gutem Obstbrand ansetzen. 3 Wochen lang in die Sonne stellen. Dann 3 Wochen kühl und dunkel lagern. Filtrieren, in Flaschen füllen und nach Möglichkeit 1 Jahr lang im Keller aufbewahren. – Dient der allgemeinen Stärkung.

Sanddorn-Likör: Sanddorn-Schnaps mit der halben Gewichtsmenge „zu Faden gesponnenem Zucker" vermischen. 1 Jahr lang lagern. – Ein vorzüglicher, wohlschmeckender Likör, der gesundheitsfördernd wirkt. In kleinen Portionen genießen.

Sanddornbeeren als Beigabe zu Fasanfutter

Getrocknete Sanddornfrüchte als Zusatz bei der Winterfütterung der Fasane werden von den Tieren gerne angenommen. – Man macht sie so sehr zutraulich.

PFLAUMEN UND KRIECHERL

Das Wort „Pflaume" gilt als Sammelbezeichnung für Zwetschken-, Mirabellen- und Reneklodensorten. Sie sind von allen Obstarten die unempfindlichsten. Die Entwicklung der heutigen Sorten ist auf die „Hauspflaume" zurückzuführen.
Pflaumenarten spielen auf dem Weltmarkt keine unbedeutende Rolle. Die Welterzeugung von 4,3 Millionen Tonnen jährlich wird zu 40 Prozent von den europäischen Ländern aufgebracht.

Pflaumen-Unterarten und deren Kennzeichen

Die obstkundliche Einteilung ist durch Fruchtmerkmale geordnet.
Kriechen: Kugelig, schwarzblau, bereift, etwa doppelt so groß wie die Schlehenfrucht, grünfleischig.
Spillinge: Frucht rund und klein, zwei bis drei Zentimeter im Durchmesser, länglich, stielwärts verjüngt, weichfleischig. Das Fruchtfleisch haftet am Kern, läßt sich nicht trocknen.
Mirabellen: Rundlich bis länglich und gelb, in der Vollreife mehlig weich. Der Kern haftet nicht am Fruchtfleisch. Mirabellen lassen sich gut trocknen. Sie sind auch für Naßkonserven und zum Kuchenbelag geeignet.
Rundpflaumen: Frucht groß, rundlich, weinrot oder dunkelblau, glasig weich, oft mit saurer Schale, für Frischverzehr.
Renekloden oder Eierpflaumen: Von den Rundpflaumen nicht deutlich abgegrenzt. Frucht eiförmig, gelb oder grünlich, auch schwärzlich. Gute Sorten, fester im Fleisch, edel aromatisch, für Frischverzehr, Kuchenbelag und als Naßkonserve.
Halbzwetschken: Länglich, beiderseits stumpf abgerundet, die meisten Sorten dunkelblau, aber sehr unterschiedlich an Fleischfestigkeit, Geschmack und Verwendung.
Echte Zwetschken: Eiförmig, beiderseits verjüngt, die meisten Sorten dunkelblau, Fleisch knorpelig fest, würzig-süß, Schale leicht bitter schmeckend. Für die Herstellung von Mus, Marmelade und Saft, teils auch für Kompott und als Kuchenbelag geeignet. Eingemaischt ergeben sie den besten Schnaps.

Herkunft und Geschichte der Pflaumen-Arten

Das alte Kulturland zwischen den Flüssen Euphrat und Tigris gilt als Urheimat der Pflaumen. Den Römern waren Kultursorten der Pflaume schon um Christi Geburt bekannt.

Die Wildarten Schlehe und Kirschpflaume haben bei der Entstehung der Hauspflaume eine wichtige Rolle gespielt. Pflaumen, Zwetschken, Mirabellen und Renekloden sind Formen oder Unterarten der Hauspflaume.

Als Zwetschke gelten aber meist nur bestimmte Formen der Pflaume. Die Echte Pflaume gehört zur Familie der Rosengewächse. In den verschiedenen deutschen Landschaften wechselt der volkstümliche Name außerordentlich, und auch die Schreibweise kann grundverschieden sein. So finden sich Zwetsche, Zwetschke, Zwetschge, Quetsche, Plummen, Pfraum, Fludern, Frume, Spengling, Wätschge und viele andere.

Die Früchte der Zwetschke haben eine länglichere Form als die der Pflaume, festeres Fleisch, einen flachen Kern, vor allem aber dünne Fruchtstiele. Zwetschken sind meist blau, in der Reife nie grün oder gelb gefärbt. Die Hauszwetschke gedeiht auch bis hoch hinauf in Gebirgslagen noch recht gut, was besonders für Gebirgsbauern nicht unbedeutend ist.

Eine durch Veredelung erzielte Spielart ist die Mirabelle, auch Wachspflaume genannt. Sie stellt so wie die gelbgrüne Reneklode oder Edelpflaume an die Wärme ihres Standortes höhere Ansprüche als die blaue Pflaume.

Die Kriechenpflaume unterscheidet sich botanisch von der Echten Pflaume. Die Frucht ist kugelig, schwarzviolett und der Steinkern von stumpfer Form.

Pflaumen und Zwetschken, Wirkungsweise und Verwendung

Diese Obstarten werden in großen Mengen frisch verzehrt. Sie sind aber auch sehr beliebt als Kuchenbelag, zum Einmachen, Einkochen und zur Herstellung von Zwetschkenröster. – Über diese Wertschätzung als Nahrungsmittel hinaus, haben sie jedoch noch eine durchaus berechtigte diätetisch-medizinische Bedeutung.

Dort wo die Kost kalorienarm und kochsalzarm sein muß: Hier ist die Zwetschke richtig am Platz. Sie enthält ungefähr 80 Prozent Wasser, 3 bis 10 Prozent Zucker, hauptsächlich Saccharose, Apfelsäure, Weinsteinsäure und die Vitamine A, C und PP. Ihr reicher Kali- und Phosphorgehalt und Kochsalzarmut sind sehr wichtig bei einer Anzahl von Erkrankungen.

Menschen mit Bluthochdruck müssen salzarm leben. Die Zeit der Zwetschkenreife soll deshalb ausgenützt werden.

Ebenso bei Nierenschwäche, Harnweginfektionen, Prostataleiden und Reizblase. Das gleiche gilt auch bei Hautekzemen.

Überall dort, wo Wunden rascher heilen sollen, wie zum Beispiel bei offenen Füßen, auf Zwetschken-Verzehr nicht vergessen. Wer an Fettsucht und Übergewicht leidet, sollte die Zwetschke als gesundes Obst schätzen lernen, denn sie ist als kalorienarme Kost eingestuft. Sie übermittelt gleichzeitig dem Körper eine Menge wertvoller Fruchtsalze.

Dörrzwetschken oder Zwetschkenkletzen gegen Darmträgheit: Getrocknete Pflaumen stellen ein gutes, mildes und unschädliches Abführmittel dar, das bei den verschiedensten Formen der Stuhlträgheit und Verstopfung Hilfe bringt. Zu diesem Zweck werden 10 bis 12 Dörrzwetschken mit 1/4 l kochendem Wasser übergossen und über Nacht stehengelassen. Morgens mitsamt dem Einweichwasser genossen – ohne Kerne, versteht sich – bringt ihre schleimige Ballaststoffmasse durch die natürliche Reizung der Darmwände stockenden Stuhlgang wieder in Bewegung.

Dörrzwetschken-Mus mit Weizenkleie: In der Volksheilkunde können wir immer wieder feststellen, daß dort, wo sich zwei Mittel, die eine gute Verträglichkeit zueinander zeigen, vereinen, eine bedeutend höhere Wirkung erzielt werden kann, als wenn man beide separat einnimmt.

Dörrzwetschken und grobe Weizenkleie sind eine treffende Beweisführung hiezu. Sie sind in ihrer Kombination sehr gut, effektiv und rasch wirksam.

Grobe Weizenkleie bleibt unersetzlich bei zahlreichen Darmstörungen. Sie ist arm an Kalorien, 149, das sind 623 Joule. Enthält viel Magnesium und noch mehr Phosphor. Gilt als Vitaminträger A, B_1, B_2 und E. Ganz hervorragend ist die Quellfähigkeit grober Weizenkleie.

Zu all diesen Vorteilen kommt die Quellfähigkeit der Zwetschkenkletzen hinzu, durch die pektinartigen Stoffe, die sie enthalten und somit den Stuhl erweichen, ihn gleitfähiger gestalten.

Außerdem reizt der starke Gehalt an zelluloseartigen Bestandteilen die Darmschleimhaut, sodaß eine bessere Darmentleerung möglich ist.

20 Stück über Nacht eingeweichte und dann aufgekochte Dörrzwetschken werden durch ein Sieb getrieben. Zu dem Brei mischt man 2 volle Eßlöffel grobe Weizenkleie und nimmt dies tagsüber löffelweise in Abständen von einer Stunde ein. – Man darf sich nicht wundern, wenn der Erfolg unter Umständen nicht sofort einsetzt. Man soll den Mut nicht gleich verlieren.

Zwetschken werden heute von Bananen verdrängt: Gesundheitsbewußt leben, heißt gleichzeitig auch heimatverbunden. Heißt die eigenen Produkte lieben und selbst anwenden. Heißt nicht Ausländisches verwenden, welches das Inländische verdrängt und zurückstellt. Das gilt gezielt für Bananen, weil ihnen die Zwetschken an gesunder Wirkung nicht nachstehen, ganz im Gegenteil.

Bitte beachten! Zwetschken roh, gekocht oder gedörrt sind immer ein gesundes Nahrungsmittel. Für Stoffwechselkranke ein brauchbares Diätetikum. Und in Form von aufgeweichten Dörrpflaumen dienen sie als vorzügliches, natürliches Abführmittel, das man auch Kindern ohne Bedenken verabreichen kann.

Zwetschken, Pflaumen, Kriecherl und Ringlotten: Wir sollen sie achten, lieben und benützen, schon unserer Gesundheit wegen. Sie öffnen den Darm, bewegen die Verdauung, schützen somit vor Unterleibsstockungen. Ein Leiden, das zur inneren Vergiftung und somit zu Schwermut führt.

MÜHSAMER WEG BIS ZUM SLIBOWITZ

Das Kastltürl an der Wand wird geöffnet, mit selbstbewußtem, überzeugtem Griff, und die Flasche auf den Tisch gestellt. Der Korkstöpsel gezogen. Schon stehen die beiden Stamperln da, bereit das köstliche Naß entgegenzunehmen, das jetzt durch den Glasmantel in der Rechten des Bauern die Strahlen der abendlichen Sonne spielen läßt.

Zuerst wenige Tropfen in das eigene Gläschen gegossen, und nun wird dem Gast vollgeschenkt.

Das Glas gehoben, gegen die Sonne gehalten, an der Nase vorbeigeführt, dann: „G'sundheit!"

„Ah, dös is a Medizin."

„Jo! Wieder a guida Brand heuer. Gott sei's gedankt!"

Bis dahin aber ist es ein weiter Weg. Nur wenn er richtig gegangen wird, bringt er Qualität hervor.

Das Schnapsjahr und die Kunstgriffe zum Erfolg

Slibowitz hat viel mit den Erdäpfeln zu tun. Diese befinden sich unter der Erde – wie es schon der Name aussagt – und nicht auf Bäumen. Deswegen mußt du dich bücken, willst du sie ernten.

Der Slibowitz wächst zwar auf Bäumen, aber leider noch nicht in Flaschen abgefüllt. Bis dorthin ist es ein mühsamer Weg. Darüber möchte ich plaudern, über diese Schritte zum Ziel.

„Slibowitz" wird im Volkshumor als der beste „Witz" bezeichnet, ist es aber nicht. Das Wort stammt aus dem Slawischen. Das richtige deutsche Wort dafür ist „Zwetschkener".

Den besten Schnaps liefert die Hauszwetschke. Sie darf aber nicht zu früh geerntet werden, denn jede Stunde Herbstsonne ist ein Gewinn und hebt die Qualität. Die Zwetschkenbäume bedürfen jedoch einer beständigen Überwachung. Die ersten blauen, weichen Früchte, die fallen, sie kommen sofort in das Maischefaß. Dieses soll in einem mäßig warmen Raum mit gutem Frischluft-Zugang stehen. Im Faß geht nämlich eine Gärung vor sich, wobei der in den Früchten enthaltene Süßstoff stufenweise in Alkohol umgewandelt wird.

Die Maische darf nicht mit Metallgegenständen berührt werden. Zum Umrühren verwendet man einen sauberen Holzpflock, der von der Rinde befreit worden ist. Es gibt eigene Gärfässer mit einem fachmännischen Verschluß zum Entweichen der Gärgase.

Ich lasse meine Behälter offen stehen, rühre gelegentlich um, und warte ab, bis die „Maische untertaucht". Solange sich beim Umrühren noch Bläschen bilden und aufsteigen, ist die Gärung nicht zur Gänze abgeschlossen.

Meiner Erfahrung nach brennen von 100 Schnapsbrennern 70 zu früh, 25 rechtzeitig und keine fünf zu spät.

Einen kurzen Rückblick zur Zwetschkenernte: Die erste Etappe ist das Fallobst. Mit der Laubverfärbung beginnt dann der Reifobstfall. Hier soll jeden Tag die Baumkultur durchgegangen werden. Das Aufklauben ist zwar mühsam, lohnt sich aber. Nur so hat man die Garantie, voll ausgereifte Früchte zur Maische zu bringen. Je höher der Zuckergehalt desto besser der Brand.

Wenn Frostnächte einbrechen und der erste Schnee fällt

Nur keine Panik aufkommen lassen, der erste Schnee hält nie lange. Gefrorene Zwetschken, die wie Kieselsteine vom Baum klempern, sind nicht ruiniert. Man sammelt sie ein und gibt sie zur Maische.

Schon vor dem ersten Frosteinbruch muß aber der „Gärraum" frostsicher gemacht werden. An sonnigen Tagen für kurze Zeit lüften. Im Kontrast zu den gesammelten „gefrorenen Zwetschken" steht die Maische. Sie darf nicht einfrieren, darüber ist stets sorgfältigst zu wachen.

Futterkammern mit Kartoffellager und Futterdämpfer im Betrieb eignen sich nicht als Gärstube.

Die Maische ist sehr empfindlich, sie nimmt Fremdgerüche an, was sich auf die Qualität des Gebrannten nachteilig auswirkt.

Zu einem „guten Brand" gehört unbedingt eine saubere und gewissenhafte Maische-Betreuung. – Wie ein Kind ein Leben lang die Kinderstube und die Wärme in der Familie spürt, davon zehrt oder darunter leidet, so ist es auch beim Zwetschkenschnaps. Der Slibowitz ist unbestritten das „eigensinnigste" alkoholische Destillations-Produkt mit typischem Geruch und besonders mit einem sehr ausgeprägten Geschmack.

Wie die Ernte vor sich gegangen ist, die Maische gelagert, gepflegt und wie schließlich destilliert wurde, das kann man alles vom Endprodukt herausriechen und herauskosten. Man soll die Ränder der Gärbehälter öfter mit einem feuchten lauwarmen Lappen reinigen, damit es nicht zur Schimmelbildung kommt. Erfaßt der Schimmel nämlich die Maische, dann entsteht eine Essiggärung. Wird dadurch auch nicht immer der gesamte Inhalt ruiniert, dann zumindest die Qualiät beachtlich herabgesetzt.

Vergorene Maische muß in der Kostprobe angenehm fruchtig schmecken, einem Zwetschken-Kompott ähnlich: mild, mundig und süß, ohne einen säuerlichen Stich.

Worauf beim Einmaischen unbedingt zu achten ist

Nicht alles, was einen harten Kern hat, eignet sich zur Erzeugung des „Zwetschkenen".

Da sind einmal die „Fludern", bis hühnereigroße, längliche Gebilde von rosaroter bis dunkelroter Färbung, mit einem großen Kern, der an beiden Seiten zugespitzt ist. Eine der bekanntesten Sorten dieser Art ist die „Schöne von Löwen". Sie eignen sich nicht für reine Zwetschkenmaische von Qualität. Als Beigabe zur Hauszwetschken-Maische ist jedoch nichts einzuwenden.

Das gleiche gilt auch für Ringlotten und Kriecherln.

Weichseln, Kirschen und Mirabellen – hier ist besonders wertvoll die Sorte „Nancy" – geben jede für sich einen kostbaren selbständigen Schnaps und sollen auf keinen Fall mit Zwetschken gemischt werden. Schon aus rein wirtschaftlichen Gründen heraus, kann man doch mit „Kirschenwasser" oder „Weichselbrand" aus dem Bauernhof ganz andere Preise erzielen.

Slibowitz in der Volksheilkunde

Das Zwetschkenwasser, wie der Slibowitz gerne genannt wird, hat auch in der Kultur des Landvolkes einen festen Platz.

„Der Vorlauf" beim Slibowitzbrennen: Darunter versteht man das erste Viertelliter des Destillates, das durch die Kühlung in das Auffanggefäß strohhalmdick fließt. Diese Flüssigkeit enthält Menthylalkohol und darf daher keinesfalls getrunken werden. Man könnte davon blind werden. Hingegen ist der „Vorlauf" ein ausgezeichnetes Heilmittel für äußerliche Behandlungen.

Hexenschuß und Kreuzschmerzen: In beiden Fällen wird am Abend die schmerzende Stelle mit leicht angewärmtem Vorlauf mehrmals hintereinander in kreisrunden Bewegungen eingerieben. Anschließend die Körperstelle mit einem Wolltuch abdecken und befestigen. Während der Nacht oben belassen, verspürt der Patient meistens morgens nach dem Erwachen eine Besserung.

Kirschwasser, ein ausgezeichnetes Hausmittel

Nachdem die Kirschen eingemaischt worden sind, soll auf eine rasche Vergärung der Maischenmasse geachtet werden. Das ist nicht schwer, da die Ernte in die Monate Juni bis Juli fällt, sind die Tagestemperaturen verhältnismäßig günstig zur Förderung der Gärung. Hat die Masse untergetaucht, soll auch schon die Brennanmeldung beim Finanzamt durchgeführt werden. Wartet man mit dem Brennen zu, kommt es bereits zur Essigbildung und somit zu einer stark verminderten Qualität.

Kirschwasser, von hoher heilender Kraft: Es wird zu den beruhigenden Naturmitteln gezählt. Innerlich in kleinen Mengen eingenommen, hilft es bei nervösem Magen und zur Besänftigung nach Aufregungen.

Augenlider damit einmassiert: Die Augen werden dabei gut geschlossen. Man streicht behutsam mit dem Zeigefinger unter der rechten Augenbraue beginnend von oben nach unten. Das stärkt die Sehkraft.

DER WALNUSSBAUM, EIN WAHRER SCHATZ

Wer liebt ihn nicht, den grünen „Blätterberg", dessen herber Duft sich rundherum ergießt und köstlicher Schatten zur befreienden Errettung aus der brütenden Hitze Leib und Geist peinigender Sommertage wird. – Das ist der Walnußbaum. Der Mensch liebt ihn, den Einwanderer aus dem Süden.

Andere Gewächse aber können sich nur schwer unter einem Walnußbaum behaupten. Weder Käfer, noch Raupe, Fliege oder Ameise finden in seiner unmittelbaren Nähe eine Heimat.

Hartes Holz und ölige Früchte

Nicht umsonst, so glaubte man schon vor Jahrhunderten, haben die Walnüsse die Form des menschlichen Gehirns. Man fand sie auch vorteilhaft, den Denkpol zu stärken.

Als hart, dicht und schwer – gleichsam geeicht, Jahrhunderten zu trotzen – erweist sich das Nußholz.

An der grünen Nuß, die in der Sommerglut heranreift, ist alles brennend-herb und aromatisch-scharf. Das richtige Zusammenspiel also für einen geschätzten Magenbitter, der unter der Zugkraft des Alkohols und der schmeichelnden Umarmung erwärmender Sonnenstrahlen wird. Er soll dem trägen Magen Kraft geben, ihn erwärmen und wieder in Bewegung setzen.

Im Herbst reifen dann die Früchte heran. Sie bergen Sonnenlicht und Sonnenwärme in ihrem Ölstoff. Unter prasselndem Gepolter wird die Erntestunde verkündet.

Jede Nuß ist ein kleiner „Fleischerladen", wo der Körper Eiweiß tankt, das er so dringend braucht. Aber mit jenem Unterschied, daß Nüsse dem Körper keine Übersäuerung zuführen, was man vom Fleischgenuß nicht behaupten kann.

Was du vom Nußbaum alles sammeln sollst?

Mitte Juni bis anfangs Juli die grünen, innen weichen Früchte, die vor allem dem alkoholischen Ansatz dienen.

Gleichzeitig bis Mitte August die balsamisch riechenden Blätter, die frisch oder getrocknet vielseitig Verwendung finden.

Die äußere, fasrig-ledrige Schale der Walnuß ist zuerst grün und umhüllt die ganze Steinfrucht. Zur Zeit der Reife wird sie gesprengt, fällt ab und färbt sich rasch braunschwarz. Diese Schalen sollen auf keinen Fall am Boden dem Verfaulen ausgeliefert werden. Sie können frisch oder getrocknet einer Verwendung zugeführt werden.

Letztlich sammelt man die reifen Früchte ein, die man gut nachtrocknet, damit sie nicht zu schimmeln beginnen. Man muß sie auch vor Meisen schützen, denn sie finden für ihre Lieblingsfrucht sogar den Weg durchs Luftloch der Speisekammer. Ebenso können Mäuse und sogar Eichkätzchen die im Freien zum Trocknen aufgestellten Walnüsse schädigen und rauben.

Vielseitiger Walnußbaum in all seiner Anwendung

Schon Josephus Flavius pries das fruchtbare Tal Genezareth wegen seiner zahlreichen Walnußbäume, „egoz" genannt.

Auch im Hohenlied 6,11 heißt es: „In den Nußgarten stieg ich hinab, um nach dem Sprossen der Palme zu sehen, um zu sehen, ob der Weinstock treibt, die Granatbäume blühen."

Vereinzelte Walnußbäume trifft man heute noch in Israel an. In Ost-Jerusalem gibt es sogar einen Wohnort, der „Tal der Walnüsse" heißt und für die Vergangenheit Zeuge ist.

Seinen Weg nach Kanaan, ins Verheißene Land, fand der Walnußbaum wahrscheinlich von Persien oder der Türkei aus.

Nußblätter-Tee: Frische oder getrocknete Blätter fein schneiden. 1 vollen Eßlöffel davon mit 1/4 l kochendem Wasser übergießen, 15 Minuten zugedeckt ziehen lassen, abseihen. Damit warme Umschläge angebracht, öfters gewechselt, helfen bei Augenentzündungen. – Hartnäckige Hautflechten bestreicht man mehrmals täglich mit Nußöl und wäscht abends mit heißem Nußblätter-Tee ab. Läßt eintrocknen und ölt dann frisch ein. Das Leiden kann so vielversprechend behandelt werden.

Schälnüsse frisch geerntet verzehren: Die runden Früchte reifen gegen Ende des Sommers. Die äußere fleischige Hülle enthält ein stark zusammenziehendes Mittel, das die Hände beim Öffnen schwarz-braun färbt. Die Nußschale schließt den Kern ein, der zu etwa 60 % aus Fett besteht. – Frischgeerntete Walnüsse, der harten Schale entledigt, sind besonders gesund und schmackhaft. Sie können fein gekaut werden, weil sie weich sind. Jeder Kern ist von einer bitteren Haut umhüllt. Diese läßt sich leicht abziehen.

Die Bitterhaut frischer Nüsse: Die Haut der Schälnüsse, in der Nähe des Herdes nicht zu rasch getrocknet, kann man in gut verschlossenen Gefäßen aufbewahren. – 2 Teelöffel voll davon mit 1/4 l kochendem Wasser übergossen, 15 Minuten ziehen gelassen, früh und abends langsam und schluckweise getrunken, ergibt einen wertvollen Tee als Zusatzbehandlung bei Zuckerkrankheit und Leberleiden, sowie bei Lymphdrüsenschwellungen und Vergrößerung der Schilddrüse.

Grüne Walnußblätter oder grüne Nußschalen: Mit kochendem Wasser überbrüht, 15 Minuten ziehen gelassen, abgeseiht und dem Badewasser beigefügt, gelten sie als bewährte Hilfe bei Schuppenflechte. Nach einem gründlichen Bad die betreffenden Stellen gut bürsten, sodaß sich alle Schuppen loslösen. Die Haut von selbst trocknen lassen und mit Johanniskrautöl einreiben. Das ganze führt man 3mal wöchentlich durch.

Lästige Insekten ziehen sich bald zurück: Grüne Nußblätter dort auflegen, wo Ameisen aus verborgenen Gängen und Fugen ins Zimmer eindringen. – Blätter und Stengel im grünen Zustand in Wühlmauslöcher gesteckt, vertreiben sie. – Mit grünem Nußblätter-Absud Haustiere, die von Ungeziefer befallen sind, waschen.

Getrocknete Walnüsse fein gerieben und eingenommen: Dies stärkt das Gedächtnis und bringt bessere Leistung bei geistiger Arbeit zuwege. Bei Gedankenlosigkeit, Vergeßlichkeit und Dahindösen, ohne eine richtige Aktivität zu entwickeln, nimmt man 6 Wochen lang täglich morgens vor dem Frühstück 1 vollen Teelöffel geriebene Walnüsse ein und trinkt einen Schluck Schwarzen Johannisbeer-Saft nach. Vor dem Nachtmahl den Vorgang wiederholen.

Der Johannisbeer-Saft – darauf ist zu achten – muß Zimmertemperatur haben.

Ein wertvolles Frühstück für Schüler: 1/4 l Milch leicht bis zur Hautbildung erhitzen, 1 Eßlöffel Haferflocken und ebensoviel geriebene Walnüsse einsprudeln. 15 Minuten zugedeckt ziehen lassen. 1 festen Eßlöffel Edelkastanien-Honig einrühren und mit einem Stück Vollkornzwieback zum Frühstück essen. Es sättigt gut und stärkt sowohl die Nerven als auch das Gedächtnis. Man soll dies 5 bis 6 Wochen lang im Frühjahr und Herbst einnehmen.

Mit Nüssen backen: In meinem kleinen Bereich des Pfarrhaushaltes erlebe ich immer wieder die Freude, was eine Hausfrau zustande bringt, wenn sie den hohen Wert der Nüsse erkannt hat und sich in ihrer Kocharbeit auch danach orientiert. – Wie gut schmecken doch Mohnstrudel oder Mohnnudeln mit gemahlenen Nüssen. Nüsse lassen sich mit Leichtigkeit einfach zu Mohn, aber auch zu anderen Füllmassen mischen. – Nußfüllungen stärken den Denkapparat, sie beschleunigen den Ablauf unseres Denkens.

Beim Weihnachtsgebäck dürfen Nüsse nicht fehlen: Gewürzbackwaren, aber ebenso Früchtebrote und Kletzenbrote, haben in der Advent- und Weihnachtszeit einen hohen gesundheitlichen Wert. Sie wirken magenstärkend, regen die Verdauungsdrüsen an und sorgen so für Wohlbefinden.

Nußbäume besitzen eine starke Anziehungskraft

Sie fesseln und beeinflussen uns. Machen aus uns erdverbundene, lebensbejahende Geschöpfe, die naturbegeistert sind und sich bemühen natürlich zu leben. Nimm dir Zeit und betrachte einen Nußbaum. Zu jeder Jahreszeit wird er dir etwas zu sagen haben.

GEISTER AUS DER FLASCHE

*H*inter der poetischen Aussage des Paracelsus (1493–1541) steckt eine tiefe, noch heute gültige Wahrheit: „Alle Wiesen und Matten, alle Berge und Hügel sind Apotheken."
Ein weites Feld tut sich dem Pflanzenkundigen auf. Wildwachsende Kräuter, Wurzeln, Wildfrüchte und Beeren enthalten unersetzliche und wertvolle Wirkstoffe, die selbst die moderne Medizin anerkannt hat. Auch sie weiß, daß damit viele kleine und größere Leiden kuriert werden können. Oder daß damit zumindest manches im Sinne der Vorbeugungsmedizin geschehen kann.
Setzt man diese Tatsache voraus, so wird man direkt herausgefordert zur Kreativität und Experimentierlust.
Man liest, vermehrt sein Wissen, sammelt Rezepte und probiert sie aus. Kommt mit Gleichgesinnten ins Gespräch, tauscht seine Erfahrungen aus und lernt wieder dazu.
Wenn das eine oder andere gelingt, wächst der Mut zum Weitermachen. Dann geht wieder einmal etwas daneben, aber auch das kann den Weg nach vorne nicht verstellen. Der Gedanke, daß sich im Leben das Krumme und das Gerade abwechseln, richtet wieder auf. – Nur so sammelt man seine Erfahrungen.

Echte und reine Produkte, hausgemacht

Dem häuslichen Hersteller echter und reiner geistiger Produkte sei hier am Beispiel einiger Rezepte ein gangbarer Weg aufgezeigt, aus Kräutern und Früchten manch Wertvolles zum Nutzen der eigenen Gesundheit fertigstellen zu können.
Man hat auch die Möglichkeit, Freunde, Bekannte und Verwandte mit immer neuen „geistreichen" Geheimnissen zu überraschen.
Holunderblüten-Sekt, ein erfrischender Gesundheitstrank: 10 Holunder-Blütendolden entstielen und in ein entsprechend großes emailliertes Gefäß geben. Folgende Ingredienzien hinzufügen: 10 l gutes Brunnenwasser, 3/4 kg Zucker, den Saft von 4 Zitronen und 15 g Weinsteinsäure aus der Apotheke. Das ganze läßt man 24 Stunden lang in einem mäßig warmen Raum stehen, filtriert

danach und füllt in Sektflaschen ab. Mit Korken und Draht wird fest verschlossen.

Nun 3 Wochen lang, den Korken nach unten, kühl lagern und pro Tag einmal drehen. Auch weiterhin kühl halten. – Diesen Holunderblüten-Sekt soll man sehr kalt trinken. Er gibt nicht nur die Möglichkeit Gäste damit zu bewirten, sondern stellt gleichzeitig ein sehr gesundes Getränk dar.

Zimt-Likör wird auch Chanelle genannt: Dieser würzige Likör war im Mittelalter in Europa sehr beliebt und kostbar. Heute ist er vielfach vergessen oder überhaupt unbekannt. Reisende in die Türkei finden ihn dort immer noch und schätzen ihn sehr, weil er ihnen manch gesundheitliche Vorteile bringt.

Den Zimtbaum, ein Lorbeergewächs, trifft man wildwachsend in Sri Lanka an. Diese Insel ist der größte Zimtexporteur der Welt. In China hingegen erntet man den Zimt von einem Strauch. Aus der Innenrinde der Schößlinge des Baumes oder Strauches wird der Stangenzimt, Kaneel, gewonnen. Die einen bis eineinhalb Meter langen geernteten Stangen werden in zentimeterlange Stücke geschnitten und mehrere davon ineinandergeschoben. Während des Trocknens rollen sie sich ein.

Dieses aromatisch-würzig riechende und süß-würzig schmeckende Gewürz gibt die Grundlage für den Zimtlikör ab, der verhältnismäßig einfach zubereitet werden kann.

5 Stangen Zimt, 1/2 Vanilleschote, etwas Orangenblütenwasser und 100 g weißer Kandis werden in eine Flasche gefüllt. Vorher schon wurde der Zimt zerbrochen und die Vanilleschote der Länge nach halbiert. Nun wird 1 l guter Obstbrand darübergeleert und alles kräftig geschüttelt. Die verschlossene Flasche 8 Wochen lang an einem sonnigen Fensterplatz stehenlassen, täglich aber kräftig durchschütteln. Filtrieren und in Flaschen abfüllen. Kühl gelagert, wird das Aroma des Zimt-Likörs von Jahr zu Jahr besser.

Bei diesem Likör tritt zum Angenehmen das Nützliche hinzu: Sein ätherisches Öl hemmt sehr stark die Bakterien und beugt Darmerkrankungen vor. Daher ist er besonders zu empfehlen für das Reisegepäck von Pilgern in heiße Zonen. Es hat sich immer wieder bestätigt, daß Reisende in fremde Länder nur ja nicht zu sorglos sein sollen, vor allem, wenn es in die Dritte Welt geht. – Bei Kopfschmerzen und Migräne kann Zimt-Likör ebenfalls große Hilfe bringen.

Salbei-Schnaps vermindert Schweiß- und Speichelabsonderung: Ein weißes Literglas wird zur Hälfte mit frischen Salbeiblättern gefüllt. Diese können von Mai bis Juni und von August bis September – vor und nach der Blüte – gesammelt werden. Hat man auch Basilikum und Thymian zur Verfügung, so gibt man hiervon je ein Zweiglein hinzu, sowie ein Stückchen Zitronenschale. Nun gießt man guten Obstbrand darüber und verschließt die Flasche. 4 Wochen lang wird sie an einen warmen Ort gestellt und täglich geschüttelt, letztlich abfiltriert. Den Rückstand mit 1/2 l abgekochtem und ausgekühltem Wasser auslaugen, filtrieren und der ersten Flüssigkeit beimischen. Die abgefüllten Flaschen 3 Monate lang im Keller ruhig liegenlassen.

1/8 l lauwarmes Wasser mit Beigabe von 2 Eßlöffeln Salbei-Schnaps dient zum Gurgeln bei Zahnfleischbluten und Entzündungen in Mund und Rachen. – Zur Behandlung von Wunden und bei Hautkrankheiten mit Salbei-Schnaps abtupfen. – Bei Schweißausbrüchen in den Wechseljahren täglich 3mal jeweils 1 Eßlöffel voll einnehmen.

Apfel-Likör, eine Hilfe für alle möglichen Übel: 500 bis 750 g ausgereifte Tafeläpfel werden mitsamt Schale und Kernhaus, aber ohne Stengel, gerieben, damit die wertvollen Säuren nicht verlorengehen, denn gerade sie sind unersetzbar. Die Fruchtmasse nun in ein Weißglas mit einem Fassungsvermögen von einem Liter geben und mit gutem Obstbrand auffüllen. Man fügt noch 1 Vanilleschote, 3 Gewürznelken und 1 Eßlöffel voll leicht angestampfte Aniskörner bei. Das Glas gut verschließen und 14 Tage lang ins Dunkle bei gemäßigter Wärme stellen, dann abfiltrieren. Getrennt wird 1 kg Zucker in 1/2 l Wasser zugestellt und solange gekocht, bis sich der Zucker zur Gänze aufgelöst hat und eine einheitliche Sirupmasse entstanden ist. Kaltstellen und dann mit der Ansatz-Flüssigkeit vermischen. – 3 volle Eßlöffel getrocknete reine Goldmelissen- oder Monardenblüten abends mit 1/2 l kochendem Wasser übergießen. Über Nacht stehenlassen, abseihen, filtrieren und dem Apfellikör beigeben. Gut durchschütteln, abfüllen und verschließen. – Der trinkfertige Likör hat auf diese Weise eine angenehme, goldrötliche Färbung. Dadurch gewinnt er in der Flasche und im Stamperl an Ansehnlichkeit.

Ein Likör, der nicht nur das Herz stärkt, sondern der auch die Nerven ruhig werden läßt, den nervösen Magen besänftigt und ein frohes Gemüt schenkt.

Fieberklee-Schnaps: Ein nicht gerade sehr bekannter Kräuterschnaps, aber ein vorzügliches Mittel bei Verdauungsstörungen und bei Magenschwäche. Wirkungsvoll bei Reisekrankheit. – 10 dreiteilige, zur Blütezeit gepflückte Blätter in 1 l Obstbrand ansetzen und 3 Wochen an die Sonne stellen. Für weitere 3 Wochen im Keller ruhen lassen und dann filtrieren.

Kamillen-Schnaps: Daß sich in der Volksheilkunde so wertvolle und nahezu unersetzliche Heilpflanzen auch zur Herstellung eines Kräuter-Schnapses eignen, dürfte nicht allgemein bekannt sein. Wem der ausgeprägte Geschmack der Kamillenblüten zusagt, wird über die Feinheit dieses dunkelbraunen, etwas bitteren Mazerates überrascht sein. – 50 g getrocknete Kamillenblüten in 1 l Obstbrand 3 Wochen an der Sonne ansetzen und öfters schütteln. Noch 3 Wochen in einen dunklen, mäßig warmen Raum stellen. Danach filtrieren und der Kamillen-Schnaps ist trinkfertig.

Mispel-Likör stärkt den Magen: 1/2 kg gelagerte und weich gewordene Mispeln werden zerdrückt und zusammen mit 3/4 l Obstbrand in ein weithalsiges Glas getan. Man stellt es 6 Wochen in die Sonne. Danach seiht man ab und preßt den Rückstand aus. 1/2 kg Zucker wird mit 3/8 l Wasser gesponnen und nach Erkalten dem Fruchtauszug beigefügt. Dem Likör 4 Eßlöffel Zitronensaft beigeben und noch 2 Monate lagern.

DER „AUFKEHRER" UND DER „ABKEHRER"

Der „Enzian" ist neben dem „Kranebitern" der bei den Bergbauern des Alpenlandes bekannteste Branntwein.
Beide Schnäpse spielen im Liebesleben junger Leute im Gebirge keine unbedeutende Rolle. Die Sprache der Verliebten unterscheidet sich nämlich vom nüchternen Vokabular des täglichen Lebens. Nämlich durch einen von Glück und Sonnenschein getragenen Wortschatz.
Wie wäre es sonst möglich, all das auszudrücken, was ein übervolles Herz zu sagen begehrt, aber nicht über die Lippen bringt.
Daß jedoch auch ohne viele Worte klare Verhältnisse zu schaffen sind, stellt wieder einmal der Enzianschnaps – der Nothelfer in vielen Lebenslagen – unter Beweis.

Enzian oder Kranebit, die beiden sollen entscheiden

So haben zum Beispiel die Burschen des Pinzgaus im Salzburgerland ein eigenartiges Verfahren für ihre Liebeserklärungen. Ein Volksgut sozusagen, das auf Jahrhunderte zurückgeht.
Will einer der Auserwählten seines Herzens zu verstehen geben, daß er sie liebt, so sagt er dies weder durch Worte noch durch einen Liebesbrief, oder gar durch schmachtende Blicke und Seufzer. Nein. Sondern er führt das Mädchen in ein Wirtshaus und reicht ihr ein „Stamperle" Enzian-Branntwein. Das sagt ihr alles – mehr als Worte dies zustande bringen können, weil eben Taten als klarste Sprache gelten.
Trinkt sie davon, so gibt sie ihm damit klar den Beweis der Gegenliebe. Verschmäht sie den Enzian aber, so verschmäht sie damit auch das dargebotene Herz.
Auf jeden Fall wissen beide ohne langes Herumreden, woran sie miteinander sind.
Solange der Liebhaber seinem Dirndl in den Schenken, wohin er sie zum Tanz führt, Enzian-Branntwein spendiert, solange ist sie seiner treuen Liebe gewiß.

Haben sie sich etwa gezankt, oder wendet der Bursch sein Auge einem anderen Stern zu, so führt er das Mädel wieder ins Wirtshaus und gibt ihr „Kranebit-Branntwein" zu trinken. Sie weiß dann ohne Absagebrief, daß es zwischen ihr und ihm aus ist und sucht es in der Folge dahin zu bringen, daß sie bald wieder aus anderen Händen „Enzian-Branntwein" erhält.

In der Volkssprache des Pinzgaus heißt darum der Enzian-Branntwein „der Aufkehrer". Der Kranebit-Branntwein hingegen wird „der Abkehrer" genannt.

Ein „Pudele", ein „Stamperle" oder ein „Fraggile" Schnaps

So wohltuend der Schnaps bei vernünftiger Anwendung auch sein kann, so fatal wirkt er in Verbindung mit Wein. Hier wird er zum Vater der meisten „Kater". Denn Wein und Schnaps vertragen sich wie Hund und Katz. Gemeint ist dabei das unmittelbare Schnapstrinken nach reichlichem Weingenuß.

Schnaps und Bier vertragen sich schon eher. In manchen Gegenden gehört dieses Zweigespann zur festen Einführung. Besonders in den nördlichen Ländern wird dem viel zugesprochen. Dort behauptet man, daß Schnaps und Bier so zusammengehören wie Wind und Meer.

Ein Getränk, das sich gut mit Schnaps vermengen läßt, ist der Kräutertee. Der Schnaps ist auf alle Fälle dem „Rum" bei weitem vorzuziehen, da man ja selten einen echten zur Verfügung hat und der herkömmliche nur aus Essenzen hergestellt wird. Die oft alle möglichen Geschmacksrichtungen aufweisen und alles andere als gesundheitsfördernd sind. Viele dieser industriell erzeugten „Schnäpse" werden nur mehr synthetisch fabriziert. In ihnen ist kaum mehr eine Spur Natur vorhanden, auch wenn die Flaschen allzuoft auf ihren Etiketten Kräuter und Früchte werben lassen. So haben der Kräuterschnaps, der „Zwetschkene" oder der „Obstler" berechtigt Vorrang zu genießen.

Bei Erkältungen im Winter, zum Erwärmen der Glieder und wenn man kalte Füße hat, wirkt ein Tee mit Schnaps kleine Wunder.

Ein „Glasl" ist ein Ausdruck unserer neueren Zeit. Früher sagte man „ein Pudele", das war ein Sechzehntel, also ein „Doppelter", heute noch häufig so geheißen. Ein „Stamperle" war ein 32stel und ein „Fraggile" ein 64stel Liter.

Zur rechten Zeit mit Maß getrunken, das ist „Schnapskultur"
Ein „Stamperle" Schnaps wirkt wohltuend nach einem üppigen Essen. Aber auch dann, wenn man das Gefühl hat, daß nach einer eingenommenen Mahlzeit der Magen nicht „arbeitet".
Machen sich erste Anzeichen bemerkbar, daß eine Influenza oder Grippe „herumkursiert" und man will ihr entgehen, oder „wenn man sich nicht so richtig wohl fühlt" und man sich „ganz damisch vorkommt", dann ist es Zeit zum Schnapstrinken.
Nach großen körperlichen Anstrengungen, bei Kälte und Hitze und bei Bergwanderungen, wenn man erhitzt und müde ankommt, ist ein Schnäpschen sehr zuträglich.
Bei Bergtouren gilt jedoch ein eisernes Gebot: erst am Ziel, wenn man den Aufstieg hinter sich hat, ist es erlaubt, Schnaps zu trinken. Würde man während der Bergaufwanderung nach der Schnapsflasche greifen, würden die Füße bald sehr schwer werden und förmlich am Boden kleben bleiben.
Ein häufiger und gar nicht so unvernünftiger Brauch sieht vor, abends vor dem Zubettgehen noch ein Stamperl zu trinken. Viel wertvoller ist die Sache und sehr zu empfehlen, wenn man dazu einen Apfel ißt.

Zum Schnaps-Ansetzen braucht man Auszugsstoffe und Beigaben
Zur Gewinnung von hausgemachten Kräuterschnäpsen greift man zur Auszugs- oder Ansatzmethode.
Als Ausgangspunkt dient dabei in den Weingebieten der Treber. Ein besseres Aroma hingegen hat der Obstler. Nicht selten wird auch Kornbranntwein verwendet.
Vom Zwetschkenen jedoch möchte ich abraten. Er ist geschmackmäßig derart eigenwillig, daß die Feinheiten anderer Kräuter oder Früchte dabei auf der Strecke bleiben.

Für Waldfrüchte wie Erdbeeren und Himbeeren und für alles Kernobst eignet sich der Weinbrand am besten.

Je nach Geschmack können zur Abrundung des Aromas fast allen Kräuterschnäpsen Zutaten wie Gewürznelken, Zimtrinde, Sternanis, Vanille, Zitronen- und Orangenschalen oder Kaffeebohnen beigegeben werden. Die Dosierung sollte jedoch mit Fingerspitzengefühl erfolgen. Mit der Zeit kann man es erlernen, denn kein Meister ist vom Himmel gefallen.

Den Edeldestillaten gebührt der erste Platz

Sie sind den „Angesetzten" an Feinheit weit überlegen. Werden gerne „Brand" oder „Klarer", auch „Destillat" oder „Wasser" genannt, aber ebenso „Branntwein". Williams-Birne-Brand, Marillenbrand, Enzianbranntwein, Kranebitener, Zwetschkener oder Zwetschkenwasser und Vogelbeerschnaps sind die bekanntesten.

Man muß viel Mühe und Ausdauer aufbringen, um Edeldestillate zu erzeugen. Das Obst muß eingemaischt werden, dann braucht man einen Brennkessel und nicht zuletzt eine Brennerlaubnis.

Manche Edelbrände haben sich in gewissen Gegenden ihr Heimatrecht erworben. Hinweisen möchte ich nur auf den „Waldviertler Zwetschkenen", den „Wachauer Marillenbrand", den „Mostviertler Obstbrand", den „Innviertler Kornbranntwein", den „Osttiroler Enzianbrand" und den „Lungauer Vogelbeerschnaps".

Edelbranntweine sind gesetzlich geschützt

Sie müssen den Anforderungen und Vorschriften entsprechen: Die Maischen dürfen keinen Zusatz von Zucker und Weingeist aufweisen. – Ein Zusatz von künstlichen Essenzen und ätherischen Ölen ist verboten. – Alle Nachahmungen von Edelbranntweinen müssen als „künstlich" bezeichnet werden.

DER GROSSKRONIGE OBSTBAUM SOLL LEBEN

Der Obstbaum ist ein lebendes Wesen. Dankbar für seine Pflege, schenkt er uns lebenswichtige Gaben für unseren Körper. Er erhält die Gesundheit und bringt viel Freude. In der Landschaft steht er wie unser Zwillingsbruder da. Er durchbricht die Einöde der Felder, umrandet unsere Häuser und hebt die Silhouette des Dorfes in die vorbeiziehenden Wolken hinein.

Der Obstbaum geht mit dem Jahr mit. Er wird zum Zeiger der Jahreszeiten: Zum Hoffnungszeichen im kalten Winter, zum Freudenspender im erwachenden Frühling, zum kühlen Schatten-Geber bei sengender Sommersonne. Im Herbst beschenkt er reich mit seinen Früchten, Hauptbestandteil einer gesunden Ernährung. Der Obstbaum richtet unser Sinnen auf die kargen Monate des Jahres. Läßt Speisekammern füllen, mit rotwangigen Früchten, süßen Marmeladen, erfrischendem Most und kostbarem Obstler.

Der Grundbegriff Obst klar dargelegt

Vorerst muß man sich die Frage stellen: Was versteht man unter dem Wort „Obst"? Es umfaßt alle frisch und oder verarbeitet verzehrbaren Früchte der wildwachsenden oder in Kultur genommenen, in der Regel mehrjährigen Bäume, Sträucher und Stauden.

Kernobst: Apfel, Birne, Quitte und Eberesche zählen im Obstbau zum Baumobst. Während Felsenbirne, Mispel, Hagebutte und Schlehe als Wildform strauchartig auftreten.

Steinobst: Umfaßt Baumobstarten wie Kirschen, Weichseln, Pfirsich, Marillen, Pflaumen und Kornelkirsche.

Beerenobst: Beinhaltet landläufig alle Obstarten von Sträuchern und Stauden. Der sehr weitgespannte Bogen geht von allen Ribiselarten, Stachelbeeren, Himbeeren und Brombeeren über Heidelbeere, Preiselbeere, Erdbeere, Holunder bis zu Berberitze, Sanddorn und Weißdorn.

Schalenobst: Als Baumobst gelten hier die Walnuß, die Edelkastanie und die Mandel, als Strauchobst die Haselnuß.

Der großkronige Obstbaum gestaltet die Landschaft

In jedem Menschen schlummert der Drang nach der Vergangenheit, nach unserem Ursprung.

Die Zerbrechlichkeit des Lebens ist es, die uns an das Feste, das Überdauernde, das Standhafte anhalten läßt. Nichts kann da sinnbildlicher sein als der Baum. Er, das hervorragendste Produkt der Pflanzenwelt, hat es verstanden, Menschen in staunende Bewunderung zu versetzen.

Sie ahnten und ahnen in ihm den Ausdruck einer höheren Macht. Denn unter der Gestalt des Baumes verbirgt sich eine geistige Realität, eine nicht zu leugnende Wirklichkeit: Die große Sehnsucht des Menschen nach dem ewigen Leben, nach der Er-Füllung – dem Voll-Werden und nicht Leer-Bleiben – nach der Voll-Endung und nicht dem Ver-Enden.

In der Tat stellt der Baum ein unverzichtbares Element in der Kulturlandschaft dar. Er wirkt als ein Kleinklima regulierender Faktor. Durch Herabsetzen der Windgeschwindigkeit verursacht er ein Ausfällen der Partikelchen, welche die Luft verunreinigen. Er dient nicht zuletzt als Lärmschutz. Apfelbäume im Freiland liefern oft ein natürliches Winterfutter für Vögel und Wild.

Seine Früchte sind ebenfalls ein hochwertiges Verarbeitungsobst für die Küche. Eine Tatsache, die in unseren Tagen wieder neue Sympathisanten gewinnt. Dazu liefern auch die Bauernmärkte durch Produktion und Vermarktung ihren wertvollen Beitrag.

Praktische Hinweise zur Baumpflege

Bäume müssen mit Liebe gepflanzt werden. Vorher gut überlegen, dann entschlossen handeln. Man soll wissen, daß man damit eine langjährige Verpflichtung eingeht.

Pflanztermin: Alles hat seine richtigen Zeiten, so auch der Obstbaum. Will man vor allem die Wühlmausgefahr meiden und ebenso vor Wildverbiß gefeit sein, wird im Frühjahr gepflanzt.

An normalen Standorten ohne Wühlmausgefahr und Wildverbißgefährdung ist der Herbsttermin vorzuziehen, das ist unumstritten. Solche Pflanzungen können nämlich viel leichter anwurzeln.

Pflanzhilfsmittel: Der Baum lebt, und Leben muß geschützt und gestützt werden. – Zwei unumstößliche Leitgedanken.

Ein zweieinhalb Meter langer Baumpfahl mit einer Zopfstärke von acht bis zehn Zentimeter Durchmesser wird von der Spitze herauf zirka einen Meter lang ins Feuer gehalten und angekohlt.

Dann ein Pflanzloch, ungefähr im Durchmesser von einem Meter, fünfzig Zentimeter tief umstechen und in der Größe des Wurzelballens ausheben. Den Baumpfahl in die Erde treiben. Dabei ist zu beachten, daß der angekohlte Teil die Erdgrenze zwischen Tag und Nacht überschreitet, weil er gerade dort der größten Gefahr des Abmoderns ausgesetzt ist.

Die abgehobenen Rasenziegel werden nach der Pflanzarbeit verkehrt auf den Boden gelegt.

Ragt der Baumpfahl bis in die Krone, so muß er mindestens fünf Zentimeter darunter abgeschnitten werden. Baumpfahl und Baum erhalten eine lockere, aber haltbietende Achterschlinge.

Zweckmäßigerweise legt man um die Bäume eine nicht am Stamm anliegende, engmaschige Drahtgitterhose, um Vieh- und Wildverbißschäden zu vereiteln.

Kronenpflege: Astkronen wachsen nicht von selber wunschgemäß. Eine stabile, lockere und ertragswillige Drei- oder Vier-Astkrone wird erzogen. Zuerst einmal geht es um die Leitäste: Sie werden auf einen Winkel von 45 Grad formiert. Dann auf halbe Trieblänge auf nach außen gerichtete Augen angeschnitten. Ist ein Mitteltrieb vorhanden, wird dieser etwas höher angeschnitten.

Frühestens nach fünfzig Zentimeter vom Stamm weg legt man die erste Fruchtast-Etage leicht ansteigend an. Die zweite nach zirka achtzig bis hundert Zentimeter.

Im Sommer werden im Jugendstadium zu starke Triebe pinziert oder weggeschnitten. Stammauswüchse und Unterlagausschläge werden vor dem Triebabschluß entfernt.

In weiterer Folge werden in Abständen von zwei bis drei Jahren bei Äpfeln, bei Birnen von drei bis vier Jahren, jährlich das abgetragene Holz sorgfältig ausgelichtet. Das Fruchtholz setzt man auf junges, stehendes Fruchtholz ab.

Bei Pflaumen ist diese sorgfältige Arbeit jährlich durchzuführen. Entstehende größere Verletzungen oder Wunden sind gleich mit Baumteer, Baumwachs oder mit einem Gemisch von Kuhfladen und Ziegellehmerde zu verschmieren.

Der großkronige Obstbaum und die Landeskultur

In vielen Gemeinden Niederösterreichs wurden die großkronigen Obstbäume innerhalb von fünfzig Jahren auf ein Viertel des Bestandes dezimiert. 75 Prozent Baumrodungen lassen aufhorchen und nachdenken. – Wir müssen wieder gezielt um die Neupflanzung eines jeden Baumes werben!

Der NÖ Naturschutzbund gab im Jahr 1980 mit seiner Aktion „Setz' Deinem Kind einen Baum" einen wichtigen Anstoß für ein Umdenken auf breiter Basis. Wir können nur hoffen, daß das Sterben der großkronigen Obstbäume vorbei ist, und daß ein neues Zeitalter beginnt: „Der Obstbaum soll weiterleben."

Grüner Gruß am aschgrauen Asphaltrand

Nicht unerwähnt darf bleiben, daß die niederösterreichische Straßenverwaltung in vielen ihrer Gebiete wieder Straßenbäume pflanzt. Ein hoffnungsvoller Anfang, der weiter ausgebaut werden möge. Eine Lanze möchte ich in dieser Richtung brechen: Möge in dieser lobenswerten Aktion doch nicht die Eberesche oder der Vogelbeerbaum vergessen werden. Ein sehr anspruchsloser, allerdings lichtbedürftiger, bis 16 Meter hoher Baum, der sich leicht einwurzelt. Er gedeiht am besten auf trockenen bis feuchten, mineralischen bis humosen Böden.

BEIFUSS FÜRS GANSERL UND ...

Schön und stimmungsvoll wirken Kräuterpflanzen im Gewürzgärtlein der Bäuerin. Mehr noch, solch ein Plätzchen ums Haus dient dazu, die Küche beständig mit frischen, würzigen Zutaten zu versorgen. Es wird somit zur Quelle der Gesundheit und zum Brunnen der Freude.

Eine so aromatische und reichhaltige Auswahl werden Sie in keinem Geschäft finden. Wollen Sie Beifuß fürs Ganserl und Ysop für den Kartoffelsterz haben, dann pflanzen Sie beide Kräuter selbst.

Das Würzen mit Kräutern beeinflußt Lebensprozesse

Ein gut und gesund gewürztes Essen wirkt wie ein Magnet, es zieht in seinen Bann. Regt allein schon durch den verlockenden Geruch und nicht zuletzt durch den Wohlgeschmack den Appetit an. „Läuft einem das Wasser im Mund zusammen" beim Anblick des Tellers, dann tut sich doch auch Gewaltiges im eigenen Organismus. Gesundheitsfördernde Funktionen werden mobilisiert. Und die Folge? Reichliche Speichelabsonderung bedeutet auch eine vermehrte Absonderung von Verdauungsfermenten.

Dadurch wird die Arbeit von Magen und Darm entlastet. Ein Vorteil, der sich besonders dann sehr günstig auswirkt, wenn schwerverdauliche Speisen zu sich genommen wurden.

Ernährungswissenschafter sagen dazu: „Erst der durch die Duft- und Geschmacksstoffe mit dem Essen verbundene Genuß regt zu ausreichender Nahrungsaufnahme an. Die allgemeine Stimmungslage wird durch die wohlschmeckenden Speisen gehoben."

Der Vorteil im Würzen für Menschen mit strenger Diät

Patienten, die nur ausgewählte Speisen essen dürfen, in denen Salz und scharfe Gewürze – beide, Salz und scharfe Gewürze, schädigen auf Dauer auch den stärksten „Ochsen-Magen" – verboten sind, können sich durch aromatische Kräuter Lebensfreude verschaffen. Da gehe ich ganz sicher nicht irre zu behaupten: Einen faden,

geschmacklosen Brei möchte sicherlich kein Mensch auf die Dauer essen. So kann die frische und abwechslungsreiche Würze aus dem eigenen Garten unsere Lebensfreude und Gesundheit im weitesten Sinn sehr positiv beeinflussen.
Es lohnt sich die Überlegung, seinen Kräutergarten zu pflegen oder neu anzulegen.

Einer aus der Korbblütlerfamilie
Den Beifuß, einen Verwandten des Wilden Wermuts, finden wir sehr häufig an Wegrändern und Zäunen, an Gebüschen und Hecken, sowie an Uferböschungen und Schuttplätzen.
Geerntet werden zur Blütezeit die oberen Triebspitzen. Man hängt sie gebündelt an einem luftigen Ort zum Trocknen auf. – Will man den Beifuß im Garten ziehen, dann bereitet dies keine Schwierigkeiten.
Die Pflanze liebt kalkhaltigen, trockenen Boden. Eine Staude genügt für einen Haushalt von vier bis fünf Personen.
Die Blütenrispen riechen herb-aromatisch und haben einen leicht bitteren Geschmack. Zum Würzen werden nur die frischen oder getrockneten Rispen mit den noch geschlossenen Blütenknospen genommen. Mit fortschreitender Blüte nimmt nämlich der Gehalt an Bitterstoffen beachtlich zu und das Gleichgewicht im Aroma wird empfindlich gestört. Was vermieden werden soll.
Die Blüten allein werden auch nicht verwendet, da sie zu bitter sind. Ein ausgewogenes Blüten-Blätter-Gemisch kennzeichnet qualitätsvolles Beifuß-Gewürz.

Was sich mit Beifuß gut würzen läßt
Ganz vorne rangiert der Gänsebraten, aber auch Enten-, Lamm- oder Schweinebraten munden mit Beifuß vorzüglich.
Dieses Gewürz macht alles fette Fleisch besser verdaulich. Hilft gerade in unserer Zeit vielen, ihren zu hohen Cholesterinspiegel durch diese Würze loszuwerden.
Weiters würzt man mit Beifuß auch Fisch – vor allem den Aal –, Weißkraut, Wirsing, Spinat, Pilze und Rohkost.

Allgemeines Lob für Bitterstoffe in der Küche

Beim Auslassen von Speck und Gänsefett gibt man ebenfalls eine Rispe Beifuß in die Pfanne und läßt sie mitschmoren. Für einen großen Gänsebraten ist ein Zweiglein von etwa zehn Zentimeter Länge ausreichend.

Daß sich Beifuß trotz der enthaltenen Bitterstoffe bis heute in der guten Küche durchsetzen konnte, ist der seit Jahrtausenden bekannten guten Wirkung auf die Verdauung zuzuschreiben.

Bitterstoffe, wie sie zum Beispiel auch in den Löwenzahnblättern vorkommen, steigern die Bekömmlichkeit der Speisen, und hier besonders der fetten Gerichte. – Betrachtet man die Wirkung näher, dann ist dies auch einleuchtend, denn Bitterstoffe aktivieren die größte Drüse unseres Körpers, die Leber, in der eine Unzahl von Vorbereitungsprozessen eingeleitet werden: Blutbildung, Hormonfluß, Gallensaftproduktion . . .

Beifuß schafft Erleichterung nach partiellen Lähmungen

Beifuß kann im Heißaufguß als Tee zubereitet werden. Er fördert den Appetit, verhindert und stillt Krämpfe, regt die Gallentätigkeit an und hat eine günstige Wirkung auf das Zentralnervensystem. Die Heilpflanze hilft vor allem Schlaganfällen vorzubeugen. Nach bereits erfolgten Anfällen schafft sie Erleichterung.

Beifuß und Meisterwurz, ein Zweigespann: Nimmt man vor dem Beifußtee jeweils 1/2 Teelöffel pulverisiertes Meisterwurz-Wurzel-Pulver ein, und dies 3mal täglich, kann man bei partiellen Lähmungserscheinungen eine überraschende Besserung feststellen. Solche Kuren muß man 6 Wochen lang durchführen.

Die Ysopstaude ist mehr als eine Gartenzier

Mönche haben vor über tausend Jahren den aus Kleinasien stammenden Lippenblütler Ysop über den Brenner herauf in unsere österreichische Heimat gebracht.

Die Pflanze zählt zu den uralten Heilkräutern. Die heilige Hildegard gebrauchte sie bei Magenschmerzen und Wassersucht.

Zuerst in Klostergärten angebaut, übersiedelte der Ysop von dort bald in die Bauerngärten. Hier wirkt er besonders hübsch durch seine tiefblauen Blüten. Er hat sich heute auch einen Platz im Zier- und Steingarten, als ebenso im Würzgarten erobert. Er sollte schon deshalb hier nicht fehlen, weil seine Pflege sehr einfach ist. Die Vermehrung erfolgt durch Stockteilung.

Die lanzettlichen schmalen Blätter des Ysops enthalten zu Blütebeginn die meisten Geschmacks- und Wirkstoffe und werden deshalb zu dieser Zeit gesammelt und im Schatten getrocknet. Junge Triebspitzen können zum Würzen laufend gepflückt werden.

Ysopblätter, auch getrocknet ein vorzügliches Gewürz
Der Ysop wird gerne als Zierpflanze, Bienenfutterpflanze und Duftpflanze – häufiger als man glaubt – in Gärten gehalten. Aber nur wenige wissen, daß man die Blätter als aromatisches Gewürz verwenden kann.

Reichlich ätherisches Öl, Gerb- und Bitterstoffe wirken sehr anregend auf die Verdauung und machen Speisen bekömmlicher.

Ganz besonders wertvoll ist das Würzen des Kartoffel-Sterzes mit getrockneten und gerebelten oder feingeschnittenen Ysopblättern. Dadurch wird nicht nur die Tätigkeit des Herzens angeregt, sondern alles überschüssige Wasser findet Abgang. Und das Herz – wir wissen es ja – ist und bleibt der Motor unseres Körpers. Wir sollen dies aber beachten.

Ysopblätter unbedingt häufig in der Küche verwenden: Zu Bohnengerichten, zu Eintöpfen und auch zu Suppen paßt Ysop sehr gut. – Alle frischen Salate mit Gurken und Tomaten lassen sich durch Ysop geschmacklich würzig verändern. Und wer gerne Topfenkäse ißt, der sollte einmal feingehackte Ysopblätter darüberstreuen oder daruntermischen.

WÜRZEN MIT WILDBEEREN

Wildbeeren besitzen charakteristische Eigenschaften. Sie regen den Appetit an und aktivieren die Produktion der Verdauungssäfte. Wildfrüchte machen dadurch Gerichte bekömmlicher und stimmen sozusagen die Schleimhäute richtig ein.

Man kann mit Wildfrüchten Fleischspeisen ganz vorzüglich und gesund veredeln. – Eine Weisheit nicht erst unserer Tage, sondern eine Praktik, die unsere Vorfahren schon kannten. – Wofür Wildfrüchte auch immer in der Küche benützt werden, ihre wertvollen Inhaltsstoffe rechtfertigen es. Dieses Wissen allein wäre aber zu wenig, würde dem Erkennen nicht die Tat folgen. Denn Gesundleben ist unzertrennlich mit den Eßgewohnheiten verbunden. Diese aber werden durch das Denken.

Ein Blick in die Vergangenheit

Wildfrüchte und Beeren bildeten einen wesentlichen Teil der Ernährung steinzeitlicher Jäger und Sammler. Bis in die neueste Zeit hinein überstanden Menschen durch Krieg und Mißernten bedingte Notzeiten mit Hilfe der Früchte des Waldes.

Beeren-, Pilze- und Kräutersammeln, ein beliebtes Hobby

Es bereichert den Speisezettel und schafft auch saisonbedingte Abwechslung. Das verleiht dem Körper wieder neuen Auftrieb und rüttelt ihn aus der gefährlichen Lethargie wach.

Wildfrüchte werden im allgemeinen als Beilage serviert, folglich verzehrt man sie in größeren Mengen. So kommen ihre Wirk- und Geschmacksstoffe erst voll zur Geltung.

Das Wertvolle an den Wildbeeren und Wildfrüchten sind Vitamine, Spurenelemente und nicht zuletzt Fruchtsäuren.

Alles Stoffe, die der menschliche Organismus zum reibungslosen Funktionieren von Zeit zu Zeit unbedingt benötigt. Es bringt neuen Schwung in das Getriebe. Die Wildbeeren sind es folglich auch, die unser Wohlbefinden mitbestimmen.

Preiselbeeren besitzen einen feinen Unterton

Seit urdenklichen Zeiten gebraucht man Preiselbeer-Kompott als Beilage, besonders zu Wildgerichten.

Das Aroma der Preiselbeeren ist köstlich, mit säuerlichem Unterton. Sie passen ausgezeichnet zum Wildbraten. Man vermißt es einfach, wenn keine Preiselbeeren dazugereicht werden.

Das allein ist nicht nur auf alte Tradition zurückzuführen, denn Traditionen werden in unserer Zeit bedenken- und gnadenlos über Bord geworfen, steckt nicht ein echter Wert dahinter. – Man kann sicher sein, wenn etwas unserer „traditionsfeindlichen" Zeit standhält, so muß es ganz bestimmt von Nutzen sein. Die durch natürliche Fruchtsäuren aufgewerteten Preiselbeeren sind erfrischend, vor allem bei großer Hitze und Fieber.

Die Preiselbeer-Blätter dienen der Teezubereitung gegen Blasenleiden, Gicht und Rheuma.

Die Preiselbeeren nach Möglichkeit immer selber sammeln. Sie sollen nur im wirklich reifen Zustand heimgetragen werden. Wegen ihres hohen Pektingehaltes eignen sie sich ganz besonders gut zum Einmachen.

Holunderbeeren sind von eigenwilligem Geschmack

Diese Wildfrucht erfreut sich unterschiedlicher Beliebtheit. Mancherorts bleiben die Beeren völlig ungenutzt auf den Bäumen, bis sich die Vögel daran satt gefressen haben. Nicht selten rollen dann die Kügelchen zu Boden und werden dort zertreten. Anderwärts wieder gelten die Holunderbeeren als Kostbarkeit.

Höre ich das Wort Holunderbeeren, erinnert sich mein Gaumen an das „Hollerkoch". – Bei voller Reife die Beeren gepflückt, kocht man daraus ein dickes Mus, das vor allem zu Semmelknödeln großartig schmeckt und bei Bauern sehr beliebt ist.

So wird Hollerkoch zubereitet: Frische Holunderbeeren mit Wasser, Honig, einigen Gewürznelken und einem Stückchen Zimtrinde weichdünsten. Etwas Zitronensaft hinzufügen und mit Agar-Agar oder Stärkemehl eindicken.

Schlehdorn-Mus, eine edle Beilage

Schwarzdornbeeren oder Schlehen muß der Frost gebrannt haben, dann sind sie von runzeligem Aussehen und haben ihre Schärfe verloren, sodaß sie viel milder schmecken. Gleich nach der Ernte, unter Beigabe von etwas Apfelessig, wird ein Mus bereitet. – Schlehdorn-Mus eignet sich ähnlich wie Preiselbeer-Mus bestens als Beilage zu Wildfleisch.

Es empfiehlt sich aber auch, andere Marmeladen, die für sich allein sehr süß sind, mit Schlehdorn-Mus zu mischen. Ebenso können Speisekürbisse diese Aufgabe glänzend erfüllen.

Hagebutten, die Früchte der Wildrose

Diese Wildfrucht genießt beim Volk höchste Wertschätzung. Sie enthält äußerst große Mengen an Vitamin C und ist auch mit den Vitaminen der B-Gruppe, sowie den Vitaminen A, E und K ausgestattet. – Das allein schon rechtfertigt ihre Anwendung auch als Hagebutten-Suppe und Hagebutten-Mus, aus dem Fruchtfleisch hergestellt. Letzteres eignet sich zu vielerlei Speisen, besonders aber zu Braten, als Beilage oder in die Soße gerührt. Man muß jedoch darauf achten, daß das Mus nicht zu süß wird.

Hagebutten-Suppe schmeckt am besten aus frischen Früchten, die entkernt, gewaschen und im Mixer zerkleinert werden. Wasser mit Rot- oder Weißwein vermischen. Honig und geriebene Zitronenschale zugeben und darin die Hagebutten erhitzen, allerdings nur ganz kurz. Die Suppe kann mit zwei rohen, geriebenen Äpfeln gestreckt und mit Zwiebackbröseln sämig gemacht werden.

Zerquetschte Sanddornbeeren, würzig und gesund

Der Sanddorn ist wegen seiner überaus vitaminreichen Beeren berühmt geworden. Zerquetschte Sanddornbeeren kann man als würzige Beilage zu Fleischgerichten verwenden, oder anstatt Zitronenscheiben zu Fisch servieren. Es wird so eine gesunde Beikost gereicht. – Wem der saure Geschmack der Sanddornbeeren zu vordergründig ist, der soll dies durch Honig regulieren.

Ebereschenfrüchte, eine herb-säuerliche Beigabe

Die wild gewachsenen Früchte sind reich an Vitamin C, im Geschmack aber sehr bitter und herb, auch noch nachdem sie den ersten Frost erlitten haben. Besser steht es mit der veredelten „Mährischen Vogelbeere". Man kocht daraus ein Mus, das als Beilage zu Geflügel sehr beliebt ist. – Die Beeren lassen sich aber auch bei 50° C trocknen und aufbewahren.

Die Kornelkirsche, leider viel zu unbekannt

Es ist wertvoll zu wissen, daß man aus der Kornelkirsche eine wohlschmeckende Marmelade bereiten kann. Der herbsaure Geschmack ist sehr angenehm. Als Fleischbelag kann dieses Fruchtmus bestens empfohlen werden. – Es leistet einen beachtlichen Anteil, daß sich die Blutfette senken, und somit wird dem Ansteigen des Cholesterinspiegels Einhalt geboten.

Wacholderbeeren im Einsatz in der Küche

Man fügt ganze Beeren dem Sauerkraut, dem Rotkraut und dem Weißkraut bei. – Wacholderbeeren eignen sich auch vorzüglich zum Fischabsud, zu Fischmarinaden und zur Wildbeize.
Die gemahlenen Beeren finden Verwendung für Fleischgerichte wie Wild, Ente, Ragout, Gulasch und Rind. – Aber auch für Rohkostsalate und Roten-Rüben-Salat sind sie als würzige Beigabe sehr anzuraten.

Triff selbst die Auswahl

Auf alle Fälle lohnt es sich, das eine oder andere Beeren-Gewürz einmal auszuprobieren. Es führt uns der Umwelt sicher wieder ein Stück näher. Verbindet uns mit ihr, läßt eins werden. Denn es stimmt wohl, daß Hecken nicht nur Dornen haben.

TOLLKIRSCHE ET CETERA

Je mehr wir heute in einer naturfremden Umgebung leben und arbeiten müssen, desto größer wird wieder das Interesse an gesunder und unverfälschter Natur.
Es ist sicherlich kein Zufall, daß in einer Zeit, in der fast alle Bedürfnisse kommerziell befriedigt werden, erneut viele Menschen ihre Beeren selber sammeln. Sie holen Rezepte aus Großmutters Zeiten hervor, greifen mit Stolz auf selbstgemachte Vorräte zurück und teilen die daraus entstandenen Vorteile und Erfahrungen auch anderen mit. Da ich immer wieder angerufen oder angeschrieben werde, ob die eine oder andere Beere oder Wildfrucht genießbar ist, möchte ich diesbezüglich Klarheit schaffen.

Auch einladende Beeren gebieten zur Vorsicht

Eine alte zuverlässige Regel heißt: „Was der Bauer nicht kennt, das ißt er nicht." – Darin steckt eine wertvolle Lebensweisheit verborgen. Sie ruft zur Vorsicht und Umsicht auf.
Bewundern Sie schöne, unbekannte Früchte, aber verzichten Sie auf den Genuß derselben. Warnen Sie auch Kinder davor, niemals Beeren ohne Erlaubnis Erwachsener zu pflücken und zu essen.
Konsultieren Sie unverzüglich einen Arzt, falls nach dem Genuß von Beeren oder Wildfrüchten ein Unbehagen spürbar wird.
Wer versucht, sich eine enge Verbindung zur Natur aufzubauen, der wird bald den Unterschied zwischen eßbaren und ungenießbaren, giftigen Beeren und Früchten kennenlernen.

Der Trauben-Holunder ist ein eiliger Geselle

Er wird auch Roter Holunder, Hirschholler oder Bergholler genannt. Auf nährstoffreichen, frischen, meist kalkarmen, steinigen Lehmböden hat er seinen Standort. Auch Schluchten und Bergwälder verschmäht er nicht. In artenreichen Laub-Mischwäldern ist er daheim. An Waldsäumen fehlt er keinesfalls. Und wie ein Habgieriger weiß er leere Plätze auf Kahlschlägen und Waldlichtungen im Eiltempo zu besiedeln. Der Strauch kommt in den Bergwäldern der Mittelgebirge häufig vor, im Flachland seltener.

Der Rote Holunder will der Jahreszeit immer um eine Nasenlänge vorauseilen. Jedes Jahr überrascht er aufs neue, wenn er sich als erster im sommerlichen Grün des Unterholzes rötet. Selbst im alten Gemäuer versteht er Fuß zu fassen. Der Trauben-Holunder ist dem Schwarzen Holunder sehr ähnlich, doch sind die Blüten gelblich, das Mark gelbbraun und die Beeren scharlachrot. Die hängenden Zweige, mit den aufrechten Beerentrauben beladen, verschönern die Umgebung, sie bringen Charme in die Öde.

Der stattliche, winterkahle Strauch wächst etwas weniger hoch als der Schwarze Holunder, er wird nur zwischen eineinhalb und vier Meter und blüht im April/Mai.

Die kleinen roten Beeren, etwa vier Millimeter groß, enthalten viel Vitamin C und Pektin. Sie ergeben – aber unbedingt ohne Kerne zubereitet – köstliche Konfitüren, Sirupe und Gelees, angenehm säuerlich mit einem leicht herben Naturaroma.

Aus den Früchten des Trauben-Holunders kann eine wertvolle, gesundheitsfördernde Marmelade hergestellt werden. – Besonders zur Zeit der grassierenden Influenza soll man sie in lauwarmem Wasser auflösen, etwas Waldhonig und Zitronensaft dazugeben und morgens nüchtern sowie abends vor dem Schlafengehen schluckweise einnehmen. Dieser Trunk hebt die körpereigenen Abwehrkräfte.

Das Holunder-Gelee eignet sich vorzüglich zum Festigen anderer Konfitüren aus Kirschen, Weichseln und Erdbeeren. Der Saft des Roten Holunders – vorausgesetzt, daß er dampfentsaftet wurde – wirkt stärkend und leicht harntreibend.

Es darf aber nicht übersehen werden, daß die rohen Früchte des Roten Holunders giftig sind und auf keinen Fall genossen werden dürfen! Zur Richtigstellung muß eines gesagt werden: Nicht vor den Früchten ist zu warnen, sondern vor den meist drei kleinen, winzigkleinen Steinkernen. In ihnen sitzt ein giftiger Stoff, der Magenschmerzen und Durchfall verursacht.

Die Tollkirsche, schön und verführerisch

Im Gebüsch und auf Lichtungen des Laubwaldes findet man nicht selten die Tollkirsche. Sie liebt kalkhaltigen Boden.

Die Tollkirsche – die dem Licht begierlich zustrebt – ist eine tödlich-giftige Pflanze. Sie enthält in allen Teilen das Alkaloid Atropin, das in therapeutischen Mengen krampflösend wirkt und deshalb zur Ruhigstellung der glatten Muskulatur des Magen- und Darmkanals viel gebraucht wird. – Die Pharmazie setzt Atropin auch in der Augenheilkunde ein. Einige Tropfen Atropinlösung ins Auge geträufelt, erweitern die Pupille.

Jedes Jahr bringen die Zeitungen Berichte über Tollkirschen-Vergiftungen. – Besonders die Kinder sollen von ihren Eltern und Lehrern eingehendst darüber aufgeklärt werden, diese wahrlich verlockenden „Kirschen" unberührt zu lassen.

Tollkirsche und Süßkirsche, drei Unterscheidungs-Merkmale:
Erstens kommen Kirschen nie auf Sträuchern vor, sondern immer auf Bäumen. Die Tollkirschen hingegen sind nur auf einem Strauch vorzufinden. – Zweitens hängt die Kirsche immer frei auf einem langen Stiel. Die Tollkirsche aber ist von kleinen, grünen Kelchblättern am Grunde umgeben. – Drittens beginnen Tollkirschen erst frühestens Ende August zu reifen und verbleiben am Strauch bis Ende Oktober. Die Kirschenreife fällt viel früher.

Die Tollkirsche besitzt einen ausdauernden Wurzelstock. Aus ihm entwickelt sich ein kräftiger, bis 1,50 Meter hoher Stengel, der sich in drei abstehende Äste gabelt. In den Blattachseln befinden sich einzeln die langgestielten Blüten: glockig, fünfzähnig, außen braunviolett, innen schmutziggelb und purpurrot geädert. – Die drüsigen, eiförmigen Blätter stehen paarweise. Von je einem Paar ist immer ein Blatt halb so groß wie das andere. – Die Frucht, eine glänzend-schwarze Beere von der Größe einer Kirsche, sitzt in einem grünen, ausgebreiteten Kelch. – Hände weg von der Tollkirsche! Nur der Arzt kann Präparate verordnen, die aus ihr hergestellt sind.

Das Pfaffenhütchen im grünen Dom

Auf frischen, fruchtbaren, kalkreichen Böden, an Wegen, Waldrändern, steinigen Hängen und Feldgehölzen treffen wir das Pfaffenhütchen oder den Spindelstrauch an. Ein Busch, der bis sechs Meter hoch wird. Er bildet gerne Hecken mit anderem Laubgehölz, findet sich aber auch nicht selten im Unterholz ein. Die sparrigen, grauen bis rotbraunen Äste tragen junge, grüne, durch schmale Korkleisten vierkantige Zweige. – Die gegenständigen, elliptischen bis lanzettlichen, zugespitzten Blätter sind am Rand feinkerbig. Oberseits sattgrün, unterseits blaugrün, im Herbst kräftig rot. Die Blüten sind unscheinbar gelbgrün. – Die karminroten, giftigen Scheinfrüchte gleichen einem Pfarrer-Birett. Das harte, gelbliche Holz wird für Spindeln in der Spinnerei verwendet. – Fruchtform und Holzeigenschaft gaben die Namen: Pfaffenhütchen und Spindelstrauch.

Der Strauch enthält in allen Teilen, besonders aber im Samen der Früchte, giftige Bitterstoffe und ist deshalb ungenießbar.

Der Liguster oder die Rainweide

Der bis zu fünf Meter hohe Strauch stammt aus derselben Familie wie Flieder, Esche, Jasmin und Ölbaum. Es ist dies ein ländlicher Busch ohne große Ansprüche. Im Juni zieren duftige weiße Rispen seine Zweige. An warmen Abenden verbreitet sich eine vanilleähnliche Duftwolke weit um ihn. Dann beginnt der Ligusterfalter – ein wunderbarer, großer Nachtschmetterling – den Tanz um seine Lieblingsblume.

Die länglich-lanzettlichen Blätter des Ligusters sind dunkelgrün und lederartig. Sie schlagen im Herbst in gelbe, oft violette Farbtöne um. Dazwischen glänzen die kleinen schwarzen Beerentrauben und überdauern das Blätterkleid bis in den Winter. – Man verwendete sie früher als Färbemittel.

Ein noch unerforschter Giftstoff in den Ligusterfrüchten könnte Brechdurchfall, Krämpfe und Kreislauflähmung auslösen. Deshalb die Beeren keinesfalls essen.

DIE VERFÜHRERISCHEN SCHÖNEN

Gedenke der Quelle, wenn du trinkst. So lautet eine uralte Weisheit aus China. – Ob es Dankbarkeit ist, ob es bloß zur Vorsicht mahnt, oder ob es danken und mahnen in einem möchte? „Schau auf das, was dahintersteckt!" So würde ich es für unsere Zeit formulieren. Damit will ich den rechten Weg zu jenen Blumen und Kräutern finden, deren Eigenart und Schönheit die Herzen leicht betören können. Häufig lachen sie uns in der Gemeinschaft mit Hecken und Büschen, an Waldrändern und Auwäldern, in aufgelassenen Sandgruben und Steinbrüchen, aber auch auf Ödland entgegen. Sie blinzeln aus dem Halbdunkel oft hinein in das helle Licht und werden so zu den verführerischen Schönen, in deren Bann wir nur allzuleicht geraten können.

Es sei davor gewarnt, denn Vergiftungen kommen durch Unkenntnis der Gefahr nicht nur bei Kindern, sondern auch bei Erwachsenen immer wieder vor. – Einige der markantesten Giftpflanzen sollen hier angeführt und behandelt werden.

Weiße Glöckchen duften süß und intensiv

Maiglöckchen sind schön aber giftig. Wildwachsend findet man dieses Liliengewächs in Laubwäldern, in feuchten Auen und an kühlen Stellen. Vorwiegend in Buchenwäldern besiedelt es ganze Reviere. Die weichen grünen Blätter sterben im Herbst ab und treiben im Frühjahr neu aus.

Die Maiglöckchen mit verführerisch leuchtendroten Beeren: Diese sind jedoch sehr giftig. – Warnen Sie Kinder, die gerne in den Wald gehen und dort spielen, unbedingt davor.

Die Herbstzeitlose, die „Dame ohne Hemd"

Der Herbstkrokus hat eine giftige Knolle: Es entwickelt sich im Herbst die langgestielte Blüte, die auf der Röhre sechs lilafarbene Blumenzipfel bildet. Der dreifächrige Fruchtknoten liegt am Grund in einer Seitenknospe der Knolle verborgen. Dort bleibt er während des Winters durch die Erde und den Schnee vor dem

Erfrieren geschützt. Erst im nächsten Frühjahr wächst er mit den elliptischen Blättern über die Erde empor und reift im Laufe des Frühsommers zu einer dreifächrigen Kapsel mit vielen Samen aus. – Man findet die Herbstzeitlose auf Wiesen und Weiden. Sie blüht von Ende August bis gegen Ende Oktober.

Die ganze Pflanze ist sehr giftig: Das bittere und kristallisierbare Gift, das Colchicin, besitzt tödliche Wirkung. Die homöopathische Essenz wird nur nach ärztlicher Vorschrift bei Überempfindlichkeit der Sinne angewandt.

Die ernste Eibe im dunklen Kleide

Die Eibe, einen würdevollen Nadelbaum, trifft man hie und da noch in unseren Wäldern an. Dort, wo sie einst zu den Baumbeständen unserer Heimat zählte, im Thayatal, im niederösterreichischen Waldviertel, erinnert heute noch der Ortsname Eibenstein daran. Den gleichen Namen trägt auch ein Ort in der Nähe von Gmünd in Niederösterreich.

Die Eibe ist zweihäusig, das heißt, es gibt männliche Bäume, deren unauffällige Blütchen nur Blütenstaub erzeugen, und weibliche Bäume, deren Früchte die roten Scheinbeeren sind.

Als einmalige Eigenart der Eibe kann ihre Zählebigkeit und Regenerationsfähigkeit bezeichnet werden. Sie ist anspruchslos, gedeiht praktisch auf jedem Boden und ist auch mit einem schattigen Platz zufrieden. Der Boden darf aber nicht sehr trocken oder zu naß sein. Ein Baum, der über ganz Europa in Einzelexemplaren, seltener in geschlossenen Beständen, anzutreffen ist. Mehrstämmige Bäume sind sehr breit, ausladend, und unregelmäßig mehrgipfelig aufgebaut. Sie blühen in den Monaten Februar bis April.

Respekt vor jeder Eibe: Der Baum ist so giftig, daß die Kelten seine Säfte als Pfeilgift verwendet haben. Nur das leuchtendrote Fruchtfleisch der Scheinbeeren enthält kein Gift. Die unverdaulichen Samenkernchen hingegen sind äußerst giftig. Sie werden von den Vögeln – sie fressen die Beeren sehr gerne – ausgeschieden.

Der Stechapfel, eine Schönheit, die bezaubert

Die Pflanze wächst verstreut an trockenen Stellen, in der Nähe von menschlichen Siedlungen und auf Schuttabladeplätzen.

Die einjährige Pflanze wird bis zu 1,30 Meter hoch. Der Stengel ist stielrund, glatt, kahl, gabelspaltig. Die flaumigen Blattstiele tragen eiförmige, ungleichbuchtige und gezähnte Blätter.

Die kurz gestielten, endständigen großen Blüten stehen einzeln in einem fünfkantigen und fünfzähnigen Kelch, der am Grund etwas aufgeblasen erscheint. Die Krone der Blüte ist weiß, selten violett. Die Pflanze blüht von Juli bis September.

Die eiförmige, stachelige Fruchtkapsel springt vierklappig auf und enthält zahlreiche linsenförmige, schwarzbraune Samen.

Der Stechapfel ist sehr giftig: Er darf nur vom Fachmann in der Medizin verwendet werden. – Traurige Berühmtheit erlangte der Stechapfel durch die Hexenprozesse. Aus dem Samen, vermischt mit Fett, wurde eine Hexensalbe bereitet, die ein Gefühl erzeugte zu fliegen oder ein Tier zu sein. Dies ist gar nicht verwunderlich, da doch die giftigen Inhaltsstoffe des Stechapfels eine halluzinative Wirkung besitzen.

Daß der Stechapfel zur Hexenpflanze wurde, kann vermutlich daraus erklärt werden, daß er mit den Zigeunern im 15. Jahrhundert aus Westasien nach Europa gelangte. Gerade die heilkundigen Zigeunerinnen wurden am bittersten als Hexen verfolgt.

Schlafkraut hieß man es einst

Das zweijährige Bilsenkraut wächst gerne auf Schuttplätzen, an Wegen und an eher steinigen, lichten Waldrändern. Es ist dies eine klebrig-zottig behaarte Pflanze mit buchtig gezähnten Blättern. Der 30 bis 50 Zentimeter hohe, schmutziggrüne, mit klebrigen Haaren bedeckte Stengel erscheint im zweiten Jahr und trägt an seinem Gipfel die Blüten zu einer Ähre zusammengedrängt. Sie sind schmutziggelb, mit dunkelvioletten Adern durchzogen. Das sehr giftige Bilsenkraut ist mit dem Stechapfel und der Tollkirsche verwandt.

Das Bilsenkraut machte unschuldige Opfer willenlos: Wenn wir jetzt – nach Jahrhunderten zurückblicken – sind wir zutiefst betroffen, feststellen zu müssen, wieviel Unheil Zauberei und Volksglaube angerichtet haben. Heute besitzen wir bessere Kenntnisse über Inhaltsstoffe und Wirkungen der Gift- und Heilpflanzen. Durch viele Jahrtausende spielte das Bilsenkraut in der Zauberei und im Volksglauben eine überragende Rolle. Es brachte den Tode oder machte unschuldige Opfer willenlos.

Im Wetterzauber diente das Bilsenkraut zum Hervorzaubern von Regen. Das hängt vielleicht damit zusammen, daß es durch das Bilsenkraut zu Gehörhalluzinationen, Ohrenrauschen, kommt.

Der Rote Fingerhut ist unverkennbar

Die zweijährige Pflanze mit einer einseitswendigen Blütentraube wird bis zu zwei Meter hoch. Die Blüten sind purpurrot, die Krone besitzt einen zweilippigen Rand und ist innen gefleckt. Die Blütezeit fällt in die Monate Juni bis August. Die Form der Blüte hat zur Namensgebung geführt.

Die kalkmeidende Pflanze wächst auf lichten Waldwiesen, Kahlschlägen, an Waldrändern und Wegrändern. Der große Bedarf an Fingerhut als Arzneipflanze machte seinen Anbau auf Kulturflächen notwendig. – Der höchste Gehalt an seinen zahlreichen Heilstoffen wird aber nur dann erreicht, wenn sein gärtnerischer Standort möglichst dem natürlichen angeglichen ist.

Die ganze Pflanze ist giftig: Die Pharmazie verwendet sie zur Herstellung wichtiger Herzpräparate. Nur der Arzt darf die Dosierung vornehmen, die man auch exakt einhalten muß.

Vorsicht ist vor allem in Gärten geboten, in denen Kinder spielen und sich herumtummeln. Wegen der giftigen Substanzen dürfen Blüten oder Blätter weder gegessen noch in den Mund genommen werden. Die Hände müssen beim Ernten der Blätter unbedingt durch Handschuhe geschützt werden, da das Berühren mit der bloßen Hand einen Hautausschlag oder Übelkeit auslösen kann.

HECKEN WERDEN ZUM MAHNER

*E*in Buch über Hecken findet seinen Abschluß. Vieles wurde über diese dornigen Gesellen ausgesagt.
Hecken haben zu plaudern begonnen. Sie sind zum Mahner geworden, der uns wieder aufruft, daß wir die gesamte Schöpfung zu lieben haben. Diese Liebe aber muß gelernt werden. Nur so ist und bleibt man ein Leben lang ein Liebe-Schüler.

Hecken folgen dem Menschen

Durch die Hecken wurde schon in grauer Vorzeit ein Stück Acker von der Wildnis abgetrennt und zu einem Garten verwandelt, in dem Kräuter, feinere Gemüsearten, Blumen und Ziergehölze gepflegt wurden. Es waren dies alles Gewächse, die man in freier Natur nicht fand und dort kaum hätte halten können.

Der Werdegang und die Vielfalt der Hecken

Ursprünglich waren es Wildhecken, die der Mensch um seine Gärten pflanzte. Unterdessen hat sich daraus ein ganzer Heckenkatalog entwickelt. Niedrige, halbhohe und hohe Hecken werden zur Auswahl angeboten. Streng geschnittene oder freiwachsende Hecken können es sein, ganz nach Wunsch.
Blütenhecken, fruchttragende Hecken, laubabwerfende und immergrüne Laub- und Nadelholzhecken, all das gibt es heute.

Hecken bringen dem Garten Vorteile

Besonders für kleinere Gärten ist der Windschutz, den die Hecke bietet, von großem Nutzen.
In den von höheren Hecken umgebenen Gärten wird die Sonnenwärme besser gespeichert und dadurch die Temperatur im Gartenraum nicht selten beträchtlich erhöht.
Durch Heckenschutz kann der Gartenboden im Frühjahr schneller abtrocknen. Und die kühlen Herbstnächte machen sich erst später bemerkbar als in ungeschützten Gärten.

Eine wichtige Tatsache darf auf keinen Fall außer acht gelassen werden: Von Nachbar-Grundstücken – vor allem aber von angrenzenden Wiesen und Äckern, besonders wo mit Heuwendern und Mähdreschern gearbeitet wird – trägt der Wind Unkrautsamen herüber. Im Zweiggewirr der Hecken bleiben diese vorerst einmal hängen. Fallen dann zu Boden, keimen hier zwar, gehen aber in kurzer Zeit an Licht- und Wassermangel zugrunde.

Grundregel für den Ankauf von Heckenpflanzen

Die Annahme, daß das Setzen großer Heckenpflanzen einen beachtlichen Vorteil bringe, ist falsch. Je größer man nämlich die Pflanzen von der Baumschule bezieht, umso teurer sind sie. Der Preis besagt indessen nicht, daß man mit derartig kostspieligem Material die beste Hecke aufbaut.

Junge Sträucher passen sich viel leichter dem Heckenverband und den Standortverhältnissen an. Deshalb sollte man selbst solche Heckenpflanzen, die übermannshoch werden, als Jungpflanzen nicht in Größen von über einem Meter setzen. Nur so wachsen sie zu einem widerstandsfähigen Heckenverband zusammen.

Eine beliebte Allerweltshecke

Sie bringt lederartige Blätter, kleine weiße Blüten und schwarze, rundliche, ungenießbare Früchte zum Vorschein. Es ist dies der Liguster. Für den laufenden Meter benötigt man fünf Pflanzen, die, zweireihig angelegt, im Dreieckverband gesetzt werden. In der Baumschule können die Pflanzen in Größen von 80 bis 100 Zentimeter gekauft werden.

Die Farbe des Holzes gab den Namen

Eine andere hübsche und beliebte Laubhecke für Gartenumrandungen ist die Rotbuche. Sie behält ihre braunen Blätter den Winter über bis zum Austrieb im Frühling. Hier werden für den laufenden Meter drei Pflanzen derselben Größe benötigt. Im Herbst wechseln die Blätter vom leuchtenden Gelb in Rotbraun.

Immergrüne Hecken für Sonne und Schatten

Eiben sind entsprechend teuer, da nämlich jede Pflanze mit Ballen geliefert werden muß. Sie wachsen sehr breit, sodaß nur zwei Pflanzen für den laufenden Meter gebraucht werden. Man kann sie ohne Rücksicht auf das einfallende Licht, auf die sogenannten Lichtzonen, rings um das Grundstück ziehen. Die Pflanzen vertragen jeden Schnitt und eignen sich deshalb gut für immergrüne Hecken. Geschnitten wird im Monat Juni. Eiben wachsen zwar langsam, können aber ein sehr hohes Alter erreichen.

Hecke nach Wunsch

Jeder Gartenbesitzer kann sich die passende Hecke gemäß seinem Geldbeutel und dem Verwendungszweck anschaffen, für jeden Boden, jede Lage und nicht zuletzt für jede Gartenlandschaft.

Die streng geschnittene Hecke, die auch formierte Hecke genannt wird, ist nicht nur die ideale Grenzbepflanzung zum Nachbar-Grundstück oder entlang der Straßenfront, sie paßt sich auch gut den Trockenmauern und Gartenhofmauern an.

Die Staudenrabatte, die eine Hecke im Rücken hat, bekommt dadurch einen besseren Halt. Sie wirkt weniger formlos und besitzt einen Hintergrund, vor dem auch die Blüten heller leuchten.

Die geschnittene, kleinere Hecke bildet außerdem eine grüne Trennwand, mit der man auf kleinstem Raum ganz nach Wunsch einteilen kann, um Gemüsebeete, Spielecken oder Komposthaufen abzuschirmen oder vom übrigen Garten zu trennen.

Das Heckenbuch soll Mahner sein

Hecken haben nicht nur Dornen. Sie sind mehr. Sie können zum Mahner werden. Einem Finger gleich, der gegen die Brust eines jeden drückt. So fest, daß er die härtesten Rippen zur Seite schiebt und bis zur Herzensmitte vordringt.

Dann beginnen die Herzensströmungen zu fließen. Gestaltende Kräfte erreichen unseren Denkpol, und langsam aber nachhaltig kommen wir zur Einsicht: „Der Mensch lebt nicht nur von einer Handvoll Erde allein." – Was wir den Stauden und Hecken an

Boden abwürgen, bringt uns keinen Segen. Umweltschutz fängt im Herzen an. Dann blühen und fruchten auch wieder unsere Hecken. Und unser Auge erfreut sich an ihnen.

Hecken umarmen so vieles

Niederwild wie der Hase findet Deckung. Der Neuntöter als Lauerjäger behält seinen Sitzplatz. Die Kreuzspinne, eine Fallenstellerin, fühlt sich im Heckendickicht wohl und geborgen. Nistplätze für Bodenbrüter, siehe Rebhuhn, sind gesichert. Das gleiche gilt für den Buschbrüter Dorngrasmücke. Und die Ringeltaube als Baumbrüter zieht ein. Der Star, ein Liebhaber des Ästegewirrs und Baumhöhlenbrüter, hat ein Plätzchen entdeckt. Die nachtaktive Waldohreule nimmt dort ihren Schlafplatz ein. Der tagaktive Fasan tut das gleiche. Und die Zauneidechse sucht sonnige Plätzchen mit Hecken auf. Die Erdkröte versteckt sich unter Heckenschatten. Die Haselmaus bezieht in den Hecken ihr Winterquartier. Kleinsäugetiere wie der Igel schlagen unter den Hecken ihre Kinderstube auf und verkriechen sich im Herbst unter ihrem Fall-Laub, um den Winter zu verträumen.

Die große Rolle der Hecken in der Ökologie

Hecken sind die letzte Verbindung zwischen zerstreut liegenden Lebensräumen. Darüber hinaus bieten sie einer Vielfalt von Heilkräutern eine Stückchen Heimat. – Nicht selten sind es Flüchtlinge aus alten Wäldern, die der Planierraupe zum Opfer fielen. Oder sie wuchsen einmal auf Mähwiesen und an Feldrainen, die heute umgepflügt sind und mit Herbiziden gespritzt werden.

Hecken besitzen eine Ausstrahlung, die sich wellenförmig weiterbewegt. Sie sucht Herzen, die den Widerhall aufnehmen, aber nicht für sich behalten, sondern das Echo mutig weitergeben.

GEBORGEN HINTER DICHTEN HECKEN

Unser Hausgarten ist ein intimer Lebensraum. Ein solcher soll er auch bleiben. Alles was störend wirkt, muß ferngehalten und abgewendet werden. Eine gewisse Freiheit in punkto Kleidung und Art sich zu geben, soll garantiert sein.

Dichte Hecken sind die geeignetste Umfriedung. Sie schützen nämlich Haus und Garten vor Straßenlärm und neugierigen Blicken. Auch Staub halten sie fern.

Hecken haben in unserem Garten aber noch weitere Aufgaben zu erfüllen. Geschickt gepflanzt, teilen die lebendigen Sichthindernisse den Garten in einzelne Erlebnisräume auf. Jeder von ihnen lädt auf neue Art zum Verweilen und Betrachten ein.

Wenn schon ein formschöner Einzelbusch als Blickfang dient, wieviel mehr ist es dann die passende Buschgruppe.

Selbst der Zaunkönig liebt sie und nistet hier gerne.

Pflanzt man im Halbkreis, so entsteht ein abgeschirmtes Plätzchen, gut für eine Siesta in der Sommerhitze oder geeignet zum Versteckspiel für die Kleinen.

Spielraum im Gestalten mit Hecken

Hecken sind nicht mehr, als aneinandergereihte Büsche, nur breiter und länger. Wiederum gilt hier mein Kampf der Uniformität. Abwechslung schafft nämlich Lebensqualität.

Hecken können Gartennischen einrahmen oder grüne Buchten bilden. Sie können sich schlängeln, ab- und zunehmen. Auf diese Weise ist der Garten plötzlich dimensionsreicher geworden.

Das Kleinklima im Garten ist von größter Wichtigkeit

Wildsträucher, sei es als Busch oder als Hecke, schaffen Licht und Dunkelheit. Sie sorgen für Morgentau und Regenschatten. Sie verursachen Windstille und Durchzug.

Sie bringen Laubhumus und Totholz.

Mehr noch. Sie verändern das Kleinklima auf vielfache Weise.

Überlegen Sie gut, bevor Sie pflanzen

Zäune können häßlich sein. Mauern wieder sind teurer als Hecken. Manche von ihnen können sehr alt werden, bleiben dabei immer schön, denn Hecken verjüngen sich von selbst.

Beachten Sie bei der Bepflanzung mit Hecken das Recht des Nachbarn. Halten Sie genügend Abstand zur Gartengrenze. Bei mittelhohen Hecken etwa 1,50 Meter.

Sie selber müssen entscheiden, ob für Ihre persönlichen Verhältnisse eine immergrüne oder eine laubabwerfende Grenzbepflanzung die größeren Vorzüge aufweist. Wählen müssen Sie auch zwischen einer Hecke, die jedes Jahr ein- bis zweimal geschnitten werden muß, oder einer freiwachsenden Naturhecke.

Geschnittene Hecken wachsen dicht zusammen, aber sie machen viel Arbeit. Freiwachsende Pflanzungen entsprechen mehr dem Charakter eines naturgemäßen Gartens. Sie benötigen Platz.

Sorgfältig planen, dann erst ans Werk gehen

Die Anlage einer „Naturhecke" muß wohl überdacht sein. Kleine Grundstücke werden von ausladenden Sträuchern bald zur Gänze überwuchert. Der Garten versinkt somit im Schatten.

Dornige Zweige machen dem Gartenliebhaber das Leben schwer. Vor allem sind es die heimischen Gehölze, die für „Naturgärten" immer an erster Stelle empfohlen werden, sie benötigen aber größtenteils sehr viel Raum, um sich gut entwickeln zu können und zur Geltung zu kommen. In der freien Landschaft, wo diese Sträucher wild wachsen, ist das kein Problem, im Garten aber sollten Sie sich rechtzeitig mit dieser Frage auseinandersetzen.

Es gibt eine Fülle reizvoller Möglichkeiten

Falls Sie nur ein verhältnismäßig kleines Grundstück zur Verfügung haben, brauchen Sie noch lange nicht Ihre Heckenliebe unter Trauergesang zu Grabe tragen. Es gibt heute nämlich viele Möglichkeiten, die sowohl der Natur als auch den räumlichen Gegebenheiten gerecht werden.

Heimische Gehölze, die freiwachsende Hecken bilden

Diese Sträucher eignen sich für große Grundstücke und für Naturgärten, in denen Wildkräuter, Wiesenblumen und Wildstauden vorherrschen. Ideal ist es, wenn eine solche Hecke aus heimischen Gehölzen von der Gartengrenze in die freie Natur überleitet. Diese Tatsache entspricht den Bestrebungen, unsere Gärten zum Verbindungsglied zum Waldrand hin zu deklarieren.

Das bringt natürlich für die Tierwelt viele Vorteile – insbesonders für Kleintiere – weil sie den Wald als Deckung und die Heckenlandschaft als Vorhut ihrer Bewegungsfreiheit ansehen und auch als solche benützen dürfen.

Sehr empfehlenswert sind *Haselnuß, Kätzchenweide* – vorausgesetzt, daß diese nicht für den Palmsonntag kahl geschoren wird – und *Kornelkirsche*. Diese Büsche liefern alle im Frühling wertvolle erste Bienennahrung.

In den folgenden Monaten blühen und fruchten *Weißdorn, Schlehen, Heckenrosen, Schwarzer Holunder und Traubenholunder, Gewöhnlicher Schneeball, Wolliger Schneeball, Pfaffenhütchen, Roter Hartriegel, Berberitze und Liguster.*

Buntes Gemisch von Blütensträuchern und Naturgehölzen

Für viele Gärten gilt als beste Lösung ein ebenso schöner wie nützlicher Kompromiß.

Pflanzen Sie eine lockere Hecke, die aus bewährten, gut angepaßten Blütensträuchern und einigen besonders wertvollen, aber nicht zu „wilden" Naturgehölzen gemischt wird.

Als traditionsreiche Blütensträucher aus Bauerngärten empfehlen sich *Flieder* – sehr geeignet sind hier die Wildformen – *Strauchrosen, Falscher Jasmin, Ranunkelstrauch, Forsythien, Spiersträucher, Kolkwitzie, Weigelie, Deutzie und Buddleija.*

Als „halbwilde" Partner können Sie dazugesellen: *Holunder, Sanddorn, Gemeine Berberitze, Gemeinen Schneeball, Gold-Johannisbeere, Alpen-Johannisbeere, Haselnuß, Schneebeere und Wildrosenarten.*

„Nasch-Hecken", die bunte Früchte tragen

Ganz besonders reizvoll kann eine natürlich wachsende Hecke sein, die überwiegend aus wilden Beerensträuchern besteht. Der bunte herbstliche Schmuck ist ein Genuß für das Auge und für den Gaumen. Wildbeeren sind reich an wertvollen Inhaltsstoffen. Sie werten den Speisezettel des gesundheitsbewußten Gärtners ebenso wie den der Vögel und zahlreicher anderer Tiere auf.

Eine Mischung aus Sträuchern und kleinen Baumformen ist für die freiwachsende „Nasch-Hecke" ans Herz zu legen. In dieser Richtung sind zu zählen: *Holunder, Sauerdorn, Kornelkirsche, Eberesche, Quitte, Zierquitte, Apfelrose, Heckenrose* – welche uns die wertvollen Hagebutten schenken – *Zierapfel, Maulbeere* – sie verlangt milderes Klima – und *Mispel*.

Kein Grundstück ohne Begrenzung

Bei Kleingärten sollte man Hecken aus niedrigen oder mittelhohen Laubgehölzen nur im Norden, Nordosten oder Nordwesten von Kulturflächen, die Ertrag bringen sollen, pflanzen. Hier stört nämlich der Schattenwurf am wenigsten.

Hecken sind lebendige Begrenzungen, lebende Wände, die das Fleckchen Erde erst zum Garten machen. – „Garten" kommt ja von „umgürten" . . . also ein Gurt, der alles zusammenhält.

Ein Grundstück ohne Begrenzung, ohne Heckenpflanzen, wird nie zu einem „wohnlichen" Garten werden.

Trotz aller Liebe zu deiner Gartenhecke vergiß vor allem eines nicht: Jedes Umpflanzen von Sträuchern, Büschen und Bäumchen ist ein tiefer Eingriff in das Leben eines Wesens. Es kommt dies einer Art Neu-geboren-Werden gleich. Die Wurzeln werden aus der alten Erdheimat herausgelöst, abgerissen und verwundet. Dies entspricht dem Abschneiden der Nabelschnur.

Deswegen soll man am späteren Nachmittag und bei abnehmendem Mond pflanzen. Das verschafft weniger Leid.

BEVOR MAN ABSCHIED NIMMT ...

*B*eim Besuch einer lieben Person, da gibt es manches zu erzählen und zu plaudern. Viel zu rasch verstreicht die Zeit und es schlägt die Stunde, da man aufbrechen und weggehen muß. Gerade in solchen Augenblicken fällt einem noch so manches ein, das man unbedingt hätte sagen oder mitteilen wollen.

Nicht selten hört man dann die Redewendung: „Ja, was ich bald vergessen hätte . . ." Oder: „Laß mich rasch noch sagen . . ." – Man ist froh, einen schlummernden Gedanken loszuwerden.

Gar nicht anders ergeht es mir bei meinem „Heckenbuch". Vieles ist bereits gesagt worden. Einiges möchte ich abschließend noch weitergeben, so vor dem Weggehen, beim Abschiednehmen.

Immergrüner Buchsbaumstrauch

Der anspruchslose und mit seinem stets grünen Laub schlichte Buchsbaum prägt bei uns meist noch das typische Bild der Bauerngärten. Im Sommer geht von den Blättern ein würziger Duft aus, der den Garten durchzieht, froh und frisch aufatmen läßt.

Buchsbäume sind anspruchslos und widerstandsfähig, auch gegenüber rußhaltiger Industrieluft. Sie vertragen Feuchtigkeit, gedeihen in der Sonne und im Schatten, lieben aber Kalkboden.

Es gibt niedrige Formen für Einfassungen und hohe Formen, die stattliche, baumartige Büsche bilden. – Buchsbäume in der Nähe der Wohnung gepflanzt, schirmen von unterirdischen Strahlungen und radiästhetischen Störungen ab. Eine Tatsache, die dem Buchsbaum den Weg in die Klosterhöfe öffnete.

Haarwasser-Zubereitung: 35 g frische Buchsbaum-Zweigspitzen werden mit ebensoviel gereinigten und kleingeschnittenen Brennessel-Wurzeln in 1 1/2 l Obstbrand angesetzt. In verschlossener Flasche 14 Tage im Fenster stehenlassen, dann abseihen. – 3 Eßlöffel voll des Haarwassers mit ebensoviel lauwarmem Wasser verdünnt, dient als Einreibemittel für den Haarboden, um den Haarwuchs zu fördern und Schuppenbildung zu verhindern.

Der gutbewehrte Feuerdorn

Die immergrünen Blätter des bis zu drei Meter hohen Strauches fallen in strengen Wintern ab. Er blüht weiß, ähnlich wie der Weißdorn. Im Herbst bietet sein leuchtend-orangeroter Beerenbehang einen prachtvollen Anblick und den Vögeln Leckerbissen. In humusreichem, durchlässigem Boden und in voller Sonne gedeiht der Feuerdorn am besten. Ihm können Schatten und Industrieluft nichts anhaben. Er verträgt einen Schnitt, allerdings leidet darunter der Blüten- und Beerenreichtum. Werden die Spitzen der Haupttriebe gekürzt, verzweigen sich die Sträucher reicher und wirken noch imposanter. Der Feuerdorn eignet sich sowohl für dekorative Einzelstellung, als auch für freiwachsende Hecken und als Spalier.

Früchte kauen in der Volksheilkunde: Sie helfen bei Durchfall und Ruhr. Die Samenkörner dienten einst als Kaffee-Ersatz.

Im Haushalt: Hier können die reifen Beeren zu Wildfrucht-Marmeladen und Gelees verarbeitet werden.

Die Stechpalme wächst in wintermilder Klimalage

Die Stechpalmen gehören nicht zu den üblichen Gartengehölzen. Aber jeder kennt die mit stacheligen Blättern besetzten Zweige von Weihnachtspostkarten.

Stechpalmen finden im Garten als Unter- oder Zwischenpflanzung Verwendung und machen sich auch in absonnigen Gartenteilen günstig bemerkbar. An den Boden stellen sie kaum Ansprüche, nur sollte er nicht zu trocken, sondern eher etwas feucht – auf keinen Fall aber naß – sein. Vorsichtshalber lohnt es sich, den Gehölzen Winterschutz zu geben. Für diesen Zweck bewässert man sie im Herbst kräftig und deckt die Wurzelfläche danach mit einer Schicht Torfmull ab, über die man zusätzlich noch Tannenreisig legen kann, damit der Wind den Mull nicht verweht.

Die bei uns meist kleinstrauchige Stechpalme bildet Wurzelsprosse und wächst oft in großen Beständen. Die korallenroten Steinfrüchte sind giftig, dürfen nicht genossen werden.

Der Efeu ist wieder sehr beliebt

Der Kletterstrauch mit seinen Haftwurzeln braucht keine Stütze. Er ist häufig in steinigen Wäldern, an Felsen, an alten Bäumen, in Gebüschen, an Schutthängen, an Mauern alter Gebäude, Ruinen und Schlösser, auf Friedhöfen und in Gärten anzutreffen.

Man kennt Exemplare, die über 400 Jahre alt werden. Als Schattengewächs erfreut sich der Efeu allgemeiner Beliebtheit. Er eignet sich bestens zum Bewuchs von Mauern und Gitterwerken und als Einfassungspflanze.

Efeufrüchte sind giftig: Sie sind absolut zu meiden.

Bewährtes Mittel gegen Hautjucken: 75 g frische Efeublätter – sie können das ganze Jahr über gesammelt werden – zerkleinern und mit 3/4 l Apfelessig übergießen. Gut aufkochen, 1 Stunde ziehen lassen, abseihen und in eine Literflasche füllen. Mit gutem Obstbrand die Flasche auffüllen. Dunkel und kühl lagern. – Einige Eßlöffel voll davon auf einen feuchten Waschlappen gegeben und den Körper damit abgerieben, befreit von Juckreiz.

Die Mispel, weit unbekannt in den Gärten

Als Strauch oder Baum liebt diese Kernobstart lehmigen Boden in geschützter Lage mit Sonne oder Halbschatten. Die Mispel wird als Strauch bis zu drei und als Baum bis zu fünf Meter hoch und blüht von Mai bis Juni. Die Apfelfrüchte erreichen Walnußgröße und werden von fünf Zipfeln des hochgezogenen Kelches umfaßt. Sie können im Spätherbst geerntet werden.

Reife Mispeln haben ein unverkennliches Zeichen: Die ursprüngliche rostrote Frucht hat dann eine schokoladenbraune Farbe angenommen, ist jedoch fest und muß bis zur Mundreife noch etwa 14 Tage lagern. Die übermäßig vorhandene Gerbsäure ist in der Überreife abgebaut, die Früchte sind dann teigig, roh eßbar, aber im Geschmack recht herb.

Eine schmackhafte Marmelade: Diese bekommt man, indem man die Mispel allein verarbeitet oder mit anderen Obstarten wie Äpfel, Holunderbeeren oder Quitten mischt. – Mispeln enthalten reichlich Kohlenhydrate und Pektine, sie sind deshalb sättigend und magenstärkend.

Es gilt als traurige Tatsache: Leider sind Mispeln auch heute noch weitgehend unbekannt und werden zu Unrecht von vielen Hausfrauen so wenig beachtet.

Die Quitte ist mit dem Apfelbaum verwandt

Die Frucht stammt aus dem Orient und wird hauptsächlich in Südeuropa als Marmeladefrucht gepflanzt. Im Portugiesischen heißt sie „marmelos". Davon leitet sich unser Wort „Marmelade" ab. Seit klassischen Zeiten ist die Heilkraft der Quitte bekannt und wurde durch Forschung in neuerer Zeit bestätigt.

Quitten-Eisen-Tinktur, ein Heilmittel gegen Bleichsucht: Dieses Präparat ist in Apotheken erhältlich. Es wird aus dem Saft frischer Früchte gewonnen.

In Wasser angesetzte Quittenkerne: Dies äußerlich in Form von Quittenschleim angewendet, leistet wertvolle Hilfe bei entzündeten Augen, rissiger Haut und gegen das Aufliegen von Kranken bei längerer Bettlägrigkeit.

Quittenschleim innerlich verwendet: Er lindert Durchfall, Entzündungen des Rachens, der Schleimhäute und der Luftwege.

Der Genuß von gekochten Quittenfrüchten: Dies kann bei Entzündungen der Magen- und Darmschleimhaut empfohlen werden.

Tee aus frischen und gekochten Quittenblüten: Er dämpft den Husten und wirkt gegen Schlaflosigkeit.

Quittenblätter-Tee: 40 g der zerkleinerten Droge in 1 l kaltem Wasser zustellen, 10 Minuten lang kochen, abseihen. Langsam tagsüber getrunken, behebt dies Nervosität.

Reife Quitten-Früchte: Sie dienen zur Herstellung von Gelee und Kompott für Gesunde und Kranke.

REGISTER

I. LEIDEN, KRANKHEITEN, HILFEN

A
Abführmittel 21, 70, 118, 138, 159, 195, 204, 250
ableitend 192, 204
Abmagerungskuren 60, 116
Abwehrkräfte stärken 31, 32, 47, 119, 120, 139, 140, 142, 156, 284
Afterschmerzen 70, 152
Akne 177
Allergien 69, 80, 139, 140, 156
Alpträume 98
Altersherz 59, 60, 62
Altersjucken 152
Angina pectoris 59, 61, 169
Anregung, geistige 140
Antibiotikum, natürliches 32, 202
Apfel-Reis-Tag 116
Apfel-Tag 116
appetitanregend 45, 46, 47, 52, 210, 277, 279
Appetitlosigkeit 58, 116, 160, 279
Asthma 29, 51, 83
Atembeschwerden 165
Atemwegserkrankung 21, 47, 52, 66, 83, 170, 182, 184, 206, 304
Auflagen 64, 176, 201, 212
Aufliegen 304
Aufregungen 66, 256
Aufstoßen 52
Augen, müde 192
Augen, verschwollene 152
Augenentzündung 70, 87, 192, 258, 304
Augenheilkunde 285
Augenspülungen 76

B
Bäder 46, 62, 64, 65, 75, 76, 87, 176, 259
Bauchgrimmen 159
Bauchspeicheldrüse anregen 205
Beine, schmerzhafte 64
Beinhautentzündung 152
Belastung, geistig-seelische 61

belebend 45, 209
beruhigend 52, 59, 84, 98, 140, 169, 170, 202, 206
Bettlägrigkeit 304
Bettnässen 58
Bewegung 210
Bindehautentzündung 152
Blähungen 21, 39, 47, 52, 58, 84, 163, 164, 170, 192, 196
Blasenbeschwerden 21, 52, 58, 148, 280
Blasenkatarrh 48, 182
Blasenschmerzen 76
Blasensteine 92, 182
Blutarmut 104, 166, 192, 196, 241, 245, 304
Blutdruck, hoher 60, 61, 62, 84, 249
Blutdruck, niedriger 61, 62, 213, 231
Blutdruckregulierung 61, 62
Bluterguß 64, 169
Blutreinigung 32, 45, 47, 52, 87, 94, 116, 140, 178, 183, 204, 209, 241
blutstillend 52, 231
Blutzirkulation verbessern 204
Brechmittel 29
Bronchialleiden 182, 184
Bronchitis 26, 51, 52, 83, 142

C
Cholesterinspiegel, hoher 84, 104, 241, 276, 282

D
Darmbeschwerden 33, 52, 58, 76, 84, 130, 138, 164, 176, 192, 201, 249
Darmentzündung 33, 64, 201
Darmerkrankungen vorbeugen 262
Darmkoliken 52
Darmreinigung 76, 214

Darmträgheit 204, 241, 249
Depressionen 32, 58, 169, 214, 224
Diätkost 88, 248–249
Drüsenleiden 84, 86, 201, 204
Durchblutungsstörungen 61, 62, 66, 201
Durchfall 22, 52, 58, 84, 97, 98, 119, 120, 148, 154, 156, 165, 172, 192, 201, 302, 304
Durchfall bei Kindern 86, 98
durststillend 12, 88, 140, 174, 209

E
Einlauf 76
Eiterungen 29
Ekzeme 152
entgiftend, Organismus 65, 84, 192, 204, 241
Entschlackung 45, 203
Entspannung 64
entwässernd 52, 58, 69, 84
Entzündungen 96, 164, 169, 231, 263, 304
Entzündungen im Magen-Darmtrakt 33, 201
entzündungswidrig 58, 142, 183, 202, 205
Epilepsie 219
Erfrierungen 176
erfrischend 88, 137, 204, 209, 223
Erkältungen 51, 165, 170, 212, 224, 266
Erkältungen vorbeugen 32
Erregbarkeit, sexuelle 202
Erschöpfung 52
Erste Hilfe bei Vergiftungen 151–152

F
Fastenkuren 34, 116
Fersen, stechende 64
Fettsucht 29, 137, 231, 249
Fieber 29, 84, 88, 130, 140, 154, 176, 196, 202, 224
Fingerspitzen, kalte 64
Frauenleiden 213, 214
Frostbeulen 64, 176, 200–201
Frühjahrskuren 208–210
Frühjahrsmüdigkeit 164, 206

Frühstück für Schüler 260
Furunkulose 169
Fußbäder 64, 192, 212
Füße, geschwollene und schmerzende 212
Füße, kalte 60, 266
Füße, müde 64
Füße, offene 249
Fußgicht 64
Fußschweiß 64, 191
Fußsohlen, brennende 64

G
Gallenblasen-Erkrankungen 118, 231
Gallenleiden 58, 88, 196, 204
Gallensteine 48, 137, 182
Gallentätigkeit anregen 277
Gärungserscheinungen im Darm 192
Gastritis 120, 183
Gebärmutterblutungen 231
Gebärmutterschmerzen 70
Geburtswehen erleichtern 86
gedächtnisstärkend 52, 259, 260
Gedankenlosigkeit 259
Gefäßschwäche 52
Gefäßstärkung 33
Gehirnfunktion anregen 142, 257
Gehörapparat stärken 104
Gelbsucht 48, 70, 137, 157, 159
Gelenkserkrankungen 45, 202
Gemütserhellung 223, 264
Geschlechtsapparat 204
Geschwulst 201
Geschwüre 52, 65, 70, 184
Gesichtskrebs 92
Gesichtspflege 209
Gesichtsrose 87
Gicht 29, 47, 48, 51, 65, 94, 105, 140, 165, 169, 183, 190, 201, 203, 219, 231, 280
Glatzenbildung 178
Gliederreißen 65
Gliederschwäche 65
Grießleiden 48, 58, 94, 137, 163, 182
Grippe 32, 51, 106, 142, 201, 267, 284

Grippe vorbeugen 32, 267
Gurgelmittel 70, 86, 183, 201, 263
Gürtelrose 212

H
Haarausfall 178, 184
Haarwasser 178, 301
Halsentzündungen 70, 86, 169
Hämorrhoiden 58, 106, 111, 196, 201, 213
Hände, feuchte 64
Hände, kalte 60, 266
Hände, verschmutzte 192
Händekribbeln 65
Harnausscheidung 93
Harnbeschwerden 92, 177
Harnblasenschmerzen 224
Harnsäure, übermäßige 94, 183, 203
Harnstauung 214
Harnsteine 93
harntreibend 32, 39, 45, 46, 51, 58, 79, 93, 94, 120, 130, 205, 224, 241, 284
Harnverhaltung 70
Harnwege, Reinigung 148, 165, 176
Harnwegsentzündung 223, 249
Hartleibigkeit 44
Haut, fette 62, 76
Haut, gesunde 12, 65
Haut, glatte 75
Haut, rissige 304
Hautausschlag 21, 97, 152, 159, 160, 183
Hautekzeme 249
Hautentzündung 87, 169
Hauterkrankungen 46, 47, 84, 152, 169, 201, 263
Hautfältchen 75, 174
Hautfestigung 46
Hautflechten 65, 97, 152, 183, 184, 258
Hautjucken 48, 97, 152, 159, 303
Hautkarzinome 92
Hautkrätze 48
Hautpflegemittel 103, 170
Hautreinigung 46, 110, 192
Hautunreinheiten 21, 76, 184

Hautverhärtungen 64
Heiserkeit 29, 83, 96, 119
Herzbeschwerden 29, 34, 60, 61, 206
Herzinfarkt 59
Herzklopfen 34
Herzkranzgefäßerkrankungen 169
Herzrhythmusstörungen 62, 80
Herzstärkung 32, 52, 59, 60, 61, 62, 65, 70, 137, 204, 206, 264, 278
Heuasthma 69
Heufieber 69
Heuschnupfen 69
Hexenschuß 65, 169, 256
Holzasche-Fußbad 192
Homöopathika 48, 62, 69, 80, 152
Hormondrüsen anregen 34
Husten 26, 29, 39, 51, 52, 58, 83, 119, 141, 176, 210, 212, 304

I
Infektionsanfälligkeit 110, 246
Infektionskrankheiten 32, 84, 166
Inhalationen 46, 66
Insektenstiche 176
Ischias 46, 65, 140, 176, 231

K
Katarrhe 21, 140, 172
keimtötend 33, 94, 110, 148, 176, 202, 262
Keuchhusten 51, 52, 83
Kinder, kränkelnde 98
Kinder, schwächliche 98, 160, 246
Kinder, überforderte 142
Kinder, zerfahrene 245
Knochenschmerzen 152
Koliken 58, 64, 84
Konzentrationsstörungen 245
Kopfgrind 184
Kopfschmerzen 58, 70, 177, 206, 211, 245, 263
Kopfschuppen 75
Koronarinsuffizienz 59
Körpergewicht kontrollieren 116
Körperpflege 12, 118, 174, 191
Kost, kalorien- und kochsalzarm 249

Kraftlosigkeit 104
Krampfadern 213
Krämpfe 84, 152, 214, 277
Krampfhusten 141
krampflösend 52
krebsvorbeugend 119
Kreislaufstärkung 33, 52, 65, 66, 137, 169, 205, 231, 246
Kreislaufstörungen 60, 61, 213
Kreuzschmerzen 64, 165, 256
Kropfbildung 201

L
Lähmungen 58, 65, 159, 277
Launenhaftigkeit 104
Lebensnerv stärken 138
Leberflecken 177
Leberleiden 52, 64, 84, 116, 118, 137, 138, 196, 201, 259
Lebertätigkeit fördern 84, 159, 204, 231, 277
Leistungssteigerung 142, 259
Lernschwierigkeiten 98, 142
Lindenholzkohle 192
Lippenausschlag 183
Lungenentzündung vorbeugen 33
Lungenschwäche 47, 138, 231
Lymphdrüsenschwellung 259
Lympherkrankungen 52

M
Magen, nervöser 98, 170, 256, 264
Magen, schwacher 70, 98, 264
Magen, verdorbener 156
Magenbeschwerden 52, 58, 65, 76, 84, 88, 130, 164, 169, 170, 176, 192, 277
Magen-Darm-Schleimhäute schützen 156, 206, 304
Magenentzündung 33
Magengeschwüre 176, 177, 183, 184
Magenkrämpfe 21, 58, 76
Magenstärkung 21, 22, 39, 46, 48, 98, 156, 164, 260, 264, 304
Magenübersäuerung 84
Magenverstimmung 29, 70, 116, 154
Magenwärmer 166

Mandelentzündung 86
Mandeln, eitrige 142
Mandelschwellung 201
Medizin, chinesische 151
Melancholie 32
Menstruationsbeschwerden 58, 70, 84, 202, 213, 214
Miasmen 48
Migräne 116, 170, 206, 263
Milchschorf 21
Mischhaut, Pflege 62
Mittelohrentzündung 142
Müdigkeit 58, 142, 192, 245
Mundbläschen 183
Mundgeschwür 21
Mundhygiene 47
Mund-Rachen-Entzündungen 263
Mundschleimhaut, Pflege 97
Mundspülungen 86, 97, 170
Muskelkrämpfe 65
Muskelrheumatismus 223
Muskelschwäche 46
Mutlosigkeit 169
Mütter, stillende 140, 246
Mütter, werdende 86
Muttermilchbildung fördern 87

N
Nagelgeschwüre 64, 201
Nasenbluten 213, 231
Nasenspülungen 76
nervenberuhigend 58, 65, 76, 98, 264
Nervenentzündungen 65
Nervenschmerzen 34, 152, 176, 212, 231
Nervenschwäche 32, 192
nervenstärkend 33, 65, 70, 98, 104, 169, 170, 206, 260
Nervosität 84, 304
Nierenbeckenentzündung 148, 223
Nierenentzündung 223
Nierenleiden 29, 47, 58, 84, 88, 93, 94, 118, 136, 201, 249
Nierenreinigung 46
Nierenschmerzen 224
Nierenschwäche 249
nierenstärkend 165
Nierensteine 92, 182

O
Obstkuren 241
Ohnmachtsanfälle 70
Ohrenrauschen 104
Ohrensausen 104
Ohrenschmerzen 142
Ohrenspülungen 76

P
Parodontose 142
Pfortadergebiet, Stauungen 111, 241
Phantomschmerzen 34
Podagra 184, 203
Polyarthritis 203
Prostataleiden 21, 249
Pubertät 202
Pusteln, eiternde 152

Qu
Quetschungen 52, 64, 169

R
Rachenentzündung 169, 304
Reaktionsfähigkeit verbessern 46
Reisekrankheit 264
Reizblase 249
Reizleitungsstörungen des Herzens 80
Rekonvaleszenz 104, 246
Restverdauung fördern 116, 156
Revitalisierung 34
Rheumatismus 46, 47, 48, 51, 65, 94, 105, 140, 165, 169, 183, 190, 201, 202, 203, 223, 224, 231, 280
Ruhr 302

S
Saftkuren 34
Salben 48, 184
Samenfluß, nächtlicher 202
Sehkraft stärken 256
sinnliche Gefühle, übermäßige 202
Sodbrennen 46, 52
Sommersprossen 177
Speichelabsonderung, zuviel 263
Speichelfluß fördern 104
Spulwürmer 39
Suppenkur 208

Sch
Schilddrüsenvergrößerung 259
schlaffördernd 98, 206
Schlaflosigkeit 34, 52, 58, 59, 98, 164, 192, 304
Schlafstörungen 76, 84, 98, 202
Schlaganfall 84, 277
Schlaganfällen vorbeugen 277
Schleimhautentzündung 70, 140, 201, 304
schleimlösend 21, 51, 52, 58, 176, 182, 206
Schlingbeschwerden 152
schmerzlindernd 201, 202
Schnupfen 66
Schönheitspflege 62
Schuppenbildung verhindern 178, 301
Schuppenflechte 259
Schwächezustände 58, 156, 246
Schwangerschaft 47, 87, 195, 246
Schweißausbrüche, nächtliche 76, 201
schweißhemmend 65, 263
schweißtreibend 58, 94, 105, 201, 202
Schwerhörigkeit 104
Schwermut 32
Schwindelgefühle 70

St
Star, Grüner 110
stärkend 65, 88, 137, 164, 192, 246, 284
Stauungen abbauen 86
Steinbeschwerden 21, 48, 58, 92, 94, 137, 140, 159, 163, 182, 184
Stimmversagen 98
Stoffwechselerkrankungen 94, 183, 250
stoffwechselfördernd 46, 47, 52, 59, 65, 86, 94, 169, 204, 205, 210, 231
strahlenabwehrend 84
Stuhlgang fördern 88, 116, 159, 196, 206
Stuhlgangmittel für Kleinkinder 33

Stuhlverstopfung 21, 33, 44, 98, 158, 159, 196, 231, 241, 249

T
Teekur 208
Tinkturen 46, 61, 98, 159, 184, 209, 304
Tollkirschen-Vergiftungen 285
Traubentag 116
Traurigkeit 26
Trigeminusneuralgie 34

U
Überanstrengung, nervliche 66
Überarbeitung 65, 267
Übererregbarkeit 60
Überforderung 64, 224
Übergewicht 60, 116, 241, 249
Umschläge 52, 65, 70, 87, 183, 201, 212, 258
Unlustgefühle 245
Unterleib stärken 84
Unterleibsstauungen 204, 241, 250
Urinieren, schmerzhaftes 70

V
Venenentzündung 212
Venenschwäche 231
Verbrennungen 52, 184
Verdauungsbeschwerden 75, 84, 98, 164, 183, 184, 192, 264
verdauungsfördernd 45, 47, 52, 58, 84, 98, 137, 163, 246, 250, 260, 276, 277, 278, 279
verdauungsregulierend 58
Vergeßlichkeit 259
Vergiftungen mit Seidelbast 151–152
Verjüngung des Organismus 47

Verkalkung, frühzeitige 231
Verknorpelungen 64
Verschleimung 52, 58
Verstauchung 169
Vitamin-C-Mangel 118, 140, 210, 241, 245
Vitaminspender 204, 279, 281
Völlegefühl 164, 196, 267

W
Wallungen 61, 76, 263
Warzen 47
Wasser in den Füßen 212
Wassersucht 21, 29, 48, 58, 79, 94, 140, 159, 182, 224, 277, 278
Wassertag 116
Wechselbeschwerden 61, 76, 263
Weißfluß 214
Wohlbefinden fördern 86, 260, 279
Wunden 52, 58, 64, 84, 169, 183, 184, 249, 263
Wunden, eitrige 52, 65

Z
Zahnfäule 177
Zahnfleischbluten 140, 142, 164, 245, 263
Zahnfleischentzündung 201
Zahnfleischpflege 70, 97
Zahngeschwür 21, 201
Zahnschmerzen 29, 46, 152
Zentralnervensystem 277
Zirkulationsstörungen 61
Zuckerkrankheit 88, 104, 117, 130, 183, 213, 259
Zungenbrennen 140
zusammenziehend 94, 96, 148, 155, 231

Für die Haustiere

Darmverstimmungen 76
Einläufe 76
Koliken 76

Magenkrämpfe 76
Magenverstimmungen 76
Schwierigkeiten beim Harnen 76

II. FRÜCHTE, PFLANZEN, KRÄUTER

A
Alpenmispel ➤ Felsenbirne
Apfel 116, 263
Apfelrose 142
Arnika 169

B
Bachbunge 232
Bärenklau 134
Beifuß 57–58, 84, 276–277
Berberitze 135–138
Bergholler ➤ Trauben-Holunder
Besenginster 78–80
Bilsenkraut 291–292
Birkenholz 190
Birkenrinde 190
Birnbaum, Wilder ➤ Holzbirnbaum
Blutweiderich 84
Brennessel 178, 203, 207–210
Brombeerblätter 86, 96, 97
Brombeeren 97–98, 165
Brombeerstrauch 95–98
Buchsbaum 301

D
Dillkraut 12
Dirndl ➤ Kornelkirsche
Dost 84
Dürlitze ➤ Kornelkirsche

E
Eberesche, Gemeine 109–112, 117–120, 133, 274, 282
Eberesche, Mährische 117
Ebereschen-Früchte 118, 282
Efeu 303
Efeu-Gundelrebe 134
Eibe 290, 295
Eibischwurzel 184
Eichenrinde 201
Eierpflaume ➤ Reneklode
Eisenkraut 58
Enzian 166, 265–266
Erdefeu ➤ Gundelrebe
Erle 99
Esche 133
Eselsdistel 92

F
Färberginster 80
Faulbaum 25, 193–196
Faulbaumrinde 195, 196
Felsenbirne 235–238
Felsenbirne, Echte 235
Felsenbirne, Kahle 238
Felsenbirne, Kanadische 237
Felsenmispel ➤ Felsenbirne
Fenchel 116
Feuerdorn 302
Fieberklee 264
Fludern ➤ Pflaume
Frühlingslichtblume 202

G
Gänseblümchen 203–204, 207–210
Goldmelisse 169, 264
Grosselbeere ➤ Stachelbeere
Gundelrebe 203, 205, 207–210
Gundermann ➤ Gundelrebe

H
Hagebutte 68, 139–142, 164, 281
Hagedorn ➤ Weißdorn
Halbzwetschke 247
Hartriegel, Gelber ➤ Kornelkirsche
Haselnuß 99–106
Haselnußblätter 106
Haselnußkätzchen 106, 201
Hauhechel 91–94, 182
Hauhechelwurzel 92
Heckenkirsche 25
Heckenrose 67–70
Herbstzeitlose 289–290
Herlitze ➤ Kornelkirsche
Hetscherl ➤ Hagebutte
Heublumen 63–66
Himbeerblätter 86, 97
Himbeere 85–88, 164
Himmelschlüssel ➤ Schlüsselblume
Hirschholler ➤ Trauben-Holunder
Hirtentäschel 213, 231
Holler ➤ Holunder, Schwarzer
Holunder, Roter ➤ Trauben-Holunder
Holunder, Schwarzer 27–30, 31–34

Holunderbeeren 32, 280
Holunderblüten 29, 166, 261–262
Holunderwurzel 29
Holzapfelbaum 127–130, 133, 147
Holzbirnbaum 133, 145–148
Holzbirne 148
Honigklee ➤ Steinklee, Gelber
Hornstrauch ➤ Kornelkirsche
Huflattich 211
Huflattichblätter 211–212
Hundsrose ➤ Heckenrose

I
Indianernessel ➤ Goldmelisse

J
Johannisbeerblätter, Schwarze 95
Johannisbeeren 239
Johanniskraut 58, 84, 231, 232

K
Kalmus 166
Kamille, Echte 73, 76, 264
Kartoffelrose ➤ Apfelrose
Kellerhals ➤ Seidelbast
Klatschmohn 73, 76
Klettenwurzel 183
Königskerze 58, 83
Kornblume 73, 75
Kornelkirsche 153–156, 282
Kranewitt ➤ Wacholder
Kren ➤ Meerrettich
Kreuzdorn 157–160
Kreuzdornbeeren 158–160
Kriechen 247, 248
Kümmel 163
Kupfer-Felsenbirne 238

L
Labkraut, Gelbes 84
Latschenzapfen 170
Lavendel 84
Liguster 286, 294
Löwenzahn 203, 205, 207–210, 230
Lungenkraut 210

M
Mädesüß 221–224
Maiglöckchen 289

Meerrettich 175–177
Mehlbeere 171–174
Meisterwurz 164, 277
Melissenblätter 65
Mirabelle 247, 248
Mispel 264, 303
Monarde ➤ Goldmelisse

N
Nußbaum ➤ Walnußbaum

O
Obst 271
Obstbaum 271–274
Ogrosl ➤ Stachelbeere
Oregano ➤ Dost

P
Pfaffenhütchen 286
Pfefferminze 84, 170, 201
Pflaume 247–250
Preiselbeere 280

Qu
Quellenehrenpreis ➤ Bachbunge
Quendel 26, 170
Quitte 304

R
Rainweide ➤ Liguster
Reneklode 247
Rotbuche 294
Roter Fingerhut 292
Rotrüster 25
Rundpflaume 247
Rüsterstaude ➤ Mädesüß

S
Salbei 263
Salweide ➤ Weide
Sanddorn 243–246
Sanddornbeeren 281
Sauerdorn ➤ Berberitze
Seidelbast 149–152
Seifenkraut 182
Spengling ➤ Pflaume
Spilling 247
Spindelstrauch ➤ Pfaffenhütchen
Spitzwegerich 52
Süßkirsche 285

Sch
Schafgarbe 84, 203, 204, 207–210
Scharbockskraut 210
Schlehe 19–22, 24, 164, 281
Schlüsselblume 51, 165, 203, 205–206, 207–210
Schmöger → Eberesche
Schwarzdorn → Schlehe

St
Stachelbeere 239–242
Stechapfel 291
Stechpalme 302
Steinklee, Gelber 52

T
Taubnessel, Weiße 214
Tausendguldenkraut 52
Thymiankraut 65
Tollkirsche 283, 285
Trauben-Holunder 283–284
Traubenkirsche 217–220

U
Ulme → Rotrüster

V
Veilchen, Wohlriechendes 52, 203, 206, 207–210
Verbene → Eisenkraut
Vogelbeere → Eberesche

W
Wacholder 37–40, 41
Wacholderbeeren 41, 44, 45–48, 165, 282
Wachspflaume → Mirabelle
Walderdbeerblätter 97
Walderdbeere 165
Waldhimbeere → Himbeere
Walnuß 165, 257–260
Walnußbaum 257–260
Weide 23, 24, 25, 133
Weidenrinde 201, 202
Weinscharl → Berberitze
Weintrauben 116
Weißdorn 49–52, 59–62, 172–173
Wermut 116
Wermut, Wilder → Beifuß
Wiesenflockenblume 134
Wiesenkönigin → Mädesüß
Wiesenpippau 134
Wildbeeren 279–282
Wildrose → Heckenrosen
Wollblume → Königskerze

Y
Ysop 277–278

Z
Zimt 262
Zwetschke, Echte 247

III. FÜR DIE KÜCHE

Branntwein
   Edelbranntweine 268
   Enzian 265-266, 268
   Kirschwasser 256
   Kranebitt 268
   Marille 268
   Obstler 266
   Slibowitz 253–256
   Vogelbeere 265–266, 268
   Wacholder 39
   Williams-Birne 268
   Zwetschkener 268

Brei
   Weißdorn 61

Creme
   Hagebutte 141
   Nougat 105

Diätkost
   Himbeere 88
   Pflaume 248–249
   Weißdorn 61
   Zwetschke 248–249

Dörrfrüchte
Felsenbirne 237, 238
Feuerdorn 302
Holunder 33
Vogelbeere 119, 120
Weißdorn 61
Zwetschke 249

Eis
Himbeere 88

Fruchtessig
Berberitze 138
Himbeere 88
Holzbirne 148
Mehlbeere 174
Vogelbeere 119

Fruchtextrakt
Himbeere 88

Fruchtmark
Berberitze 137
Haselnuß 105

Gelee
Feuerdorn 302
Quitte 304
Trauben-Holunder 284
Weißdorn 61

Gemüse
Taubnessel-Brennessel-Spinat 214

Getränk
Frühjahrsessig 209
Himbeere 88
Holunderblüten-„Sekt" 261
Mehlbeeressig 174

Gewürz
Beifuß 276
Dill 12
Dost 84
Lavendel 84
Pfefferminze 84
Wacholder 48
Ysop 278

Kaltschale
Himbeere 87
Stachelbeerschaum 242

Kompott
Berberitze 137
Eberesche 118
Felsenbirne 236, 238
Hollerkoch 33, 280
Kornelkirsche 156
Mehlbeere 174
Preiselbeere 280
Quitte 304

Kräuteressig
Brennessel 178
Dillkraut 12
Frühjahrskräuter 209
Kren 177

Likör
Apfel 263
Bombeere 98
Chanelle 262
Felsenbirne 238
Hagebutte 141, 164
Himbeere 164
Hollerblüten 166
Kümmel 163
Mispel 264
Sanddorn 246
Schlehe 164
Walderdbeere 165
Zimt 262

Marmelade
Apfelrose 142
Berberitze 138
Dirndl 156
Feuerdorn 302
Hagebutte 140
Kornelkirsche 282
Mehlbeere 174
Mispel 303
Quitte 304
Sanddorn 246
Trauben-Holunder 284
Vogelbeere 118, 119

Mehrfrucht-Marmelade
Holunder, Schwarzer 33
Mispel 303
Vogelbeere 119

Milch
Brombeerblätter 97
Kräuter-Sauermilch 208, 210
Kreuzdornbeeren 160

Mus
Dörrzwetschken 249
Hagebutte 281
Holunder 33, 280
Schlehdorn 281
Stachelbeere 242
Trauben-Holunder 284
Vogelbeere 118, 282

Müsli
Kreuzdornbeeren 159

Nougat
Haselnußmark 105

Rohkost
Brombeere 98
Haselnüsse 104
Walnüsse 259

Saft
Apfelrose 142
Berberitze 138
Brombeere 98
Eberesche 110–111, 117–118, 119
Hagebutte 141, 142
Himbeere 88
Holunder, Schwarzer 33, 34
Johanniskraut 231
Klettenwurzel 183, 184
Löwenzahn 230
Sanddorn 245–246
Schlehe 22
Trauben-Holunder 284
Wacholder 47
Weißdorn 60

Salat
Gänseblümchen 204
Taubnessel, Weiße 214
Wildkräuter 205, 232

Schnaps
Arnika 169
Berberitze 137, 138
Brombeere 165
Enzian 166
Fieberklee 264
Goldmelisse 169
Hetscherl 164
Holler 166
Kalmus 166
Kamille 264
Kornelkirsche 156
Kümmel 163
Latschenzapfen 170
Meisterwurz 164
Pfefferminze 170
Quendel 170
Rosenschwamm 70
Salbei 263
Sanddorn 246
Schlehe 21
Schlüsselblume 165
Vogelbeere 119
Walderdbeere 165
Waldmeister 163
Walnuß 165

Sirup
Brombeere 98
Hagebutte 140
Himbeere 87
Holunder, Schwarzer 34
Kreuzdornbeere 159
Sanddorn 246
Trauben-Holunder 284
Wacholder 47

Speiseöl
Haselnuß 103

Streichkäse
Kräuter-Topfen 210, 278

Suppen
Frühjahrskräuter 208
Hagebutte 281

Tee
Beifuß 57–58 84, 277
Berberitzenblätter 136

Berberitzenrinde 137
Brombeerblätter 96, 97
Chinatee-Ersatz 97
Eibischwurzel 184
Eichenrinde 201
Familientee 97
Faulbaumrinde 195, 196
Fenchel 116
Frühstückstee 97, 214
Hagebutte 139, 141
Hagebuttenkerne 140
Haselnußblätter 106
Haselnußkätzchen 106, 201
Hauhechel 93, 94
Haustee 86
Heckenrosen-Blütenblätter 70
Himbeerblätter 86, 87
Hirtentäschel 213, 231
Holunderblüten 29, 31–32
Holunderrinde 29
Holunderwurzeln 29
Holzbirnblätter 148
Huflattich 212
Hundsrosen-Blütenblätter 70
Johanniskraut 58, 232
Kamille 76, 231
Kindertee 21, 87
Klettenwurzel 183
Königskerzenblüten 58, 84
Kornblumenblüten 75–76
Kornelrinde 154
Kreuzdorn 157
Kreuzdornbeeren 159
Mädesüß 224
Mischtee 214
Nußblätter 258
Osterkräuter 209
Preiselbeerblätter 280
Quendel 26
Quitte 304

Schlaftee 12
Schlehenblüten 21
Schlüsselblume 51–52
Seifenkrautwurzel 182
Spitzwegerich 52
Steinklee, Gelber 52
Taubnesselblüten, Weiße 214
Tausendguldenkraut 52
Traubenkirschen-Rinde 219
Veilchen, Wohlriechendes 52
Vogelbeere 119
Wacholderbeeren 47
Weidenkätzchen 202
Weidenrinde 201, 202
Weißdorn-Blüten-Blätter 60
Weißdornfrüchte 60
Wermut 116
Wildapfelblätter 130
Wildapfelblüten 130
Wildapfelrinde 130

Wein
Hauhechel 93, 182
Kren 177
Kreuzdornbeeren 159
Mädesüß 223
Osterkräuter 209
Wacholderbeeren 39
Weißdorn 61
Wildrosen-Blütenblätter 70

Würzen mit Wildbeeren
Eberesche 282
Hagebutte 281
Holunderbeeren 280
Kornelkirsche 282
Preiselbeeren 280
Sanddorn 281
Schlehe 281
Wacholderbeeren 282

IV. NATUR, UMWELT, BRAUCHTUM

A
abbrennen von Feldrainen 9–10
„Abkehrer" 265–266
Aromatisieren von Getränken 223
„Aufkehrer", 265–266

Auszugsstoffe zum Schnaps-Ansetzen 267–268

B
Bachufer 224
Bauerngärten 301

Bauernregeln 19–20, 28, 77
Baum, heiliger 110, 146
Bäume 147, 186
Baumgeist 186–187
Baumkult 186
Baumpaar 147
Baumpflege 272–273
Baumriesen 185
Baumsage 186–187
Beerenobst 271
Beerensammeln 279
behindernde Sträucher 194
Bienentrachtpflanzen 24, 99–100, 174, 199, 218, 278
Biotop 15, 25
Biotop-Zerstörungen 14
Birkenbesen 190
Birkenpollen 99
Bitterstoffe in der Küche 277
Blätterfall 113–115
Blütensträucher 299
Bodenbefestigung 74
Brauchtum 29, 30, 40, 43, 56, 57, 81–84, 265–266
Brot 41–44, 172
Brutmöglichkeit 232
Buche 114

C
Containerpflanzen 124

D
Deckung für Niederwild 296
Dornengebüsch 122
Dornengestrüpp 232
Druden 129
Druiden 110, 223
Duft, gesundheitliche Wirkung 223

E
Edeldestillate 268
Einmaischen 255
Einzelbäume 15
Elektrozäune 229, 232
Enzian 265–266
Erlenpollen 100

F
Familien-Zugehörigkeit 99–100
Färben von Kräuterlikören 219–220

Farbmaterial 80, 160
Fasan 155, 246
Fasanfutter 246
Feldeinfriedungen 49
Felder, farbenprächtige 75
Feldhecke 230, 232
Feldraine 9–10, 14
Feuchtgebiete 15
Flurbereinigung 15
Föhre 186
Frau Holle, Kult 29–30
Frau Kaddig 40
Frühjahrsentwicklung der Bienenvölker 100
Frühling 203
Frühlings-Erwachen 199
Futterhäuschen 132
Futterpflanzen für Schmetterlinge 22, 24/25, 199

G
Gang durch die Natur 210
Gartenteiche 224
Gehölze, heimische 299
Gespinstfaser 79
Getreiderost 136
Gewässer 15
Gewürzgärtlein der Bäuerin 275, 278
Giftpflanzen 149, 283–286, 289–292
Gimpel 120, 131–132
Gleibodenzeiger 222
Grundstücks-Begrenzung 300
Gründüngung 74
Grüne Pest 95
Grünwerden in der Natur 203
Gstättenschutz 25

H
Haferkronenrost 160
Haselgerten 106
Haselmaus 25, 101–102, 296
Hausgarten 297
Hecken 121–124, 229, 293–296, 297–300
Hecken-Einfriedungen 232
Heckenlandschaften 15
Hecken pflanzen 123–124
Heckenpflanzen, Ankauf 294

Heckenschutz 9–12
Heckenzaun 229
Heiligen-Gedenktage 20
heimatverbunden leben 250
Herbst 113–114
Heu-Birnen 148
Hexen 50–51, 84, 291
Holz 154, 160, 174, 185–192, 219
Holzasche 191
Holzkämme 191
Holzlöffel 191
Holzschuhe 190
Humus 114

I
Igel 26, 69, 296

J
Jahreszeiten 239

K
Kahlschlag 85
Kernobst 271
Kleingärten 300
Kleinklima verbessern 99, 272, 297
Kleinlebensräume 230, 232
Kletzenbrot 146
Kolping, Adolf 43–44
Kommassierung 14
Kranebit 265–266
Kräuter-Anwendung 207
Kräuterbuschen 82
Kräuter-Düngung 244–245
Kräutergarten 84
Kräuterweihe 81–84
Kräuterwisch 82
Kräuterwurzeln 181–184
Krenketten 176
Kronenpflege der Obstbäume 273–274
Kulturlandschaft 121

L
Landschaftsbild heben 220, 230, 272
Landschaftsprägung 74
Lärmschutz 272
Laurentius-Tränen 77–78
Läuterungshiebe 194
Lebensbäume 185
Lebensweise, vernünftige 207

Legenden 39, 50, 51, 67, 145, 146
Licht 55–56
Liebeserklärungen im Pinzgau 265–266
Liebfrauentag 81–84
Lostage 28
Lurche 224

M
Magerkeitsanzeiger 93
Mähwiesen, ungedüngte 15
Mauersegler 225–226
Mäusevertilger 228
Mauswiesel 26

N
Nährstoff-Rückgewinnung im Boden 114
Nasch-Hecken 300
Naturbetrachtung 152
Naturgehölze 299
Naturhecke 124
Naturhecke anlegen 298
Naturlandschaft 121
Naturschutz 13, 14, 15, 52, 150
Naturverbundenheit 30
Neuntöter 127–128, 296
NÖ. Naturschutzbund 274
NÖ. Straßenverwaltung 274

O
Obst 271
Obstbaum, großkroniger 271–274
Ökologie 121, 296
Orakelstätten 110
Osterkräuter 207–210

P
Pentragramm 129
Pionierpflanzen 22, 99, 220, 235
Pflanzarbeit 273
Pflanzenwelt, Artenverluste 15
Pflanztermin für Obstbäume 272
Pflanzung von Hecken 123, 273
Pflaumen-Unterarten, Kennzeichen 247

R
radiästhetische Störungen 301
Räucherungen
– Eberseschenholz 111
– Wacholderzweige 39

Redensarten, sprichwörtliche 171, 178
Redewendungen 175
Rotkehlchen 120, 149
Ruderalpflanzen 211–214

S
Sagen 145, 155, 187
Sagenbäume 185
Seidenschwanz 120
Siebener-Zahl, kultische Bedeutung 83
Slibowitz brennen 253–256
Sonne 55–56
Sonnenwärme speichern 293
Sonnenwende 28
Sonnwendkräuter 57–58
Sternschnuppen 77–78
Symbole 110, 145, 147

Sch
Schädlingsbekämpfungsmittel, chemische 16
Schalenobst 271
Schicksalsnächte 56
Schlagfluren-Pflanzen 85
Schmetterlinge 22, 24–25, 96
Schnaps 168–170, 267
Schöffel, Joseph 14
Schottergruben 15
Schotterhaufen 23–24
Schuheinlagen 190
Schutzgehölz für Kleintiere 25–26, 232, 296, 299
Schutz vor Unheil 110
Schwarze Magie 111

St
Steinkauz 227–228
Steinobst 271
Stickstoffanreicherung des Bodens 99
Strahlungen abschirmen 301

T
Teichufer, Bepflanzung 224
Teufelsbeschwörungen 111
Tierwelt, Artenverluste 15
Trockenbiotop 25
Trockenheitsanzeiger 93

Trockenlegungen 15
Trockenstandorte 15
Tümpel 15
Turmfalke 228

U
Ufergewächs 221
Umwelt 13, 16
Umweltbewegung 14
Unkraut 73–74

V
Vögel 69, 109, 112, 120, 232
Vogelnährgehölze 11, 22, 31, 174, 220
Vogelschutz 127
Volksglaube 27–28, 146
Volksgut 185
Volksnamen 236
Vorlaufschnaps 256

W
Waldboden 113–114
Wälder, naturgemäße 15
Waldrand 131–134
Waldrandhecke 127
Waldsaum 131–134
Walpurgisnacht 50, 56
Wasserzug-Zeiger 211
Weißdornhecken 49, 51
Wetterregeln 56, 77
Wienerwald 13
Wiesentäler 221
Wildhecken 293
Wildkräuter 75
Wildverbiß, Schutz 272
Windschutz 99, 272, 293
Wühlmausgefahr 272
Wünschelrute 106
Wurzelgraben 178

Z
Zacherl-Fahren 167
Zauberkräfte abwehren 84, 110
Zaun, lebender 136
Ziergehölz 238
Zierpflanze 150, 153, 278
Zierstrauch 237, 244
Zwetschkener 253–256
Zwischenwirtspflanze 136, 160

BILD-ÜBERSICHT

Schlehe	17	Kornelkirsche	161
Distelfalter	18	Walnuß	162
Schwarzer Holunder	35	Eibe	179
Gemeiner Wacholder	36	Gartenhecke	180
Eingriffeliger Weißdorn	53	Sal-Weide	197
Heckenrose	54	Mondfleck-Raupen	198
Besenginster	71	Feuerdorn	215
Blutweiderich	72	Efeu	216
Himbeere	89	Sanddorn	233
Hasel	90	Einzelstaude	234
Brombeere	107	Bilsenkraut	251
Gemeine Eberesche	108	Stechapfel	252
Berberitze	125	Trauben-Holunder	269
Rotkehlchen	126	Tollkirsche	270
Hagebutten	143	Echte Mispel	287
Kreuzdorn	144	Stechpalme	288

BILD-NACHWEIS

Thomas M. Laimgruber: Umschlag-Gestaltung, Foto im Vor- und Nachsatz und Seiten 17, 35, 36, 53, 89, 90, 107, 108, 125, 143, 144, 161, 162, 179, 180, 215, 216, 233, 234, 269, 287, 288

Ing. Helmut Heimpel: Seiten 18, 54, 71, 72, 126, 197, 198, 251, 252, 270

Prof. Emil Jaksch: Graphik Hollerbusch, Kranewitt, Haselnuß